Wehrbeitragsgesetz

mit den

bayerischen Vollzugsvorschriften.

Erläutert von

Dr. O. Kahn
Rechtsanwalt in München.

und Dr. M. Obermeyer
Justizrat, Rechtsanwalt in München

1914
München, Berlin und Leipzig
J. Schweitzer Verlag (Arthur Sellier).

Druck Dr. F. P. Datterer & Cie., (Arth. Sellier), München u. Freising.

Vorwort.

Gegenwärtige erläuternde Textausgabe des Gesetzes über einen einmaligen außerordentlichen Wehrbeitrag vom 3. Juli 1913 erscheint erst in letzter Stunde, weil die Verfasser die Ausführungsbestimmungen des Bundesrats und, da die Ausgabe vornehmlich für Bayern bestimmt ist, auch die bayerischen Vollzugsbestimmungen abwarten wollten.

Die Berechtigung, die bisher erschienenen Ausgaben und Kommentare durch dieses Büchlein zu ergänzen, möge darin gefunden werden, daß diese Ausführungsbestimmungen und Vollzugsbestimmungen mit berücksichtigt sind und die Verfasser sich bemühten, namentlich auch die Beziehungen des Gesetzes zum geltenden Zivilrecht aufzuzeigen.

Möge das Werkchen von diesem Standpunkt aus als ein bescheidener Beitrag zur Anwendung des schwierigen Gesetzes wohlwollend berücksichtigt werden.

München im Dezember 1913.

Die Verfasser.

Inhaltsverzeichnis.

Abkürzungen.

AG. = Ausführungsgesetz.
BGB. = Bürgerliches Gesetzbuch.
BayBB. = Bekanntmachung des K. bayer. Staatsministeriums der Finanzen vom 11. Dezember 1913 zum Vollzuge des Gesetzes über einen einmaligen außerordentlichen Wehrbeitrag vom 3. Juli 1913. GVBl. 885 ff.
BayVO. = bayer. K. Verordnung vom 9. Dezember 1913. GVBl. 881.
Begr. = Begründung zum Entwurf des Wehrbeitraggesetzes (Nr. 871 der Drucksachen des Reichstags).
BStG. = Besitzsteuergesetz.
BundAB. = Ausführungsbestimmungen des Bundesrats zum Gesetz über einen einmaligen außerordentlichen Wehrbeitrag vom 3. Juli 1913 (Zentralblatt für das Deutsche Reich 1913 S. 1087).
E. = Entwurf des Wehrbeitraggesetzes (Nr. 871 der Drucksachen des Reichstags).
EG. = Einführungsgesetz.
EStG. = Einkommensteuergesetz.
ErgStG. = Ergänzungssteuergesetz.
GVBl. = Gesetz- und Verordnungsblatt für das Königreich Bayern.
GVG. = Gerichtsverfassungsgesetz.
HGB. = Handelsgesetzbuch.
JW. = Juristische Wochenschrift.
KB. = Kommissionsbericht (Bericht der Kommission für den Reichshaushalt über den Gesetzentwurf zum Wehrbeitraggesetz (Nr. 1083 der Drucksachen des Reichstags).

KO. = Konkursordnung.
OVG. i. StS. = Entscheidungen des preuß. Oberverwaltungsgerichts in Staatssteuersachen, Berlin.
Preuß. = preußisch.
preuß. Anw. = Anweisung des preußischen Finanzministers zur Ausführung des Ergänzungssteuergesetzes.
RESt G. = Reichserbschaftssteuergesetz.
RG. = Reichsgericht.
RGBl. = Reichsgesetzblatt.
RStempG. = Reichsstempelgesetz.
RStGB. = Reichsstrafgesetzbuch.
RStPO. = Reichsstrafprozeßordnung.
RV. = Reichsverfassung.
RZPO. = Reichszivilprozeßordnung.
StenB. = Stenographische Berichte des Reichstags.
WehrBG. = Wehrbeitraggesetz.
ZuwachsStG. = Reichszuwachssteuergesetz.

Gesetz über einen einmaligen außerordentlichen Wehrbeitrag.

Vom 3. Juli 1913.

(RGBl. S. 505.)

Wir Wilhelm, von Gottes Gnaden Deutscher Kaiser, König von Preußen ꝛc. verordnen im Namen des Reichs, nach erfolgter Zustimmung des Bundesrats und des Reichstags, was folgt:

Begriff des Wehrbeitrags.

§ 1.

Zur Deckung der Kosten der Wehrvorlage wird nach den Vorschriften dieses Gesetzes ein einmaliger außerordentlicher Beitrag vom Vermögen und bei den im § 10 genannten Personen auch vom Einkommen erhoben.

E. § 1; Begr. S. 15; KB. S. 3 ff., 103 ff.; BundAB. § 46.

I. Der Wehrbeitrag ist eine einmalige außerordentliche Steuer, die zwei Abgaben kombiniert: Vermögens- und Einkommensabgabe (verwandt der Betriebskapital- und Ertragsanlage der bayerischen Gewerbesteuer). Die in einzelnen Bundesstaaten bestehende Verbindung von Vermögens- und Einkommensteuer bezweckt, entsprechend dem Grundsatz der Besteuerung nach der Leistungsfähigkeit des Steuerpflichtigen, eine stärkere Heranziehung des auf Besitz sich gründenden Einkommens; die formelle Vermögenssteuer ist

Ergänzungssteuer. Die Vermögensabgabe des Wehrbeitrags ist materielle Vermögenssteuer, soll nach Absicht des Gesetzes aus dem Vermögen entrichtet werden; die Einkommensabgabe hat hier ergänzenden Charakter (§ 31, II). Konsequenz dieser Auffassung: § 14.

Der Wehrbeitrag ist eine sogenannte direkte Steuer, so daß der bisher wenigstens zum Schein gewahrte Grundsatz der Reichsfinanzwirtschaft, die direkten Steuern den Einzelstaaten zu überlassen, offen durchbrochen ist; als direkte Steuer ist der Wehrbeitrag nach den meisten einzelstaatlichen Einkommensteuergesetzen bei der Ermittlung des steuerpflichtigen Reineinkommens nicht abziehbar.

II. Der Wehrbeitrag ist eine einmalige Abgabe. Dieser Ausnahmecharakter wurde sowohl in der Begründung, wie bei den Kommissions- und Reichstagsverhandlungen in geradezu feierlicher Weise betont. Rechtliche Bedeutung hat dieser Programmsatz nicht.

Trotz des einmaligen Charakters des Wehrbeitrags hat das Gesetz dauernde Bedeutung; nach § 47 WehrBG. mit § 20 BesitzStG. ist der Feststellungsbescheid für die erstmalige Erhebung der Besitzsteuer grundlegend. Die „veredelten Matrikularbeiträge", für deren Verteilung die Veranlagung des Wehrbeitrags maßgebend sein sollte, sind nicht Gesetz geworden.

Aus der Natur des Wehrbeitrages als einmaliger Abgabe wurde gelegentlich der Kommissionsberatungen (KB. 4, 5; dagegen KB. 75) die Folgerung gezogen, im Interesse der möglichsten Vereinfachung der Steuerveranlagung müsse auf eine besonders feine Durcharbeitung der steuerlichen Merkmale in vielen Fällen auf Kosten der steuerlichen Gerechtigkeit verzichtet werden. Diesem Gedankengang ist mit aller Entschiedenheit entgegenzutreten; wenn auch bei der Redaktion von Steuergesetzen trotz ihrer einschneidenden Bedeutung für das Wirtschaftsleben wiederholt die technische Sorgfalt, die anderen Gesetzen zuteil wird, zu vermissen ist, hat bei der Auslegung derselben als oberster Leitsatz der Grundsatz der steuerlichen Gerechtigkeit maßgebend zu sein.

III. Der Wehrbeitrag ist eine außerordentliche Abgabe, die zur Deckung der Kosten der Wehrvorlage erhoben wird.

Außerordentlich ist die Abgabe im materiellen und formellen Sinn. Sie dient nicht zur Bestreitung der allgemeinen Staatsbedürfnisse, sondern zur Deckung bestimmter Ausgaben, sog. Zweckabgabe (KB. 3): eine nähere Erläuterung der durch den Wehrbeitrag zu deckenden Ausgaben gibt § 69. Diese Zweckbestimmung der Erträgnisse des Wehrbeitrags verleiht dem einzelnen Steuerpflichtigen keine Einrede gegenüber dem staatlichen Steueranspruch dahin, daß das letzte Drittel des Wehrbeitrags nicht mehr zu erheben sei. Die Bedeutung der Vorschriften der §§ 1, 69 liegt auf staatsrechtlichem Gebiete: Verletzung der Vorschriften begründet die Verantwortlichkeit des Reichskanzlers.

In formeller Hinsicht zeigt sich der außerordentliche Charakter des Wehrbeitrags darin, daß — entsprechend der Aufnahme der „Kosten der Wehrvorlage" in den außerordentlichen Etat — auch die Einnahmen aus dem Wehrbeitrag in den außerordentlichen Etat aufzunehmen sind, um die Rechnungslegung und Kontrolle der Finanzverwaltung zu ermöglichen.

IV. Der Wehrbeitrag wird „nach den Vorschriften dieses Gesetzes" erhoben. Landesgesetzliche Vorschriften sind nur insoweit anwendbar, als ihre Anwendung in diesem Gesetze vorgesehen ist.

Die gesetzlichen Vorschriften ergeben, daß der Beitrag (die Bezeichnung der Steuer als Beitrag soll die einmalige, außerordentliche Natur gewährleisten) Inhalt eines Schuldverhältnisses des öffentlichen Rechts ist, bemessen nach der Höhe des Vermögens und bei natürlichen Personen des Einkommens des Verpflichteten.

Gläubiger des aus dem Schuldverhältnis entspringenden Anspruchs ist der zur Erhebung berechtigte Bundesstaat. („Anspruch der Staatskasse auf den Wehrbeitrag" § 55; vgl. Entsch. des bayr. OberstLG. Amtl Mitt. z. ZuwachsStG. 1912 S. 82); daher hat der Wehrbeitrag im Konkurse des Steuerpflichtigen, der nach dem 31. Dezember 1913 eröffnet ist, das Vorrecht des § 61, 2 KO. zu beanspruchen (KB. S. 66). Soweit die Landesgesetzgebung zugunsten staatlicher Abgaben besondere Sicherungsmaßregeln zuläßt, z. B. Sicherungshypothek nach Art. 123 bayr. AG.BGB., sind dieselben auch zur Sicherung des Wehrbeitrags zulässig.

Die „Pflicht zur Zahlung des Wehrbeitrags“ (§ 54) ist begründet, wenn am 31. Dezember 1913, dem „Stichtage“ (§ 15), die gesetzlich aufgestellten Voraussetzungen vorliegen. Fällig ist die Schuld in drei Raten nach den Bestimmungen des § 51; die mit der Zustellung des Veranlagungsbescheides eintretende „Fälligkeit“ des ersten Drittels soll nach KB. S. 98 die Bedeutung haben, daß die „fälligen“ Summen in den Etat eingestellt werden können. Im Falle der zu Unrecht unterbliebenen Veranlagung (§ 54) ist der Wehrbeitrag soweit mit Zustellung des Veranlagungsbescheids zu entrichten, als die Zahlungstermine des § 51 bereits überschritten sind.

Das Schuldverhältnis erlischt mit Zahlung des geschuldeten Beitrags; ferner durch Verjährung (§ 55). Die Vorschrift des § 69 II vermag ein teilweises Erlöschen der Beitragspflicht nicht zu begründen.

Eine Beschränkung der Haftung des Steuerpflichtigen enthält § 53.

Die Geltendmachung des Anspruchs erfolgt nach §§ 34 ff.

Wehrbeitragspflichtiges Vermögen.

§ 2.

Als Vermögen im Sinne des § 1 gilt, soweit das Gesetz nichts anderes vorschreibt, das gesamte bewegliche und unbewegliche Vermögen nach Abzug der Schulden. Es umfaßt:

1. Grundstücke einschließlich des Zubehörs (Grundvermögen);
2. das dem Betriebe der Land- und Forstwirtschaft, des Bergbaues oder eines Gewerbes dienende Vermögen (Betriebsvermögen);
3. das gesamte sonstige Vermögen, das nicht Grund- oder Betriebsvermögen ist (Kapitalvermögen).

E. § 2; Begr. S. 17; KB. S. 30, 108; BundAB. § 54. — BayVB. §§ 7, 9, 13, 14, 15.

I. Das **Vermögen** als Steuerquelle wird in den §§ 2 mit 9 durch erschöpfende Aufzählung der einzelnen, zum beitragspflichtigen Vermögen gehörigen Gegenstände „umschrieben" (Begr. S. 17).

Das Gesetz lehnt sich enge an die §§ 4 mit 8 des preußischen Ergänzungssteuergesetzes an; diese Anlehnung veranlaßte bei den Kommissionsverhandlungen (KB. 31) die unwidersprochen gebliebene Feststellung, daß sich für die mit dem preußischen Ergänzungssteuergesetz übereinstimmenden Vorschriften die Praxis, wie sie sich in Preußen bei Anwendung des Ergänzungssteuergesetzes durch die Entscheidungen des Oberverwaltungsgerichts und durch die Ministerialanweisungen herausgebildet habe, auch für die Anwendung dieses Gesetzes maßgebend erweisen werde.

Diese Feststellung des Berichterstatters hat in keiner Weise verbindliche Kraft; Materialien eines Gesetzes bieten ein Auslegungsmaterial, Ministerialanweisungen können ein Gesetz weder ändern noch authentisch auslegen. Bei der unbestreitbaren materiellen Verschiedenheit, welche das Gesetz für die Einzelstaaten mit sich bringt (vgl. §§ 3, 31), bei Berücksichtigung der Tatsache, daß die zur Verbescheidung von Streitfragen zuständigen obersten Instanzen in den Einzelstaaten verschieden sind (§ 48 I), ist daran festzuhalten, daß die preußische Praxis nur insoweit maßgebend sein kann, als sie sich mit einer logischen und **zweckmäßigen** Auslegung des Reichsgesetzes verträgt.

II. Der maßgebende Vermögens**begriff** des Gesetzes ist aus den einzelnen Gesetzesbestimmungen zu ermitteln.

Abs. I enthält keine Begriffsbestimmung, da andernfalls das Muster einer Zirkeldefinition vorliegen würde; vielmehr dient Abs. I der Feststellung, daß unter Vermögen lediglich das Nettovermögen nach Abzug der Schulden (§ 9) zu verstehen sei, und zwar das Gesamtvermögen (Begr. S. 17). Unter Heranziehung der Bestimmung des § 5 Ziff. 1 sowie des Umstandes, daß der Zweck des Gesetzes ist, die nach Maßgabe ihres Vermögensbesitzes für eine Geldzahlung leistungsfähigen Pflichtigen heranzuziehen, läßt sich als grundsätzlicher Begriff des „Vermögens" folgendes feststellen: „Vermögen ist der Inbegriff der einem Rechtssubjekt zu einem bestimmten Zeitpunkt zustehenden, geldwerten Rechte."

Der Inbegriff der Rechte, d. h. das gesamte Vermögen nach Abzug der Schulden, bildet die Bemessungsgrundlage der Abgabe Sowohl bewegliches wie unbewegliches Vermögen, produktives Vermögen wie ertragloses (z. B. Parkanlagen, Baustellen), pfändbare wie unpfändbare Rechte (z B. §§ 811, 850, 851 ZPO.) unterliegen dem Wehrbeitrag.

Die Rechte sollen geldwert sein, d. h. einen in Geld abschätzbaren Wert haben (Begr. S. 17); also sind nicht steuerpflichtig Warenzeichen, Recht zur Firmenführung.

Alle Rechte sind steuerpflichtig, aber nur Rechte, also nicht sog. Aussichten (z. B. Hoffnung auf eine Erbschaft); ebensowenig tatsächliche Verhältnisse, welche einen Vermögenswert haben (z. B. Ruf einer Firma, Kundschaft, Abonnentenzahl eines Zeitungsunternehmens, Absatzverhältnisse) vgl. auch § 4.

Eine Reihe von Rechten sind im Gesetz namentlich aufgeführt: Grundstückseigentum (§ 2, 1); grundstücksgleiche Rechte (§ 3), Kapitalforderungen (§ 5, 2); Aktien, Geschäftsanteile (§ 5, 3).

Bei Miteigentum nach Bruchteilen (§§ 1008 ff. BGB.) und Gemeinschaft nach Bruchteilen (§§ 741 ff. BGB.) wird jedem Berechtigten sein Anteilsrecht zugerechnet, analog dem § 4 II. Entsprechendes gilt von Verbänden des Landesrechts (z. B. Weidegenossenschaften), die der selbständigen Rechtspersönlichkeit ermangeln.

Bei Gesellschaften des bürgerlichen Rechts (§§ 705 ff. BGB.), die keinen Erwerbszweck verfolgen, wird § 4 II ebenfalls anzuwenden sein; das „Anteilsrecht" des Gesellschafters ist, wenn auch nicht übertragbar, doch „selbständiges" Recht im Sinne des § 5 Ziff. 1. Das gleiche gilt von dem „Anteile" des Miterben am ungeteilten Nachlasse, § 2033 BGB. (BayBB. § 13 I).

Auch der „Anteil am Gesamtgute" des Abkömmlings bei der fortgesetzten Gütergemeinschaft ist ein selbständiges Recht nach § 5 Ziff. 1; gemeinsame Veranlagung ist hier nicht vorgeschrieben (BayBB. § 13 I, II).

Das Recht des Nacherben ist vor Eintritt der Nacherbfolge nicht steuerpflichtig, § 26; der Vorerbe hat den Wehrbeitrag zu entrichten (OVG. in StS. 11, 361 gegen KB. S. 109, wo zwischen gewöhnlicher Nacherbfolge und Nacherbfolge auf den Überrest unterschieden werden wollte); der Vorerbe kann den Wehrbeitrag in vollem Umfang (abweichend von § 8 II!) als außerordentliche Last nach §§ 2126, 2124 II BGB. aus der Erbschaft bestreiten, unter Umständen von Nacherben Ersatz verlangen. Bei der Einsetzung auf den Überrest können infolge des § 2138 Abs. I S. 2 BGB. Schwierigkeiten entstehen.

Daß der Vermächtnisnehmer nach Übereignung der ihm vermachten Sache als deren Eigentümer beitragspflichtig ist, ist selbstverständlich; vor Übereignung der vermachten Sache hat der Beschwerte die Schuld von dem Werte des Vermögens abzuziehen (§§ 2 I, 9), der Bedachte den Vermächtnisanspruch nach § 5 zu versteuern.

Der auf Grund Auflage (§ 1940 BGB.) Begünstigte hat kein Recht; also ist keine Wehrbeitragspflicht begründet.

Die Rechte müssen dem Steuerpflichtigen am Stichtag zustehen. Eine zum Scheine erfolgte Vermögensübertragung ist unwirksam (OVG. in StS. 12, 391); eine rechtswirksame Vermögensübertragung ist auch dann zu berücksichtigen, wenn sie aus Gründen der Steuerersparnis erfolgte (z. B. zwecks Milderung der Progression; KB. 64).

Die Frage, ob ein Recht dem Steuerpflichtigen zusteht, ist nach den für das betreffende Rechtsverhältnis maßgebenden gesetzlichen Vorschriften zu beurteilen; Eigentümer eines Grundstückes ist, wer auf Grund Einigung im Grundbuch eingetragen ist, Inhaber eines Geschäftsanteils einer Gesellschaft mit beschränkter Haftung ist, wer ihn nach § 15 GmbHG. erworben hat. Die entgegenstehende Ansicht des preußischen OVG. 5, 222 verwechselt die Beweisfrage mit der Tatbestandsfrage und übersieht, daß allerdings auch der Besitz als „Recht" im Sinne des § 5 Ziff. 1 in Frage kommen und insbesondere bei der Bewertung eine entscheidende Rolle spielen kann.

Das dem Steuerpflichtigen zustehende Recht ist auch dann steuerpflichtig, wenn der Berechtigte in der Verfügungsmacht über das Recht beschränkt ist (OVG. in StS. 7, 243). Der fiduziarisch Berechtigte ist der Steuerpflichtige (OVG. v. 19. 9. 12 Amtl. Mitt. z. ZuwachsStG. 1912, 167).

III. Der in Ziff. II entwickelte Vermögensbegriff gilt, „soweit das Gesetz nichts anderes vorschreibt". Dieser Zusatz (eine Ergänzung des § 4 I preuß. ErgStG.) weist darauf hin, daß gewisse Gegenstände, obwohl Vermögen, nicht herangezogen werden (§§ 6, 7, 26), während unter Umständen fremdes Vermögen als eigenes gilt (§ 8). Nicht zu verwechseln mit letzterer Fiktion ist die gemeinsame Veranlagung getrennter Vermögen (§ 13).

IV. Abs. II zählt verschiedene Vermögensmassen auf und legt denselben verschiedene Bezeichnungen bei: Grundvermögen, Betriebsvermögen, Kapitalvermögen.

Die Begründung S. 17 bemerkt: „Die Unterscheidung ist von Bedeutung für den Umfang der persönlichen Beitragspflicht (§§ 10, 11), sowie für die Ausscheidung der nicht zum beitragspflichtigen Vermögen gehörigen beweglichen, körperlichen Gegenstände (§ 7)."

Diese gesetzlichen Vorschriften erfordern jedoch nur die Scheidung zwischen Grund- und Betriebsvermögen einerseits, Kapitalvermögen anderseits. Die Unterscheidung zwischen Grundvermögen einerseits, Betriebsvermögen anderseits, ist erheblich für die Bestimmung des § 15 II (vgl. auch § 17 II).

Für die Zugehörigkeit eines Vermögensgegenstandes zu einer der drei Vermögensmassen entscheidet zunächst die Zugehörigkeit zu einem der in Ziff. 2 aufgeführten Betriebe. Die hienach verbleibenden Gegenstände fallen, wenn sie Grundstücke und grundstückgleiche Rechte (§ 3) sind, unter den Begriff des Grundvermögens. Alle anderen Rechte sind Kapitalvermögen. Infolge der negativen Fassung der Ziff. 3 füllt die Aufzählung den ganzen Vermögensbegriff aus.

1. Grundvermögen: Grundstücke (bebaut oder unbebaut, § 17 IV), Seen, Teiche, sonstige Wasserstücke; wesentliche Bestandteile der Grundstücke, und zwar Sachen wie Rechte (§§ 93 mit 96 BGB.); endlich Zubehör (§§ 97, 98 BGB.) Maßgebend ist ausschließlich der zivilrechtliche Begriff.

Dingliche Rechte, soweit sie nicht unter § 96 BGB. oder § 3 fallen, gehören nicht zum Grundeigentum; ebensowenig Grundstücke und grundstücksgleiche Rechte, die zum Betriebsvermögen gehören.

2. Betriebsvermögen (§ 4): alle einem landwirtschaftlichen, forstwirtschaftlichen, bergbaulichen oder gewerblichen Unternehmen gewidmeten Gegenstände (§ 4). Die Bestimmung des preußischen ErgStG.: „einschließlich der Viehzucht" ist — als selbstverständlich — gestrichen. Der in der Kommission (KB. 109) gestellte Antrag, den „gärtnerischen" Betrieb besonders hervorzuheben, wurde abgelehnt; Gärtnerei-

betrieb ist somit nur anzunehmen, wenn nach Lage des Falles ein Gewerbebetrieb vorliegt. Näheres zu § 4. Über Bewertung gärtnerischen Grundvermögens, einerlei ob Gewerbebetrieb vorliegt oder nicht, § 17. Nach § 54 III BundAB. ist das dem Betriebe der Land- und Forstwirtschaft auf eigenen, selbstbewirtschafteten Grundstücken und zugepachteten Grundstücken dienende Vermögen zusammen mit den Grundstücken beim Grundvermögen nachzuweisen.

3. Kapitalvermögen: §§ 5, 6.

Ausländisches Grund- und Betriebsvermögen ist nach § 10 I, II vom Wehrbeitrag befreit.

§ 3.

Den Grundstücken (§ 2 Nr. 1) stehen gleich Berechtigungen, für welche die sich auf Grundstücke beziehenden Vorschriften des bürgerlichen Rechtes gelten.

E. § 3; Begr. S. 17; KB. S. 31.

I. Die dem § 2 ZuwachsStG. nachgebildete Vorschrift bezieht sich nur auf solche Berechtigungen, für welche die sich auf Grundstücke beziehenden Vorschriften des bürgerlichen Rechtes in vollem Umfange gelten (Amtl. Mitt. z. ZuwachsStG. 1911, 99).

Diese Berechtigungen gehören zum Betriebs- bzw. Grundvermögen (§ 2 Ziff. 2, 1), nie zum Kapitalvermögen, was für den Umfang der Steuerpflicht von Bedeutung ist.

II. Die maßgebenden Vorschriften des bürgerlichen Rechtes sind solche des Reichs- wie des Landesrechts; infolge der Verschiedenartigkeit der Landesrechte kann hier materielle Verschiedenheit des Gesetzes eintreten.

Reichsrechtlich kommen u. a. in Betracht: Erbbaurecht (§ 1012 BGB.), Erbpachtrecht mit Einschluß des Büdner- und Häuslerrechts (Art. 63 EG. BGB.)

Landesrechtlich kommen in Betracht: Bergwerkseigentum (KB. 31) nach § 50 Pr. allg. BergG., Art. 44 bayr. BergG.; Schiffsmühlen-, Fischerei-, Fährgerechtigkeiten; Realgewerbeberechtigungen 2c.

III. Die Berechtigungen müssen rechtliche Selbständigkeit besitzen. Berechtigungen, die nur mit einem Grundstücke veräußert und vererbt werden können, sind wesentliche Bestandteile eines Grundstücks (§ 2, 1) z. B. ein Teil der preußischen Apothekenprivilegien. (Amtl. Mitt. z. ZuwachsStG. 1912, 15). Die Unterscheidung kann in allen Fällen, in denen die „Wirtschaftseinheit" (§ 16) eine Rolle spielt, praktische Bedeutung gewinnen.

§ 4.

Zum Betriebsvermögen (§ 2 Nr. 2) gehören alle dem Unternehmen gewidmeten Gegenstände.

Das Betriebsvermögen einer offenen Handelsgesellschaft oder einer anderen Erwerbsgesellschaft, bei welcher der Gesellschafter als Unternehmer (Mitunternehmer) des Betriebs anzusehen ist, wird den einzelnen Teilhabern nach dem Verhältnis ihres Anteils zugerechnet.

E. § 4; Begr. S. 17; BundRB. § 54 III; BayBB. § 16.

I. Da das Betriebsvermögen eine Unterart des Vermögens (§ 2) ist, müssen die zum Betriebsvermögen gehörenden Gegenstände Vermögenscharakter haben.

Daraus ergibt sich, daß die Gegenstände (d. i. Sachen und Rechte) geldwert sein müssen; ferner, daß tatsächliche Verhältnisse, die Vermögenswert haben, nicht zum Betriebsvermögen gehören.

„Wertanschläge für bloße Erwerbsmöglichkeiten und erwerbsfördernde Umstände, die nicht notwendig mit Sachen und Rechten verbunden sind, wie z. B. die Lage eines Geschäfts, die Gewöhnung des Publikums, Verkehrszufälligkeiten, die Firma und Kundschaft eines Geschäfts, eine persönliche Konzession, dann bloße Haftscheine, bedingte Berechtigungsurkunden für künftige Fälle (Kreditkautionen und Bürgschaftsurkunden), persönlicher Bankkredit und andere persönliche subjektive Momente" sind kein Betriebsvermögen, auch dann nicht, wenn sie unentgeltlich erworben wurden.

Aus der preußischen Praxis: OVG. in StS. 5, 369; 6, 100 zu § 6 I preuß. ErgStG.

II. Die Gegenstände müssen dem Unternehmen gewidmet sein.

Das „Unternehmen" kann Betrieb der Land- und Forstwirtschaft, Bergbau oder Gewerbe sein. Sonstige Betriebe, sollten sie auch nach kaufmännischen Grundsätzen geführt sein (größere Anwaltskanzleien ꝛc.), fallen nicht unter den Begriff des Unternehmens (arg. § 2, 2).

1. Urproduktion: Land- und Forstwirtschaft; Viehzucht (im preuß. ErgStG. überflüssigerweise besonders hervorgehoben), auch die nicht besonders hervorgehobenen Zweige der Urproduktion: Jagd und Fischerei gehören hierher; selbstverständlich auch Weinbau, nicht dagegen Gärtnerei (§ 2 II).

2. Gewerbe: Begriff des Gewerbes bei Breunig, Bayr. EinkStG. I, 166: „alle erlaubten selbständigen Berufs- oder Erwerbsarten, die eine Beteiligung am allgemeinen wirtschaftlichen Verkehr darstellen, ausgenommen die Gewinnung roher Naturerzeugnisse, sowie öffentlicher Dienst und sog. freie Berufsarten, die höhere Bildung voraussetzen".

Das Unternehmen wird als „Wirtschaftseinheit" betrachtet (§ 16).

III. Alle dem Unternehmen, als Wirtschaftseinheit betrachtet, gewidmeten Gegenstände gehören hierher.

Gleichgültig ist, ob die Gegenstände dem Unternehmen unmittelbar oder mittelbar dienen (z. B. bei Banken hinterlegte Kautionen, lombardierte Papiere, in Wertpapieren angelegte Reserven). Gleichgültig ist ferner (gegen BayVB § 16), ob die Gegenstände dem Unternehmer zu Eigentum gehören oder auf Grund obligatorischen Rechts von ihm dem Unternehmen dienstbar gemacht werden (auf Grund Miete oder Pacht). Selbstverständlich sind bei der Bewertung die Verpflichtungen abzuziehen (§ 9), so daß nur der Nettowert in Betracht kommt.

Das gesamte werbende Vermögen, sowohl das sog. stehende Betriebskapital (Anlagekapital) wie das umlaufende Betriebskapital (i. eng. Sinne), gehören hierher.

Auch Forderungsrechte, Bankguthaben, Aktien usw. können Betriebsvermögen sein.

IV. Die Gegenstände müssen dem Unternehmen gewidmet sein. Gewidmet ist alles, was dem Zwecke des Unternehmens zu dienen bestimmt ist (also nicht Kautionen von Angestellten oder aus den Betriebsmitteln ausgesonderte Pensionsfonds). Ob sie dem Unternehmen tatsächlich dienen, also zweckmäßig oder rentierlich sind, ist gleichgültig. Aus dieser Zweckbestimmung der Widmung entscheidet sich auch die Frage, ob die Widmung eine dauernde sein muß, im verneinenden Sinne (Begr. S. 17).

Die Widmung muß seitens des Unternehmers oder eines bevollmächtigten Vertreters erfolgt sein. Die Eigentumsfrage ist nur insoweit von Bedeutung, als Schuldverpflichtungen z. B. die Verpflichtung zur Rückgabe an den Eigentümer, abziehbar sind.

V. Während Abs. I die objektive Umgrenzung des Begriffes: „Betriebsvermögen" gibt, enthält Abs. II eine Bestimmung über die subjektive Zurechnung des Vermögens, entsprechend dem § 5, 3 preuß. ErgStG. (die systematisch richtige Stellung wäre nach § 9).

Bei Alleininhabern eines Unternehmens — zu welchen auch juristische Personen gehören — ist die Frage der „Zuständigkeit" leicht zu entscheiden. Zweifel können bei Gesellschaftsverhältnissen entstehen. Abs. II will — mit Beschränkung auf das Betriebsvermögen — solche Zweifel beseitigen (für das Vermögen im allgemeinen s. zu § 2).

1. Die Regelung bezieht sich auf offene Handelsgesellschaften oder andere Erwerbsgesellschaften, bei welchen die Gesellschafter Mitunternehmer sind. Die besondere Hervorhebung der offenen Handelsgesellschaft ist wohl darauf zurückzuführen, daß dieselbe in Finanzgesetzen öfters wie eine juristische Person behandelt wird. Den offenen Handelsgesellschaften stehen alle Erwerbsgesellschaften gleich, bei denen die Gesamtheit der Gesellschafter als Inhaber des Betriebs gilt (Begr. S. 17); z. B. Kommanditgesellschaften, Gesellschaften des bürgerlichen Rechts, Konsortien (nicht dagegen stille Gesellschaften).

2. Bei den in Ziff. 1 genannten Gesellschaften wird jedem Gesellschafter ein seinem Anteil entsprechender Teil des Betriebsvermögens zugerechnet. Unter „Anteil" ist der Vermögensanteil verstanden, der nicht mit dem Gewinnanteil zusammenfallen muß. Bei der Bewertung des Anteils sind

die gemeinschaftlichen Schulden der Gesellschaft zuvor in Abzug zu bringen.

3. Die Bestimmung des Abs. II bezieht sich lediglich auf die Verpflichtung gegenüber der Staatskasse; im Verhältnis untereinander können die Gesellschafter eine andere Regelung treffen.

§ 5.

Als Kapitalvermögen (§ 2 Nr. 3) kommen insbesondere, soweit die einzelnen Vermögensgegenstände nicht unter § 2 Nr. 1, § 3 oder unter § 2 Nr. 2, § 4 fallen, in Betracht:

1. selbständige Rechte und Gerechtigkeiten;
2. verzinsliche und unverzinsliche Kapitalforderungen jeder Art;
3. Aktien oder Anteilscheine, Kuxe, Geschäftsguthaben bei Genossenschaften, Geschäftsanteile und andere Gesellschaftseinlagen;
4. bares Geld deutscher Währung, fremde Geldsorten, Banknoten und Kassenscheine, ausgenommen die aus den laufenden Jahreseinkünften vorhandenen Bestände und Bank- oder sonstige Guthaben, soweit sie zur Bestreitung der laufenden Ausgaben für drei Monate dienen, sowie Gold und Silber in Barren;
5. der Kapitalwert der Rechte auf Renten und andere wiederkehrende Nutzungen und Leistungen, welche dem Berechtigten auf seine Lebenszeit oder auf die Lebenszeit eines anderen, auf unbestimmte Zeit oder auf die Dauer von mindestens zehn Jahren entweder vertragsmäßig als Gegenleistung für die Hingabe von Vermögenswerten oder aus letzt-

willigen Verfügungen, Schenkungen oder Familienstiftungen oder vermöge hausgesetzlicher Bestimmungen zustehen;

6. noch nicht fällige Ansprüche aus Lebens- und Kapitalversicherungen oder Rentenversicherungen, aus denen der Berechtigte noch nicht in den Rentenbezug eingetreten ist.

E. § 5, § 7; Begr. S. 17; KB. S. 31, 33; BayBB. § 17.

I. Kapitalvermögen ist alles Vermögen, das weder Grund- noch Betriebsvermögen ist und nicht nach ausdrücklicher gesetzlicher Vorschrift vom Wehrbeitrag befreit ist (§ 7). Die Zugehörigkeit zu einem Betriebsvermögen kann bei den in Ziff. 1, 2, 3, 4 aufgeführten Rechtsobjekten in Frage kommen, bei Ziff. 5 und 6 jedoch kaum. Bei ausländischen Rechten ist die Frage, ob Betriebs- oder Kapitalvermögen anzunehmen ist, mit Hinblick auf die Steuerfreiheit ausländischen Betriebsvermögens (§ 10 I) von besonderer Bedeutung. Die Zugehörigkeit zu einem Betriebsvermögen muß am 31. Dezember 1913 bzw. bei dem allenfalls zugrunde gelegten Tage des Rechnungsabschlusses gegeben gewesen sein (§ 15 I, II).

II. Das Gesetz zählt einzelne, insbesondere als Kapitalvermögen in Betracht kommende Gegenstände auf; die Aufzählung soll nicht erschöpfend sein.

1. Selbständige Rechte und Gerechtigkeiten.

Selbständig sind Rechte und Gerechtigkeiten, wenn sie einen in Geld abschätzbaren Wert haben, somit für sich verkehrsfähig sind (OVG. in StS. 8, 334). Als nicht in Geld abschätzbar, entfallen die Familien-, Standes- und Ehrenrechte; da nicht verkehrsfähig, entfallen die auf familienrechtlicher Grundlage beruhenden Nutznießungsrechte des Ehemanns an dem Vermögen der Ehefrau oder der Eltern am Vermögen des minderjährigen Kindes. Deren Steuerfreiheit besteht jedoch nur insoweit, als die Nutznießung auf familienrechtlicher Grundlage beruht; der dem Vater auf Grund Vertrages mit dem Kinde oder auf Grund letztwilliger Verfügung eines Dritten zustehende Nießbrauch am Kindesvermögen ist gemäß § 5 Ziff. 5 heranzuziehen. Nicht „verkehrsfähig“, also keine selbständigen Rechte, sind das Recht zur Firmenführung (OVG. in StS. 8, 334), polizeiliche und obrigkeitliche Konzessionen, Approbationen, Genehmigungen, die die Befugnis zur Ausübung eines Gewerbebetriebes, nicht aber ein ausschließliches Recht, begründen (OVG. in StS. 5, 369; 6, 100).

Dagegen sind als selbständige Rechte und Gerechtigkeiten zu erachten: Bergwerksregale (KB. S. 91); Bergwerkseigentum, soweit es nicht unter § 3 fällt; Patent- und Gebrauchsmusterrechte; Urheber- und Verlagsrechte, soweit sie nicht Betriebsvermögen sind. Nutzungen begründen ein selbständiges Recht, wenn sie einen Vermögenswert repräsentieren (KB. S. 31). Nießbrauchsrechte, auch an ausländischem Grundeigentum, sind wehrbeitragspflichtig, wenn sie einer nach § 10 steuerpflichtigen Person zustehen.

Ob die Rechte dinglicher oder persönlicher Natur sind, begründet keinen Unterschied.

2. Verzinsliche und unverzinsliche Kapitalforderungen jeder Art.

Kapitalforderungen sind Forderungen auf einen Geldbetrag (§ 20), welche nicht zum Einkommen gehören; Ansprüche auf Pacht- und Mietzins fallen somit nicht unter den Begriff der „Kapitalforderung“, wohl aber Darlehensforderungen. Bezüglich rückständiger Ansprüche dieser Art bestimmte Art. 15 II Abs. 3 der AusfAnw. z. preuß. ErgStG: „Inwiefern Rückstände an Zinsen, Pachten oder anderen periodischen Hebungen infolge der ausdrücklichen oder stillschweigenden Uebereinkunft die Natur von Kapitalforderungen angenommen haben und deshalb als solche anzusehen sind, ist nach den Verhältnissen des einzelnen Falles zu beurteilen. Wird durch vorliegende Umstände nicht eine andere Annahme begründet, so sind zweijährige oder noch ältere Rückstände, sowie solche Rückstände, zu deren Zahlung der Schuldner rechtskräftig verurteilt ist, den Kapitalforderungen gleichzustellen.“

Ob über die Kapitalforderung eine Urkunde vorliegt oder nicht, ob sie verzinslich ist oder nicht, ist gleichgültig; ebensowenig kommt es auf Staatsangehörigkeit, Wohnsitz oder Aufenthalt des Schuldners an.

Zu den Kapitalsforderungen gehören: Darlehensforderungen; Hypothekforderungen; Sparkasseneinlagen; Wechselforderungen; die in Ziff. 3 nicht genannten Wertpapiere.

3. Aktien und diesen gleichgestellte Rechte.

Inländische und ausländische Aktien sind beitragspflichtig. Ob eine Urkunde über das Aktienrecht ausgestellt ist, ist gleichgültig. Ob eine ausländische Gesellschaft als Aktiengesellschaft anzusehen ist, oder ob die einzelnen Aktionäre Mitinhaber dieser Gesellschaft sind (§ 4 Abs. 2), entscheidet sich nach ausländischem Rechte (vgl. Bemerkungen zu § 11). Die Frage ist von praktischer Bedeutung infolge der Bestimmung des § 10 I, wonach ausländisches Betriebsvermögen steuerfrei ist. Selbstverständlich kann das Aktienrecht zum Betriebsvermögen eines Beitragspflichtigen gehören (§ 4 Abs. I). Anteilsscheine: §§ 179 Abs. 3, 310 Abs. 3 HGB., ferner Anteilsscheine bei deutschen Kolonialgesellschaften (§ 11 SchutzGebG.) und Reichsbankanteilscheine, Genußscheine, welche Anteile am Gewinn, eventuell auch am Liquidationserlös gewähren, fallen je nach ihrem Inhalt unter Ziff. 2 oder Ziff. 5.

Kuxe sind wehrbeitragspflichtig und zwar auch dann, wenn der Sitz der Gewerkschaft im Auslande ist. Kuxe des älteren Rechts können nach den Bestimmungen des Landesrechts unter § 3 fallen. Geschäftsguthaben bei Genossenschaften sind die Einlagen, welche die Genossen auf ihren Geschäftsanteil geleistet haben unter Gutschrift der ihnen zugeschriebenen Gewinnanteile und nach Abzug der abgeschriebenen Verlustbeteiligung (GenG. § 7², 19 ff.). Die Bewertung erfolgt nach dem letzten Geschäftsabschluß vor dem 31. Dezember 1913.

Unter den Geschäftsanteilen sind die Geschäftsanteile einer G. m. b. H. §§ 14 ff. des Gesetzes betr. G. m. b. H. zu verstehen; die Bewertung erfolgt nach § 19.

Unter den anderen Geschäftseinlagen sind vornehmlich die Einlagen eines stillen Gesellschafters (§§ 335, 340 HGB.) zu verstehen; die Bewertung derselben erfolgt gemäß § 20 nach dem letzten vorliegenden Geschäftsabschluß vor dem 31. Dezember 1913.

Nicht hierher gehören die Gesellschaftsanteile bei den in § 4 Abs. 2 aufgeführten Erwerbsgesellschaften, insbesondere also nicht Kommanditanteile.

4. Bargeld und Bankguthaben.

Grundsätzlich unterliegen Bargeld und Bankguthaben dem Wehrbeitrag. Als Bargeld deutscher oder fremder Währung ist nur solches Geld anzusehen, welches Verkehrswert hat. Münzensammlungen fallen nicht unter die Vorschrift (vgl. Bemerkung III zu § 7). Soweit sie nicht Bestandteile eines gewerblichen Betriebsvermögens sind, sind sie beitragsfrei.

Zwecks Vermeidung einer Doppelbesteuerung sollen Bargeld und Bankguthaben, die aus den laufenden Jahreseinkünften herrühren, nur dann beitragspflichtig sein, wenn sie zur Überführung in das Vermögen bestimmt sind. Deshalb sind diejenigen Barbestände und Bank- oder sonstigen Guthaben, die aus laufenden Jahreseinkünften herrühren, steuerfrei, soweit sie zur Bestreitung der laufenden Ausgaben für 3 Monate dienen. Als laufende Jahreseinkünfte sind die Einkünfte des Kalenderjahres 1913 anzusehen.

Die Worte „soweit sie zur Bestreitung der laufenden Ausgaben dienen" wurden von der Kommission (KB. 31 ff.) eingeführt und bezogen sich auf das unmittelbar vorhergehende Wort „Bestände". Durch die Einfügung der Worte „und Bank- oder sonstige Guthaben", die in der zweiten Lesung im Plenum des Reichstages im Interesse derjenigen Kreise, die den bargeldlosen Zahlungsverkehr durch Überweisung pflegen, erfolgte, ist das Gesetz stilistisch ungenau gefaßt. Unter „laufenden Ausgaben" sind nicht bloß wiederkehrende, sondern auch besondere Ausgaben zu verstehen, welche in dem ersten Kalendervierteljahre des Jahres 1914 zu begleichen sind.

Den Bankguthaben sind „sonstige" Guthaben gleichgestellt; es sind hierunter lediglich bankähnliche Guthaben zu verstehen. Da die Ausnahme von der Beitragspflicht auf diejenigen Bestände und Guthaben beschränkt ist, welche zur Bestreitung der laufenden Ausgaben für 3 Monate dienen, kann hier eine

Doppelbesteuerung insofern Platz greifen, als diese Bestände und Barguthaben bereits zur Landeseinkommensteuer veranlagt werden und somit auch dem Wehrbeitrag auf Grund Einkommens (§ 31) unterliegen. Zur Milderung von Härten dient, BundAB. § 46.

5. Renten und andere wiederkehrende Nutzungen und Leistungen.

Durch die Kapitalisierung dieser Rechte wird eine Doppelbesteuerung herbeigeführt, da die Einzelansprüche gemäß § 31 I auch als Einkommen dem Wehrbeitrag unterliegen. Allerdings wird diese Härte dadurch gemildert, daß nach § 31 II 5 % des festgestellten Vermögens von dem Einkommen in Abzug zu bringen sind und daß die Rente, wenn sie als alleiniges Einkommen beitragspflichtig sein soll, mehr als 5000 *M* betragen muß, § 31 Abs. I. Die Voraussetzungen für die Beitragspflicht sind S. 18 der Begründung in übersichtlicher Weise dargelegt:

„In § 5 Nr. 5 ist, wie dies auch in gleicher oder ähnlicher Weise in den einzelstaatlichen Vermögenssteuergesetzgebungen geschehen ist, dem Kapitalsvermögen zugerechnet der Kapitalswert gewisser wiederkehrender Bezüge.

Die Zurechnung aller hier aufgeführten Bezüge zum Kapitalvermögen ist aber von einer doppelten Voraussetzung abhängig:

1. Hinsichtlich der Dauer des Bezugsrechtes: Sie müssen dem Berechtigten auf seine Lebenszeit oder auf die Lebenszeit eines anderen oder auf unbestimmte Dauer oder auf die Dauer von mindestens 10 Jahren zustehen. Für die Frage, ob das Recht auf die wiederkehrenden Bezüge als Kapitalvermögen gilt, ist die ganze Dauer des Bezugsrechtes maßgebend; für die Feststellung des Kapitalwertes dagegen nur die Dauer, für welche das Bezugsrecht dem Berechtigten noch nach dem 31. Dezember 1913 zusteht.

2. Hinsichtlich des Rechtsgrundes der Bezüge: Sie müssen als Vertragsgegenleistungen für die Hingabe von Vermögenswerten anzusprechen sein oder es muß das Bezugs-

recht auf letztwilliger Verfügung, Schenkung, auf einer Familienstiftung, oder auf hausgesetzlicher Bestimmung beruhen. Dem Bezugsrechte steht somit regelmäßig entweder ein früheres eigenes Vermögen des Berechtigten oder ein anderer Vermögensstock gegenüber. Dieser Umstand rechtfertigt auch die Behandlung der Renten usw. als Kapitalvermögen. Da der Wehrbeitrag von dem Kapitalwerte der Rente usw. erhoben wird, dem Beitragspflichtigen aber nur die jeweils fälligen Renten usw. Bezüge zur Verfügung stehen, ergibt sich allerdings die Möglichkeit gewisser Härten, die aber durch Stundungsbewilligung beseitigt werden können. Zu beachten ist auch die Vorschrift in § 10 Abs. 1 des Entw. (§ 9 des Ges.) wonach das Abzugsrecht der Leistungspflichtigen davon abhängt, daß der Wert der wiederkehrenden Hebungen als Kapitalvermögen gilt. Die Nichtabzugsfähigkeit solcher Lasten würde aber für den Leistungspflichtigen eine noch größere Härte bedeuten als die Heranziehung des Berechtigten zum Wehrbeitrage.

§ 6 des Entw. schränkt die Geltung der Vorschrift in § 5 Abs. 5 ein, diese Ausnahmen bedürfen keiner besonderen Rechtfertigung."

Der Kapitalwert dieser Ansprüche ist nach §§ 21 ff. festzustellen. Soweit besondere Vorschriften in diesen Paragraphen nicht enthalten sind, entscheidet nach dem Grundsatz des § 16 der gemeine Wert.

Unter den angegebenen Voraussetzungen sind wehrbeitragspflichtig nur Rechte, nicht also Zuwendungen, die freiwillig erfolgen. Zu diesen Rechten gehören: Nießbrauchrechte; Renten, d. h. periodische geldwerte Hebungen, die nicht eine Verzinsung oder Rückzahlung eines dargeliehenen oder abgetretenen Kapitals darstellen; Leibrenten (§§ 759 ff. BGB.); Altenteils- und Auszugsrechte; Ansprüche aus einer Rentenschuld (§§ 1199 ff. BGB.); regelmäßige Zuschüsse seitens der Eltern an Kinder, die auf einer Verpflichtung beruhen, soweit sie das den Vermögensverhältnissen des Vaters oder der Mutter entsprechende Maß übersteigen (§ 1624 BGB.).

Geldrenten, die gemäß § 843 BGB. auf Grund Körperverletzung bezogen werden, sind nicht wehrbeitragspflichtig; eine eventuell bezahlte Kapitalabfindung unterliegt dagegen dem Wehrbeitrag aus Vermögen.

6. Lebens- oder Kapitalversicherungen oder Rentenversicherungen.

Durch Beschluß des Reichstages in zweiter Lesung wurde entsprechend dem § 15 des preuß. ErgStG. die Beitragspflicht der nicht fälligen Ansprüche auf Lebens-, Kapital- und Rentenversicherung ausgesprochen, „da es sich hier um bereits vorhandene Vermögen handle und da bei Freilassung dieser Ansprüche ein starker Anreiz gegeben wäre, noch unmittelbar vor der Steuererklärung erhebliche Summen auf Versicherungen festzulegen".

Beitragspflichtig sind die am 31. Dezember 1913 noch nicht fälligen Ansprüche; bereits fällige Ansprüche sind bei Kapitalversicherungen nach §§ 5 Ziff. 2, 20, bei Rentenversicherungen nach §§ 5 Ziff. 5, 21 ff. beitragspflichtig.

Beitragspflichtig ist derjenige, welcher das Verfügungsrecht über den Anspruch hat; gleichgültig ist, ob der Versicherungsvertrag auf das Leben des Versicherungsnehmers oder einer anderen Person abgeschlossen ist, wer im Besitze der Police ist und wer die Prämien bezahlt hat. (OVG. in StS. 7, 200).

Unter die Ansprüche aus Lebensversicherung fallen die Versicherung auf Todesfall, auf Überlebens- und Erlebensfall, die „kurze Versicherung", sowie alle Kombinationen.

Ausnahmen enthält die Vorschrift des § 6 (siehe Bemerkungen zu § 6). Nicht fällige Renten und Versicherungen der in § 6 bezeichneten Art sind nach BundAB. § 37 vom Wehrbeitrag befreit.

§ 6.

Die Vorschrift im § 5 Nr. 5 gilt nicht

a) für Ansprüche an Witwen-, Waisen- und Pensionskassen;

b) für Ansprüche aus einer Kranken- oder Unfallversicherung oder aus der Reichsversicherung;

c) für Renten und ähnliche Bezüge, die mit

Rücksicht auf ein früheres Arbeits- oder Dienstverhältnis gewährt werden.

E. § 6; Begr. S. 18; KB. S. 34, 109; BundRB. § 37.

I. Die in § 6 gegebenen Ausnahmen von der Vorschrift des § 5 Nr. 5 bedürfen nach der Begründung keiner besonderen Rechtfertigung. Die Vorschrift ist von geringfügigen Ausnahmen abgesehen dem § 7 c Abs. II des preuß. ErgStG. nachgebildet.

II. Zu den einzelnen Ausnahmen ist zu bemerken:

1. Ansprüche an Witwen-, Waisen- und Pensionskassen sind beitragsfrei, wenn eine besondere Kasse oder Anstalt besteht, die zum Zwecke der Gewährung der Renten für einen bestimmten Kreis von Personen errichtet ist.

Ob die Kasse eine öffentliche oder private ist, ist gleichgültig; ebenso, ob ein Kassenzwang vorliegt oder nicht und ob der Berechtigte selbst die Beiträge geleistet hat oder nicht.

2. Ansprüche aus einer Kranken- oder Unfallversicherung sind unter allen Umständen befreit.

Unter Reichsversicherung sind nach § 1 der Reichsversicherungsordnung vom 19. Juli 1911 Krankenversicherung, Unfallversicherung und Invaliden- und Hinterbliebenenversicherung auf Grund dieses Gesetzes zu verstehen. Die Angestelltenversicherung ist infolge der noch laufenden Wartezeit ohne praktische Bedeutung.

3. Die in Ziffer 6 c genannten Rechte sind befreit, auch wenn keine besondere Kasseeinrichtung besteht. Ob ein Arbeits- oder Dienstverhältnis vorlag, ist nach den Umständen des Einzelfalles zu entscheiden.

§ 7.

Als Vermögen gelten nicht Möbel, Hausrat und andere nicht unter § 5 fallende bewegliche körperliche Gegenstände, sofern sie nicht als Zubehör eines Grundstücks (§ 2 Nr. 1, § 3) oder als Bestandteil eines Betriebsvermögens (§ 2 Nr. 2, § 4) anzusehen sind.

E. § 8; Begr. S. 18; KB. S. 35 ff.

I. Die Begründung (S. 18) bemerkt: „Die Nichtberücksichtigung des Mobiliars erscheint aus sachlichen und praktischen Erwägungen gerechtfertigt

Daß das Mobiliar der minder Wohlhabenden unbedingt freizulassen ist, bedarf keiner weiteren Begründung; aber auch die Freilassung des Luxusmobiliars empfiehlt sich aus praktischen Erwägungen; einmal ist es nicht leicht, hier eine bestimmte Grenze zu ziehen, und sodann wäre eine einigermaßen zutreffende Wertermittlung und Veranlagung außerordentlich schwierig und nicht möglich ohne lästiges und unerwünschtes Eindringen in rein persönliche Verhältnisse.

Nach § 8 des Entwurfes (§ 7 des Gesetzes) sind bei der Vermögensfeststellung auch nicht zu berücksichtigen diejenigen Gegenstände, welche der Ausübung wissenschaftlicher, künstlerischer oder nicht unter den Begriff des Gewerbebetriebes fallender beruflicher Tätigkeit dienen."

Der in den Kommissionsberatungen gestellte Antrag, Schmuck und Kunstwerke dem Wehrbeitrag zu unterwerfen, wurde ebenso abgelehnt, wie der im Plenum wiederholte Antrag: Schmucksachen und Kunstwerke im Gesamtwerte von über 1000 Mark von der Befreiung auszunehmen. Seitens der Regierung wurde auf die Gefahr des Exportes von Kunstwerken, auf die Schwierigkeiten der Wertsermittlung und die Analogie mit dem Reichserbschaftssteuergesetz und den Steuergesetzen der Einzelstaaten hingewiesen.

II. Bei der Veranlagung haben außer Betracht zu bleiben: Möbel, Hausrat, Kleidungsstücke, Schmucksachen und andere Kostbarkeiten, Bücher, Reit- und Wagenpferde, Equipagen und andere Luxusfahrzeuge, Sammlungen und Vorräte aller Art, sofern diese Gegenstände nicht Erwerbszwecken dienen, sondern lediglich zum persönlichen Gebrauch oder zum Verbrauch im Haushalte, zur Ausschmückung der Wohnräume, zur Belehrung, Unterhaltung oder Erhöhung des Lebensgenusses bestimmt sind (Ausführungsanweis zu § 4 III des preuß. ErgStG.).

III. Dagegen sind wehrbeitragspflichtig die unter § 5 fallenden beweglichen körperlichen Gegenstände sowie Zubehör eines Grundstückes und Bestandteile eines Betriebsvermögens.

1. § 5 Ziffer 4 kann in Betracht kommen. Fremde

Kurantmünzen sind wehrbeitragspflichtig, auch wenn sie aus persönlicher Liebhaberei aufbewahrt werden.

2. Zubehörteile eines Grundstückes sind auch dann wehrbeitragspflichtig, wenn sie sich als Möbel oder Hausrat darstellen.

3. Bestandteil eines Betriebsvermögens ist beispielsweise Hotelinventar; nicht dagegen gelten als Betriebsvermögen die der Ausübung einer künstlerischen, wissenschaftlichen oder einer sonstigen, nicht unter den Begriff des Gewerbebetriebs fallenden Berufstätigkeit gewidmeten beweglichen Sachen, wie die Bibliothek eines Gelehrten, ärztliche Instrumente, Musikinstrumente, Automobil eines Landarztes, Arbeitsmittel der Künstler, Büroeinrichtungen der Rechtsanwälte (Ausführungsanweis. zu § 4 III des preuß. ErgStG.)

§ 8.

Das zu einem Lehen, Fideikommiß oder Stammgut gehörige Vermögen gilt als Vermögen des Inhabers.

Der Inhaber ist berechtigt, den Betrag des Wehrbeitrags, soweit er nicht auf den nach diesem Gesetze zu berechnenden Wert seiner Nutzung entfällt, aus dem Lehens-, Fideikommiß- oder Stammgutvermögen zu entnehmen oder dieses Vermögen in gleicher Höhe dinglich zu belasten, ohne daß es einer besonderen Genehmigung Dritter bedarf.

E. § 9; Begr. S. 19; KB. S. 36, 109; BundRB. § 55 III; BayVB. § 14 II d.

I. „Bei dem Charakter des Wehrbeitrages als einer einmaligen, außerordentlichen Abgabe von dem Vermögen erscheint eine gleichmäßige Behandlung des gebundenen und ungebundenen Besitzes sachlich durchaus gerechtfertigt. Zur Vermeidung von Härten für den gegenwärtigen Inhaber ist die Vorschrift des Abs. II ausreichend" (Begr. S. 19).

II. Lehen, Fideikommisse oder Stammgüter sind gebundener Besitz, d. h. „Besitz, zu dessen Veräußerung eine einzelne physische Person nur mit Zustimmung anderer physischer Personen oder, wenn ohne solche Zustimmung, dann doch nicht in der Weise befugt ist, daß sie über die Verwendung des Erlöses nach ihrem Belieben verfügen kann". Was im einzelnen Falle als Lehen, Fideikommiß oder Stammgut anzusehen ist, bestimmt sich nach den gemäß Art. 59 EG. BGB. aufrecht erhaltenen Landesrechten. Für Bayern kommen in Betracht: die Majorate nach dem Edikte vom 20. Dezember 1811, die Familienfideikommisse nach der VII. VerfBeil.; die standesherrlichen Fideikommisse; die Thronlehen und allodifizierten Lehen nach dem Lehensedikt vom 7. Januar 1808 und dem Gesetze vom 4. Juni 1848; die landwirtschaftlichen Erbgüter nach Gesetz vom 12. Februar 1855.

III. Der gebundene Besitz gilt als Vermögen des jeweiligen Inhabers, Nutzungseigentümers. Dieser ist wehrbeitragspflichtig, auch wenn einzelne Teile des Besitzes seiner Nutzung entzogen sind, oder wenn er bestimmte Einkünfte einem Fonds zuführen muß (OVG. in StS. 5, 78; 9, 224). Der gebundene Besitz wird jedoch nicht als Sondervermögen der Besteuerung zugrunde gelegt, sondern gemeinsam mit dem freien Vermögen des Inhabers veranlagt. Schulden- und Lastenabzug vgl. Bem. zu § 9 I.

IV. Der Inhaber darf den Betrag des Wehrbeitrages aus dem gebundenen Vermögen insoweit entnehmen oder darf dieses Vermögen insoweit dinglich belasten, als der Betrag nicht auf den nach diesem Gesetz (§§ 21 ff.) zu berechnenden Wert seiner Nutzung entfällt. Das gilt selbstverständlich nur für den Teil des Wehrbeitrages, welcher vom Vermögen erhoben wird. Bei der Feststellung des Betrages, welcher sonach aus der Vermögenssubstanz entnommen werden kann, ist das freie Vermögen des Inhabers des gebundenen Besitzes außer Betracht zu lassen (§ 55 III BundAB.).

Bei der Entnahme des Wehrbeitrages aus dem gebundenen Vermögen, sowie bei Belastung desselben bedarf der Inhaber nicht einer besonderen Genehmigung Dritter, also nicht der nach Landesrecht vorgeschriebenen Zustimmung der Agnaten. Wohl aber bleibt behördliche Genehmigung vorbehalten, soweit die Landesgesetzgebung eine solche vorsieht; diese Genehmigung kann auch unter Bedingungen erteilt werden, insbesondere kann die Fideikommißaufsichtsbehörde vorschreiben, daß das entnommene Kapital wieder anzusammeln und das aufgenommene Darlehen planmäßig zu tilgen ist (Begr. S. 19).

V. Hinsichtlich der Feststellung des Ertragswertes des gebundenen Besitzes in Bayern vgl. BundAB. § 35 mit BayBB. § 14 II d.

§ 9.

Von dem Vermögen sind abzuziehen die dinglichen und persönlichen Schulden des Beitragspflichtigen sowie der Wert der dem Beitragspflichtigen obliegenden oder auf einem Lehen, Fideikommiß oder Stammgut ruhenden Leistungen der im § 5 Nr. 5 bezeichneten Art.

Nicht abzugsfähig sind

a) Schulden, die zur Bestreitung der laufenden Haushaltungskosten eingegangen sind (Haushaltungsschulden);

b) Schulden und Lasten, welche in wirtschaftlicher Beziehung zu nicht beitragspflichtigen Vermögensteilen stehen.

Wird der Wehrbeitrag nur von dem inländischen Grund- und Betriebsvermögen erhoben (§ 10 Nr. II und § 11 Abs. 1 Nr. 2), so sind nur die in einer wirtschaftlichen Beziehung zu diesen Vermögensteilen stehenden Schulden und Lasten abzugsfähig.

E. § 10; Begr. S. 19; KB. S. 36 ff., 110; BundAB. § 49 I S. 2.

I. Entsprechend dem im § 2 I ausgesprochenen Grundsatz der Steuerpflicht des Nettovermögens und im Einklang mit der Mehrzahl der einzelstaatlichen Vermögensteuergesetze ist der Abzug der Schulden im weitesten Maße gestattet.

Der Abzug der Schulden erfolgt vom „Vermögen" d. h. dem **beitragspflichtigen Vermögen**: beitragsfreies Vermögen (§ 7), auch ausländisches Grund- und Betriebsvermögen, scheidet auf der Aktivseite aus. Ob das Vermögen gebundener Besitz oder freies Vermögen ist, ist für die Frage des Schuldenabzuges unerheblich; auch die nur auf dem freien Vermögen ruhenden Schulden sind vom gesamten Vermögen des Inhabers des gebundenen Besitzes abzuziehen. Das gleiche gilt vom Vermögen von Ehegatten. (§ 13.)

Hinsichtlich der Frage, ob der Schuldenabzug vor der Bewertung des Vermögensgegenstandes oder ob er vom Gesamtvermögen zu erfolgen hat, vgl. § 16. Hypothek- und Grundschulden sind nach Muster 3 der BundAB. vom Gesamtaktivvermögen abzuziehen.

II. Abzugsfähig sind die dinglichen und persönlichen **Schulden** eines Beitragspflichtigen sowie der Wert der dem Beitragspflichtigen obliegenden oder auf einem Lehen, Fideikommisse oder auf einem Stammgut ruhenden **Leistungen** der in § 5 Nr. 5 bezeichneten Art.

1. Das Gesetz spricht in Abs. I lediglich von „**Schulden**" nicht von Lasten, die auf einem Gegenstand liegen. Soweit die Lasten den Wert einer Sache mindern, sind sie bei der Bewertung in Abzug zu bringen (OVG. in StS. 5, 138, 142). Selbstverständlich sind Schulden, welche bereits bei Feststellung des Betriebsvermögens berücksichtigt worden sind, von den Gesamtvermögen nicht nochmals abzuziehen.

Zu den dinglichen Schulden gehören Hypotheken (Sicherungshypotheken, soweit eine persönliche Forderung des Gläubigers besteht), Grundschulden, Reallasten und Rentenschulden.

Die Belastung eines Grundstückes mit einer Vormerkung im Grundbuch begründet noch keine dingliche Schuld. (OVG. in StS. 6, 137).

2. Wiederkehrende Nutzungen und Leistungen sind nur abzugsfähig, wenn die in § 5 Ziff. 5 bezeichneten Voraussetzungen vorliegen; dem mit Leistungen, die nach § 6 auf Seite des Berechtigten nicht beitragspflichtig sind, Belasteten ist der Abzug nicht gestattet (OVG. in StS. 5, 84).

3. Nur Schulden des **Beitragspflichtigen** sind abziehbar; jedoch kann der Ehemann auch Schulden der Ehefrau in Abzug bringen, § 13 (OVG. in StS. 7, 283).

Bei Gesamtschuldverhältnissen kann jeder Gesamtschuldner die ganze Schuld in Abzug bringen; das gilt auch von Wechselverbindlichkeiten und selbstschuldnerischer Bürgschaft. Wenn man den Gesamtschuldner auf das Rückgriffsrecht gegen die Mitschuldner verweisen wollte, würden für die Bewertung der Schulden unlösbare Schwierigkeiten entstehen.

III. Die Bewertung der abzugsfähigen Schulden und Leistungen erfolgt gemäß §§ 16 ff. Uneinbringliche Forderungen sind beim Gläubiger außer Ansatz zu lassen (§ 30), während der Schuldner sie im vollen Betrage abziehen kann. (OVG. in StS. 7, 285). Leistungen der in § 5 Ziff. 5 bezeichneten Art sind mit dem Kapitalbetrag abzugsfähig.

IV. Nicht abzugsfähig sind Haushaltungsschulden und Schulden und Lasten, welche in wirtschaftlicher Beziehung zu nicht beitragspflichtigen Vermögensteilen stehen.

1. Entsprechend dem Grundsatz, daß die aus den laufenden Jahreseinkünften herrührenden Barbestände und Guthaben in gewissen Grenzen beitragsfrei sind (§ 5, 4), sind auch die zur Bestreitung der laufenden Haushaltungskosten eingegangenen Schulden nicht abzugsfähig. Alle Schulden, sowohl periodisch wiederkehrende, wie einmalige, die zwecks Fortführung des Haushaltes in einer der bisherigen Lebenshaltung entsprechenden Weise eingegangen werden, sind nicht abzugsfähig. Zum „Haushalt" gehören alle Personen, die auf Grund familienrechtlicher Beziehungen dem Hausstand angehören.

„Inwieweit Rückstände an Haushaltungsschulden aus früheren Wirtschaftsjahren den Kapitalschulden gleichzuachten sind, ist nach dem Umstande des einzelnen Falles zu entscheiden" (Art. 17 III Abs. 2 AusfAnw. z. preuß. ErgStG.).

2. Eine „wirtschaftliche Beziehung" einer Schuld zu gewissen Vermögensbestandteilen liegt insbesondere vor, wenn die Schuld zum Zwecke des Erwerbes, der Erhaltung oder Verbesserung dieses Vermögensgegenstandes aufgenommen ist. Die Bemerkung der Begründung S. 19: „eine wirtschaftliche Beziehung zu dem in Grundstücken bestehenden Vermögen ist namentlich dann gegeben, wenn die betreffenden Grundstücke für die Schulden und Lasten dinglich haften" ist unrichtig;

die rechtliche Haftung beweist noch keinen wirtschaftlichen Zusammenhang (vgl. auch BundAB. § 49 I S. 2).

Eine wirtschaftliche Beziehung zu nicht beitragspflichtigem Vermögen liegt sowohl dann vor, wenn die Schuld sich auf ausländisches Grund- oder Betriebsvermögen bezieht, wie dann, wenn sie mit beitragsfreiem inländischen Vermögen im Zusammenhange steht; daher sollen alle Schulden, die unter Verpfändung von Schmuckgegenständen gemacht worden sind, nicht abzugsfähig sein (§ 7; KB. S. 36), selbstverständlich unter der Voraussetzung, daß die Schuld in wirtschaftlicher Beziehung zu dem Schmuckgegenstand steht. Steht eine Schuld in wirtschaftlichem Zusammenhang sowohl mit beitragsfreiem, wie mit dem beitragspflichtigen Vermögen, so hat eine Ausscheidung zu erfolgen.

V. Wird der Wehrbeitrag nur von dem inländischen Grund- und Betriebsvermögen erhoben (§§ 10 II; 11 I Nr. 2), so sind nur die in einer wirtschaftlichen Beziehung zu diesen Vermögensteilen stehenden Schulden und Lasten abzugsfähig.

Die in § 10 I aufgeführten Personen können ihre gesamten Schulden nach Maßgabe des § 9 I, II zum Abzug bringen, wenn sie nur inländisches Grund- und Betriebsvermögen besitzen.

Wehrbeitragspflichtige Personen.

§ 10.

Beitragspflichtig sind

I. mit ihrem gesamten Vermögen mit Ausnahme des ausländischen Grund- und Betriebsvermögens:

1. die Angehörigen des Deutschen Reichs, mit Ausnahme derer, die sich seit länger als zwei Jahren dauernd im Ausland aufhalten, ohne einen Wohnsitz in einem deutschen Bundesstaate zu haben. Die Ausnahme findet keine Anwendung auf Reichs- und Staatsbeamte, die im Ausland ihren

dienstlichen Wohnsitz haben. Wahlkonsuln gelten nicht als Beamte im Sinne dieser Vorschrift;

2. diejenigen nichtreichsangehörigen Personen, welche auch eine fremde Staatsangehörigkeit nicht besitzen, wenn sie in einem deutschen Bundesstaat einen Wohnsitz oder in Ermangelung eines Wohnsitzes ihren dauernden Aufenthalt haben;

3. Angehörige außerdeutscher Staaten, die sich im Deutschen Reiche dauernd des Erwerbes wegen aufhalten;

II. mit ihrem inländischen Grundvermögen (§ 2 Nr. 1, § 3) und inländischen Betriebsvermögen (§ 2 Nr. 2, § 4):

alle natürlichen Personen ohne Rücksicht auf Staatsangehörigkeit, Wohnsitz oder Aufenthalt.

E. § 11; Begr. S. 19; KB. S. 37 ff., 47 ff.; BundAB. §§ 2—8, 49 II; BayVB. § 4.

I. § 10 regelt die Beitragspflicht der natürlichen Personen, zunächst für den Wehrbeitrag von Vermögen, sodann aber infolge der Verweisung des § 1 auch für den Wehrbeitrag vom Einkommen. Die Beitragspflicht muß am 31. Dezember 1913 bestanden haben (§ 15).

Hinsichtlich der Beitragspflicht der Landesfürsten vgl. § 35. Befreit vom Wehrbeitrag sind alle Personen, die nach völkerrechtlichen Grundsätzen von der Zahlung von Staatssteuern befreit sind; dieser Grundsatz ist als selbstverständlich im Gesetz nicht ausgesprochen (Begr. S. 20).

In Ziff. I wird die unbeschränkte, in Ziff. II die beschränkte Beitragspflicht geregelt. Ausnahmslos frei ist ausländisches Grund- und Betriebsvermögen; ausnahmslos beitragspflichtig inländisches Grund- und Betriebsvermögen. „Die erstere Ausnahme empfiehlt sich nicht nur aus sachlichen

Gründen, insofern das Grund- und Betriebsvermögen auch sonst der ausschließlichen Steuerhoheit des Staates unterworfen zu werden pflegt, in dessen Gebiet es sich befindet, sondern auch aus technischen Gründen der Steuerveranlagung" (Begr. S. 19). Auch hier entscheidet für die Beitragspflicht die Belegenheit der Sachen am 31. Dezember 1913 (§ 15).

II. Unbeschränkt beitragspflichtig mit ihrem gesamten Vermögen außer dem ausländischen Grund- und Betriebsvermögen sind:

1. die Angehörigen des Deutschen Reichs mit Ausnahme derer, die sich seit länger als 2 Jahren (vom 31. Dezember 1913 zurückgerechnet) dauernd im Auslande aufhalten, ohne einen Wohnsitz in einem deutschen Staate zu haben.

Die Reichsangehörigkeit bestimmt sich nach dem Reichs- und Staatsangehörigkeitsgesetz vom 23. Juli 1913, §§ 1—16. ‚Ausland' ist alles, was nicht nach Art. 1 der RV. zum Reichsgebiet gehört; demzufolge sind Schutzgebiete Ausland (RV. 102, 127). „Für die Annahme eines Aufenthaltes ist nicht eine bloß vorübergehende Anwesenheit, sondern eine Anwesenheit von gewisser Dauer und Stetigkeit und die Innehabung einer Aufenthaltsstätte erforderlich." (BayVollzVorschr. zum EinkStG. § 1 V). Der Aufenthalt ist dauernd, wenn die Absicht, an einem Orte nicht nur vorübergehend zu verweilen, vorliegt; vorübergehende Unterbrechungen beseitigen den dauernden Aufenthalt nicht. — Der Begriff des „Wohnsitzes" bestimmt sich nach § 1 des ReichsDoppelStG. vom 22. März 1909: „Der Ort an welchem jemand eine Wohnung unter Umständen inne hat, die auf die dauernde Beibehaltung einer solchen schließen lassen." Der „dienstliche Wohnsitz" ist dort gegeben, wo der Beamte den ihm angewiesenen Mittelpunkt seiner dienstlichen Berufsausübung hat. (Vgl. auch die bei Breunig, Bayerische Steuergesetze II S. 351 ff. angegebene reiche Rechtsprechung.)

2. die heimatlosen Personen, die im Reiche einen Wohnsitz oder ihren dauernden Aufenthalt haben. „Die Gleichstellung dieser Personen mit den Reichsangehörigen ist gerechtfertigt, da sie unter dem Schutze des Reiches und seiner staatlichen Einrichtungen leben, ohne in einem besonderen

Treuverhältnisse zu einem auswärtigen Staate zu stehen" (Begr. S. 19).

3. die **Angehörigen außerdeutscher Staaten**, die sich im Deutschen Reiche dauernd des Erwerbs wegen aufhalten.

„Die Angehörigen fremder Staaten von der Beitragspflicht wegen des vaterländischen Zweckes der Abgabe freizulassen, erschien ebensowenig angezeigt, wie die Freilassung der heimatlosen Personen aus diesem Grunde gerechtfertigt wäre. Im Gegensatz zu den Heimatlosen ist aber die Beitragspflicht fremder Untertanen mit Rücksicht auf ihre Beziehungen zum Heimatstaate an weitergehende Voraussetzungen geknüpft." (Begr. S. 19.) Diese weitere Voraussetzung ist nur dann erfüllt, wenn sich der Ausländer am 31. Dezember 1913 des gegenwärtigen Erwerbs willen (OVG. in StS. 10, 15) in Deutschland dauernd aufgehalten hat. Der Aufenthalt des „Erwerbs wegen" muß nicht immer mit der Ausübung eines Gewerbebetriebes verknüpft sein; wohl aber ist Gewerbebetrieb stets eine Beschäftigung des Erwerbes willen. (OVG. in StS. 6, 290. Vgl. auch Breunig, Bayr. Steuerges. I S. 11.)

III. **Beschränkt beitragspflichtig** sind alle nicht unter § 10 I fallenden natürlichen Personen mit ihrem inländischen Grund- und Betriebsvermögen. Von dem inländischen Grund- und Betriebsvermögen sind gemäß § 9 nur die in wirtschaftlicher Beziehung zu diesen Vermögensteilen stehenden Schulden und Lasten abziehbar.

„Inländisch" ist Grundvermögen mit Zubehör, wenn es im Inland (Art. 1 RV.) liegt. Die Frage, ob ein Gegenstand Zubehör ist, bestimmt sich in diesem Falle nach deutschem Recht. Nach § 49 II BundAB. gehört zum inländischen Grund- und Betriebsvermögen außer dem im Gebiete des Deutschen Reiches liegenden Grund- und Hausbesitze alles Vermögen, das der Ausübung eines stehenden Gewerbes in einer innerhalb des Reichsgebietes befindlichen Betriebsstätte (§ 3 II des Reichsdoppelsteuerges.) gewidmet ist.

Befinden sich die Betriebsstätten eines solchen Unternehmens sowohl im Inlande, wie im Auslande, so hat eine anteilsmäßige Ausscheidung stattzufinden (entsprechend § 3 III des Reichsdoppelsteuerges.) Forderungen eines inländischen Betriebs gehören zum inländischen Betriebsvermögen, auch wenn der Schuldner im Auslande wohnt; desgleichen sind Bestandteile inländischen Betriebsvermögens Kommissionswaren, die von der inländischen Zentrale ins Ausland gesandt sind.

Ist die Ehefrau eines nicht unter § 10 I fallenden Ehemannes beschränkt beitragspflichtig, so ist sie, nicht der Mann zu veranlagen (OVG. in StS. 11, 358).

IV. Unbeschränkt beitragspflichtige Personen sind mit ihrem gesamten Kapitalvermögen beitragspflichtig, einerlei, ob es im Inlande oder Auslande sich befindet. Wer als stiller Gesellschafter bei einer ausländischen Gesellschaft beteiligt ist, ist somit beitragspflichtig; wer dagegen Kommanditist einer ausländischen Kommanditgesellschaft ist, ist hinsichtlich dieser kommanditistischen Beteiligung steuerfrei, da ausländisches Betriebsvermögen vorliegt.

§ 11.

Beitragspflichtig sind ferner Aktiengesellschaften und Kommanditgesellschaften auf Aktien, und zwar

1. wenn sie im Inland ihren Sitz haben, mit den in der Bilanz des letzten Betriebsjahrs aufgeführten wirklichen Reservekontenbeträgen, zuzüglich etwaiger Gewinnvorträge, ohne Anrechnung der Fonds für Wohlfahrtszwecke;
2. wenn sie im Inland keinen Sitz haben, mit ihrem inländischen Grund- und Betriebsvermögen.

Von dem Beitrag befreit sind

1. inländische Gesellschaften, welche nach der Entscheidung des Bundesrats ausschließlich gemeinnützigen Zwecken, insbesondere auch der Förderung der minderbemittelten Volksklassen dienen, den zur Verteilung gelangen-

den Reingewinn satzungsmäßig auf eine höchstens vierprozentige Verzinsung der Kapitaleinlagen beschränken, auch bei Auslosungen oder für den Fall der Auflösung nicht mehr als den Nennwert ihrer Anteile zusichern und bei der Auflösung den etwaigen Rest des Gesellschaftsvermögens für gemeinnützige Zwecke bestimmen. Der Bundesrat ist ermächtigt, die Befreiung auch dann zu bewilligen, wenn die Gesellschaft eine höchstens fünfprozentige Verzinsung der Kapitaleinlagen gewährt;

2. Gesellschaften, welche im Durchschnitt der letzten fünf Jahre — oder, wenn die Gesellschaft erst kürzere Zeit besteht, im Durchschnitt der bisher abgeschlossenen Geschäftsjahre — weniger als 3 vom Hundert Gewinn verteilt haben, und bei denen der Kurs- oder Verkaufswert 80 vom Hundert des eingezahlten Kapitals nicht übersteigt.

E. § 12; Begr. S. 20; KB. S. 52 ff., 110 ff.: BundAB. §§ 9, 48, 49, 52; BayBB. §§ 4; 5 II, 24 II.

I. Nach § 12 des Entw. wurden zum Wehrbeitrag herangezogen Aktiengesellschaften und Kommanditgesellschaften auf Aktien mit ihrem Gesamtvermögen mit Ausnahme des ausländischen Grund- und Betriebsvermögens, wenn sie im Inlande ihren Sitz hatten; mit ihrem inländischen Grund- und Betriebsvermögen, wenn sie im Inlande keinen Sitz hatten. Begründet wurde diese Regelung einerseits damit, daß an der Erhaltung des Friedens, dem die Verstärkung der Wehrmacht des Reiches dienen solle, die großen Erwerbsgesellschaften besonders interessiert seien; mittelbar werde durch die Ausdehnung der Beitragspflicht auch Vermögen zum Wehrbeitrag herangezogen, das sonst in unerwünschter Weise frei bleiben würde, weil es sich im Besitze ausländischer Aktionäre oder ausländischer Gesellschaften befindet. (Begr. S. 20). Die von der Begründung zugegebene Doppelbesteuerung sollte dadurch gemildert werden, daß das eingezahlte Aktienkapital nach seinem Nennwert bei Berechnung des beitragspflichtigen Vermögens abgezogen würde.

In der Kommissionsberatung zeigte sich auf allen Seiten Einverständnis damit, daß die stillen Reserven, die nach der Vorlage besteuert worden wären, frei bleiben sollten; herangezogen sollten nur die echten (offenen) Reserven werden, wobei die Wertfeststellungen der Bilanzen maßgebend sein sollte, gleichviel, ob es sich um gesetzliche oder freiwillige Reserven handelt. Aus diesen Erwägungen heraus entstand die definitive Fassung des Gesetzes. Die Anträge auf Heranziehung anderer Gesellschaftsformen, sowie auf Besteuerung der „toten Hand" wurden abgelehnt.

II. Beitragspflichtig sind nur die Aktiengesellschaften und die Kommanditgesellschaften auf Aktien. Soweit inländische Gesellschaften in Frage stehen, entscheiden für die Frage, ob eine solche Gesellschaft vorliegt, die Bestimmungen des Deutschen Handelsgesetzbuches (§§ 178—319, 320—334). Die Reichsbank ist keine Aktiengesellschaft im Sinne des Handelsgesetzbuches. Die Gesellschaft muß am 15. Dezember 1913 bestanden haben (§ 15) d. h. im Gesellschaftsregister eingetragen gewesen sein (OVG. in StS. 9, 196). Auch in Liquidation befindliche Gesellschaften sind noch beitragspflichtig (OVG. in StS. 3, 117; 12, 263).

Ob eine ausländische Gesellschaft als „Aktiengesellschaft" oder „Kommanditaktiengesellschaft" im Sinne des § 11 anzusehen ist, bestimmt sich darnach, ob die Gesellschaft auf dem Prinzip der Kapitalsassociation unter Beschränkung der Haftung der Gesellschafter auf ihre Einlagen aufgebaut ist (vgl. hinsichtlich der englischen company limited by shares OVG. in StS. 2, 249; 3, 163 und die Praxis des Reichsgerichts bes. RGZ. Bd. 68 S. 83 ff.)

Der Sitz einer Gesellschaft bestimmt sich nach dem Statut, § 182 I HGB.; eine Zweigniederlassung begründet keinen Gesellschaftssitz, ebensowenig die Bestellung eines geschäftsleitenden Verwaltungsausschusses in Deutschland.

III. Inländische Aktiengesellschaften oder Kommanditaktiengesellschaften sind mit gewissen Reservekonten beitragspflichtig, und zwar auf Grund der Bilanz des letzten, spätestens am 31. Dezember 1913 endenden Betriebsjahres (BundBA. § 13 I). Ist noch kein volles Betriebsjahr am 31. Dezember 1913 verstrichen, so bleibt die Gesellschaft beitragsfrei.

Der Beitragspflicht unterliegen „die wirklichen Reservenkontenbeträge, zuzüglich etwaiger Gewinnvorträge, ohne Anrechnung der Fonds für Wohlfahrtszwecke“. Durch die Aufnahme des Wortes „wirkliche“ Reservenkontenbeträge an Stelle der ursprünglich vorgeschlagenen Fassung „echte (freie) Reserven“ sollte zum Ausdruck gebracht werden, daß die Bilanzaufstellung maßgebend sein solle; nur die aus der Bilanz ersichtlichen Posten sollen dem Beitrage unterworfen sein. (KB. S. 110 ff.). Soweit eine Bewertung dieser Posten erforderlich ist, gelten die allgemeinen Vorschriften des Gesetzes.

Zu den wirklichen Reservenkontenbeträgen gehören nur solche Bilanzposten, die ausweislich der Bilanz eine Kapitalansammlung über den Betrag des Grundkapitals hinaus darzustellen bestimmt sind (z. B. der gesetzliche Reservefonds, freiwillige Reservefonds, Dividendenausgleichsfonds, Rückstellungen für künftige, möglicherweise eintretende Verluste oder Ausgaben); dagegen u. a. nicht Posten, die einen Ausgleich für die Wertminderung von Vermögensgegenständen der Gesellschaft darstellen sollen (z. B. Erneuerungsfonds) oder die zur Deckung bereits begründeter Verpflichtungen eingestellt sind (z. B. Talonsteuerreserven, Reserven für den Fall des ungünstigen Ausgang eines anhängigen oder bevorstehenden Rechtsstreites), bei Versicherungsgesellschaften die Rücklagen für die Versicherungssummen und für den Versicherten selbst als sogenannte Dividende zurückzugewährenden Prämienüberschüsse.

Für die Beitragspflicht ist nicht die Benennung des Postens in der Bilanz, sondern seine aus dem Gesetze, der Satzung oder den Generalversammlungsbeschlüssen zu entnehmende Bestimmung maßgebend (BundAB. § 48 I, II).

Ausdrücklich als beitragspflichtig hervorgehoben sind die Gewinnvorträge, auch wenn sie nicht in Form eines Reservefonds erscheinen. Dagegen sind beitragsfrei die Fonds für Wohlfahrtszwecke, die allerdings nicht zu den „wirklichen Reservekonten gehören“, insbesondere Unterstützungs-,

Spar- und Versicherungsfonds. Man hat das allgemeinere Wort „Wohlfahrtszwecke" an Stelle des Ausdrucks „Wohlfahrtseinrichtungen" gesetzt, um erkennen zu lassen, daß keine besonderen Anstalten oder Einrichtungen vorhanden sein müssen, um die Beitragsfreiheit zu begründen.

Stille Reserven sind selbstverständlich beitragsfrei.

IV. Ausländische Aktiengesellschaften und Kommanditgesellschaften auf Aktien sind mit ihrem inländischen Grund- und Betriebsvermögen beitragspflichtig. Schulden- und Lastenabzüge sind nur insoweit berechtigt, als sie in wirtschaftlicher Beziehung zu den genannten Vermögensmassen stehen § 9 III. Vgl. BundAB. § 49 II und die Anmerkungen zu § 10 III dieser Ausgabe.

V. Befreit sind von dem Beitrag inländische gemeinnützige Gesellschaften und notleidende Gesellschaften.

1. Die Befreiungsvorschrift für inländische gemeinnützige Gesellschaften entspricht der Bestimmung des Reichsstempelgesetzes vom 3. Juli 1913 Tarif Nr. I A Ziff. 1 c und d; die Fassung entspricht der Auslegung, welche die genannte Bestimmung des Reichsstempelgesetzes bisher im Bundesrat erfahren hatte. Die Entscheidungen des Bundesrats bzw. der obersten Landesfinanzbehörde sollen bezüglich der einzelnen Gesellschaften von Fall zu Fall neu erfolgen und von der bisherigen Praxis nicht abweichen (KB. S. 63 und BundAB. § 52 II). Die Gesellschaften dürfen keine Erwerbszwecke verfolgen, sondern nur gemeinnützige Zwecke; insbesondere müssen sie die Förderung der unbemittelten Volksklassen, sei es der arbeitenden Bevölkerung, sei es kleinen Bauern oder Gewerbetreibenden dienen, z. B. gemeinnützige Bauvereine, Volksgärten, Heilstätten.

2. Notleidende Gesellschaften sind beitragsfrei, um die Härte der Doppelbesteuerung für die große Anzahl kleiner, ertragsloser und leistungsschwacher Gesellschaften, insbesondere für ertragslose Kleinbahn-, Transport- und Fischereigesellschaften, zu beseitigen (KB. S. 112). Die Befreiung tritt jedoch nur ein, wenn sowohl während der vorgeschriebenen Zeit weniger als 3 % Dividende verteilt wurden als auch der Kurs- oder Verkaufswert am 31. Dezember 1913 80 % des einbezahlten Kapitals nicht übersteigt.

Die Befreiung ist zu beantragen, BundAB. § 52; bay. BB. § 24 II.

VI. § 12 I ist anwendbar, § 12 II dagegen nicht. BundAB. § 9 II.

§ 12.

Ein Wehrbeitrag wird nicht erhoben von solchen Vermögen, die zehntausend Mark nicht übersteigen.

Die beitragsfreie Vermögensgrenze erhöht sich bei einem Einkommen von nicht mehr als zweitausend Mark auf fünfzigtausend Mark und bei einem Einkommen von mehr als zweitausend, aber nicht mehr als viertausend Mark auf dreißigtausend Mark.

E. § 13; Begr. S. 20; KB. S. 11 ff., 18, 21, 30, 104 ff.; BundAB. § 51; BayBB. §§ 4 IV, 6.

I. Der Entwurf hatte 10000 *M* als steuerfreie Vermögensgrenze vorgeschlagen. Nachdem das Einkommen im Gesetz in weitergehender Weise herangezogen worden ist, wurde die steuerfreie Vermögensgrenze in der Weise verschoben, daß bei beitragspflichtigen natürlichen Personen mit einem Einkommen von mehr als 4000 *M* die steuerfreie Vermögensgrenze 30000 *M* beträgt, während sie bei einem Einkommen von nicht mehr als 2000 *M* auf 50000 *M* erhöht ist.

II. Vermögen im Sinne des § 12 ist das beitragspflichtige Vermögen; ausländisches Grund- und Betriebsvermögen sowie beitragsfreies Mobiliar wird nicht angerechnet. Werden Ehegatten gemeinsam veranlagt (§ 13), so ist ihr Vermögen auch behufs Feststellung der Steuerpflicht zusammenzurechnen. Die Abrundungsvorschrift des § 15 III ist nicht anwendbar. Als Einkommen im Sinne des § 12 II gilt das gesamte Einkommen einer Person, gleichviel ob es in einem Bundesstaat steuerpflichtig ist oder nicht; § 31 I findet auf § 12 keine Anwendung; BundAB. § 51 II.

III. Hinsichtlich der Veranlagung vgl. § 36; BundAB. §§ 5, 16; BayBB. §§ 4, 6.

§ 13.

Für die Veranlagung des Wehrbeitrags wird das Vermögen der Ehegatten zusammengerechnet, sofern sie nicht dauernd voneinander getrennt leben. Die Ehegatten sind, falls ihr Vermögen zusammenzurechnen ist, der Staatskasse als Gesamtschuldner der Abgabe verpflichtet.

E. § 14; Begr. S. 20; KB. S. 64, 113; BundRB. § 18 I.

I. Entsprechend der Behandlung der Ehegatten als „Wirtschaftseinheiten" in den meisten landesrechtlichen Steuergesetzen und in spezieller Anlehnung an § 5 Nr. 4 des preuß. ErgStG. ist für die Veranlagung zum Wehrbeitrag das Vermögen der Ehegatten zusammenzurechnen, sofern sie nicht dauernd von einander getrennt leben; sowohl für § 12 wie für die Skala des § 32 I entscheidet das gesamte Vermögen. Es handelt sich lediglich um gemeinschaftliche Veranlagung; eine Beitragsverpflichtung wird durch § 13 nicht begründet, sondern ist Voraussetzung der Anwendung des § 13. Eine Zusammenrechnung der Vermögen findet somit nicht statt, wenn ein Ehegatte, weil beispielsweise nur im Besitz ausländischen Grundvermögens, beitragsfrei ist. Die Ehe muß, um die Anwendung des § 13 zu ermöglichen, bereits und noch zur Zeit der Veranlagung bestehen; der Stichtag des § 15 ist hier nicht maßgebend.

II. Das Vermögen der beiden Ehegatten wird zusammengerechnet, ohne Rücksicht auf das maßgebende eheliche Güterrecht. Sowohl die Schulden des Mannes wie der Frau können von dem zusammengerechneten Vermögen in Abzug gebracht werden (§ 9); gegenseitige Ansprüche und Verbindlichkeiten der Ehegatten untereinander haben bei der Vermögensberechnung außer Betracht zu bleiben. Eine Ausnahme von der gemeinschaftlichen Veranlagung besteht nur für den Fall, daß die beiden Ehegatten aus rechtlichen oder tatsächlichen Gründen getrennt leben. Die Trennung muß nach Absicht mindestens eines Ehegatten eine dauernde sein; Abwesenheit auf einer längeren Reise, Aufenthalt in einer

Kuranstalt und Verbüßung einer Gefängnisstrafe genügen nicht (OVG. in StS. 1, 252; 2, 173; 3, 171; 13, 87).

Zur Abgabe der Vermögenserklärung ist der Ehemann verpflichtet, BundAB § 18 I. Die beiden Ehegatten sind aber der Staatskasse gegenüber als Gesamtschuldner haftbar und zwar für den gesamten Wehrbeitrag. Bis zur Zahlung bleiben beide verpflichtet; Zahlung seitens eines Ehegatten befreit den andern (§§ 421, 422 BGB.).

Im Verhältnis der Ehegatten zueinander ist beim gesetzlichen Güterstande die Frau verpflichtet, den aus dem eingebrachten Gut erhobenen Wehrbeitrag aus dessen Substanz zu decken, da der Wehrbeitrag als eine „außerordentliche Last, die auf den Stammwert des eingebrachten Gutes gelegt ist", anzusehen ist (§ 1385, 1 BGB.).

III. Bei der fortgesetzten Gütergemeinschaft findet keine gemeinschaftliche Veranlaguug statt; BayVB. § 13 I.

IV. Nur für Ehegatten ist gemeinschaftliche Veranlagung vorgesehen; der Anregung des Staatssekretärs des Reichsschatzamtes: „Dem Haushaltungsvorstande dasjenige Vermögen der Haushaltungsangehörigen zuzurechnen, an welchem ihm die Nutznießung zusteht", wurde nicht Folge gegeben (KB. 64). Der Antrag wollte sogar alle Fälle des gesetzlichen elterlichen Nießbrauches umfassen, gleichviel, ob der Beitragspflichtige im einzelnen Falle auf seine Nutznießung verzichtet habe oder nicht. Das Vermögen der Haushaltungsangehörigen ist sonach getrennt zu veranlagen; das auf familienrechtlicher Grundlage bestehende Nutznießungsrecht ist beitragsfrei. (Vgl. Bemerkungen zu § 5, 1.) Wenn durch ernstliches Rechtsgeschäft ein Vater seinen Kindern Vermögensteile vor dem 31. Dezember 1913 zugewendet hat, die unter der Beitragsgrenze des § 12 bleiben, kann eine Steuerersparung erzielt werden.

§ 14.

Unterliegt das abgabepflichtige Vermögen der Nutznießung, so fällt, wenn nicht rechtsgeschäftlich etwas anderes bestimmt ist, der Wehrbeitrag dem Eigentümer zur Last.

BayVB. § 13 I, III.

I. Die gesetzliche Bestimmung, welche einem in dritter Lesung im Plenum des Reichstages gestelltem Antrage entspricht, will nur das privatrechtliche Verhältnis zwischen Eigentümer und Nutznießer regeln; durch Parteivereinbarung kann eine andere Regelung getroffen sein.

Der Staatskasse gegenüber ist stets der Eigentümer abgabepflichtig; bei Ehegatten besteht ein Gesamtschuldverhältnis beider Ehegatten. Der Eigentümer kann unter den Voraussetzungen des § 9 den kapitalisierten Betrag des Nießbrauches abziehen. Der Nießbraucher ist unter den Voraussetzungen des § 5, 5 für den kapitalisierten Nießbrauch der Staatskasse gegenüber beitragspflichtig; lediglich der auf familienrechtlicher Grundlage beruhende Nießbrauch ist beitragsfrei (Bem. zu § 5 Ziff. 5).

II. Folgende Einzelfälle kommen insbesondere in Betracht:

1. Im Falle des rechtsgeschäftlichen Nießbrauches, § 1047 BGB., hat der Eigentümer ohnehin im Verhältnis zum Nießbraucher den Wehrbeitrag für sein Eigentum zu zahlen, da der Nießbraucher lediglich verpflichtet ist, die auf der Sache ruhenden öffentlichen Lasten zu tragen.

2. Im Falle des auf familienrechtlicher Grundlage beruhenden Nießbrauches des Mannes am eingebrachten Gut der Frau (§§ 1383 ff. BGB.) und der Eltern am Vermögen des Kindes (§ 1654 BGB.) stellt § 14 klar, daß der Wehrbeitrag von der Ehefrau, bzw. dem Kinde zu leisten ist; selbstverständlich haben die Verpflichteten denselben nicht aus ihrem Vorbehaltsgut, bzw. dem freien Vermögen zu leisten.

Stichtag.

§ 15.

Für die Beitragspflicht und die Ermittelung des Vermögenswerts ist der Stand vom 31. Dezember 1913 maßgebend.

Für Betriebe, bei denen regelmäßige jährliche Abschlüsse stattfinden, kann der Vermögensfeststellung der Vermögensstand am Schlusse des letzten Wirtschafts- oder Rechnungsjahrs zugrunde gelegt werden.

Bei der Veranlagung des Wehrbeitrags wird das Vermögen des Beitragspflichtigen auf volle Tausende nach unten abgerundet.

E. § 15; Begr. S. 16; KB. S. 65—69, 114; BundAB. §§ 13 I, 22 I, 23; BayVB. § 5 II.

I. Der 31. Dezember 1913, der sog. Stichtag, ist nach der Fassung des Gesetzes maßgebend für die subjektive und objektive Beitragspflicht sowie grundsätzlich für die Ermittlung des Vermögenswertes; nach § 20 BStG. ist er auch maßgebend für die Ermittlung des Vermögenszuwachses (§ 47 I).

Bestand am Stichtag die Beitragspflicht, so bleibt sie auch bestehen, wenn zur Zeit der Veranlagung ihre Voraussetzungen weggefallen sind (vgl. BundAB. § 18 II).

Stirbt jemand am 31. Dezember 1913, so sind seine Erben beitragspflichtig.

II. Da die Festhaltung des 31. Dezember 1913 als ausschließlichen Stichtages zu umständlichen Inventuraufnahmen und Bilanzierungen führen würde, hat Abs. 2 in weitgehender Weise den letzten Jahresabschluß als Grundlage der Vermögensfeststellung zugelassen.

1. Der Vermögensfeststellung kann der Vermögensstand am Schlusse des letzten Wirtschafts- oder Rechnungsjahres zugrunde gelegt werden. Nur der Feststellung der Vermögensbestandteile kann der angegebene Zeitpunkt zugrunde gelegt werden; die Bewertung der Vermögensbestandteile für den maßgebenden Zeitpunkt hat nach den allgemeinen Vorschriften des Gesetzes zu erfolgen, wenn auch vermutlich von den in den Bilanzen angegebenen Bewertungen ohne zwingenden Anlaß nicht abgewichen wird.

„Kleinliche Beanstandungen sind zu unterlassen", BayVB. § 12 II.

2. Der letzte Jahresabschluß kann zugrunde gelegt werden. Weder der Beitragspflichtige noch die Veranlagungsbehörde sind an den Abschluß gebunden.

Der Beitragspflichtige ist berechtigt, etwaige Veränderungen seines Vermögens, die bis zum 31. Dezember 1913 erfolgt sind, nachzuweisen; ebenso kann auch die Veranlagungsbehörde gemäß § 41 eine Nachprüfung des Abschlusses vornehmen (BundAB. § 23 II).

3. Der letzte Jahresabschluß kann zugrunde gelegt werden, also der Abschluß desjenigen Betriebsjahres, dessen Ende in das Kalenderjahr 1913 fällt. Fallen Geschäfts- und Kalenderjahr zusammen, so ist der für den 31. Dezember 1913 errichtete Abschluß maßgebend (BundAB. § 13 I; BayVB. § 5 II).

4. Die Betriebe, in welchen regelmäßig jährliche Abschlüsse stattfinden, brauchen nicht gesetzlich zur Buchführung verpflichtet sein; jedoch haben sie eine ordnungsmäßige Buchführung zu pflegen (BundAB. § 23 II). Auch landwirtschaftliche Betriebe, welche Betriebsrechnungen führen, können sich auf § 15 II berufen. Vorausgesetzt ist jedoch, daß der Abschluß alljährlich stattfindet (OVG. in StS. 7, 266).

Aus der Fassung des Gesetzes ergibt sich, daß sich die Vorschrift des Abs. II nur auf das Betriebsvermögen (§ 2, 2), nicht auf das Kapitalvermögen bezieht. Privatwirtschaftliche und freie Berufe haben den Vermögensstand am 31. Dezember 1913 zugrunde zu legen, auch wenn sie jährliche Abschlüsse haben. Als im Betrieb angelegt gilt dasjenige Vermögen, auf welches die Buchführung sich erstreckt (BundAB. § 23 II); daraus ergibt sich, daß das Betriebsvermögen eine Bewertungseinheit bildet.

III. Die Abrundung des Vermögens nach Abs. III hat nach Feststellung des Gesamtbetrages des der Veranlagung zugrunde liegenden Vermögens zu erfolgen, vgl. Bem. zu § 12 II.

Bewertung des Vermögens.

§ 16.

Bei der Feststellung des Vermögens ist der gemeine Wert (Verkaufswert) seiner einzelnen Bestandteile zugrunde zu legen, sofern das Gesetz nichts anderes vorschreibt.

E. § 16; Begr. S. 20 ff.; KB. S. 69; BundAB. §§ 22, 23 II, 26 III BayVB. § 9.

I. Bei der Feststellung des Vermögens, d. h. der Bewertung desselben, die für den Stichtag oder den nach § 15 II maßgebenden Zeitpunkt erfolgt, sind die einzelnen Bestandteile zu bewerten. An sich ist einzelner Vermögensbestandteil jede einzelne, selbständige Sache und jedes einzelne selbständige Recht.

Jedoch sind Gegenstände, die in einem wirtschaftlichen Zusammenhange stehen, als Bewertungseinheiten im ganzen zu bewerten (BundAB. § 22 III).

Diese Bewertungseinheit des § 15 ist nicht gleichbedeutend mit den „einzelnen Bestandteilen des gesamten Vermögens", welche der Beitragspflichtige nach § 37 in der Vermögenserklärung aufzuführen hat. Wie das Formular für die Vermögenserklärung (Muster 3 Anlage zu BundAB.) erweist, sind die einzelnen Bestandteile des Kapitalvermögens nur nach den Kategorien des § 5 in Pauschalsummen aufzuführen, obwohl sie im einzelnen nach verschiedenen gesetzlichen Vorschriften zu bewerten sind; ferner sind Betriebsvermögen netto anzugeben, d. h. nach Abzug der Schulden, während Schulden, die nicht zum Betriebsvermögen gehören, gesondert aufzuführen sind, so daß Grundvermögen und Kapitalvermögen brutto angegeben werden (vgl. Bem. zu § 37 I).

1. Grundstücke, diesen gleichstehende Rechte, sowie Zubehör zu Grundstücken (lebendes und totes Inventar) sind als einheitliches Ganzes zu bewerten, wenn sie zu einer wirtschaftlichen Einheit verbunden sind (§ 26 III BundAB.). Lasten, die auf dem Grundstücke ruhen, sind sowohl bei der Veranlagung nach dem gemeinen Werte, wie bei der Feststellung des Ertragswertes, bei der Bewertung in Abrechnung zu bringen. Dingliche Schulden, die auf dem Grundstück lasten, sind jedoch von dem Gesamtbetrage des Aktivvermögens abzuziehen.

Bei der Beurteilung der Frage, ob Grundstücke eine wirtschaftliche Einheit bilden, sind die in der Praxis des Reichswertzuwachssteuergesetzes ausgebildeten Grundsätze (Amtl. Nachrichten zur Wertzuwachssteuer 1912 S. 149, 152, 155; 1913 S. 67, 133), sowie die Praxis des preußischen Ergänzungssteuergesetzes (Art. 5 Nr. 4 der Anweisung zum preuß. ErgStG.; OVG. in StS. 5, 112, 133, 146) zu berücksichtigen. Das Vorhandensein der wirtschaftlichen Einheit mehrerer Grundstücke wird danach beurteilt werden müssen, ob die Grundstücke zu einem einheitlichen Zwecke verwendet werden. Die Einheitlichkeit des Zweckes kann nicht in dem rein subjektiven Merkmale der zufälligen Vereinigung verschiedener Grundstücke in einer Hand allein gesehen werden, sondern es wird als objektives Merkmal auch entscheidend sein müssen, daß die verschiedenen Grundstücke einem der im Erwerbsleben üblichen Erwerbszweige dienen. Die hiernach erforderliche wirtschaftliche Geschlossenheit des Unternehmens setzt einen Mittelpunkt der gemeinsamen Bewirtschaftung voraus, bei ländlichen Grundstücken somit regelmäßig eine Hofstelle.

Zu den der Land- und Forstwirtschaft oder der Gärtnerei dienenden Grundstücken gehören insbesondere die diesen Betrieben dienenden Gebäude und Betriebsmittel (§ 17 III).

Gehören Grundstücke zu einem Bergwerksbetrieb oder einem gewerblichen Betrieb, so bilden sie mit diesem eine Bewertungseinheit. — § 9 der BayVB. gestattet es den Beitragsflichtigen, in den Vermögenserklärungen von der Aufführung der einzelnen in Bayern gelegenen Grundstücke abzusehen und ihren Wert im ganzen anzugeben, wenn sie ihren Vermögenserklärungen evident gestellte Katasterauszüge beigeben (BundAB § 19).

2. Das Betriebsvermögen eines jeden selbständigen Unternehmens bildet eine Bewertungseinheit; nach Ziff. II der Vermögenserklärung sind vor Angabe des Wertes des Betriebsvermögens die Betriebsschulden abzuziehen (entsprechend § 15 II). Zum Betriebsvermögen gehören insbesondere die dem Betrieb des Gewerbes dienenden Grundstücke, Gebäude und Berechtigungen, vgl. BayVB. § 16.

3. Beim Kapitalvermögen bildet jedes einzelne Recht eine Bewertungseinheit, soweit es nicht Bestandteil eines Betriebsvermögens ist.

II. Soferne das Gesetz in den §§ 17—30 nichts anderes vorschreibt, ist bei Feststellung des Vermögens für jeden Bestandteil der gemeine Wert (Verkaufswert) festzustellen.

In den Fällen, in welchen nach § 17 der Ertragswert zugrunde zu legen ist, kann der Beitragspflichtige die Veranlagung nach dem gemeinen Wert beanspruchen, § 17 V.

„Der gemeine Wert (Verkaufs- oder Verkehrswert) wird durch den Preis bestimmt, der im gewöhnlichen Geschäftsverkehr nach der Beschaffenheit des Gegenstandes ohne Rücksicht auf ungewöhnliche oder lediglich persönliche Verhältnisse zu erzielen ist" (BundAB. § 22 II entsprechend § 14 der Ausführungsbestimmungen zum Reichserbschaftssteuergesetz, BayVB. § 15). Gemeiner Wert ist objektiver Tauschwert.

Der objektive Wert entscheidet. Annehmlichkeiten und Bequemlichkeiten, die einem jeden Besitzer schätzbar sind, sind zu berücksichtigen, nicht dagegen das sogen. Affektionsinteresse, das aus besonderer Vorliebe oder persönlichen Eigenschaften oder Verhältnissen des Besitzers entspringt (Art. 5 Nr 1 der Anw. zum preuß ErgStG.). Andererseits kann den in der Person des Besitzers bestehenden Schwierigkeiten oder der auf tatsächlichen oder rechtlichen Gründen, die in der Person des Besitzers beruhen, bestehenden Unmöglichkeit der Verwertung des Vermögensobjektes, welche eine subjektive Wertminderung für den Berechtigten zur Folge hat, kein Einfluß eingeräumt werden (OVG. in StS. 7, 243). Der Tauschwert im nationalökonomischen Sinne entscheidet: das bei entgeltlicher Veräußerung unter normalen Verhältnissen für gleichartige Sachen zu erzielende Entgelt (OVG. in StS. 5, 70); bei der Feststellung dieses Entgelts haben neben früheren Verkäufen entsprechender Gegenstände auch Erwerbspreis, Art der Bewirtschaftung, Absatzmöglichkeit, Ertragsfähigkeit, Rentabilität der Kaufsache Berücksichtigung zu finden (Amtl. Nachr. zur Wertzuwachssteuer 1911, 149, BayVB. § 15 V). Der gemeine Wert ist bei allen Vermögensbestandteilen grundsätzlich zu ermitteln, sowohl beim Grund- wie beim Betriebs- und Kapitalvermögen. Beim Betriebsvermögen kann der „gemeine Wert" mit dem Bilanzwert zusammenfallen; jedoch ist der Bilanzwert nicht schlechthin maßgebend, zumal die Bewertung von Gebrauchsgegenständen in den Bilanzen nicht nach dem Gesichtspunkt des allenfallsigen Verkaufs erfolgt (vgl. § 41). Es ist aber zu berücksichtigen, daß das Betriebsvermögen eine Bewertungseinheit bildet, so daß die einzelnen Bestandteile dieses Betriebsvermögens nicht als selbständige Verkaufsobjekte zu bewerten sind. (OVG. in StS. 6, 30 ff.; 11, 422.)

Die nach den Vorschriften der §§ 261 HGB., 42 Ges. betr. G m. b. H. möglichen Differenzen zwischen gemeinem Wert und Bilanzwert spielen infolge der Vorschrift des § 19 Satz 2 noch eine praktische Rolle.

§ 17.

Bei Grundstücken, die dauernd land- oder forstwirtschaftlichen oder gärtnerischen Zwecken, sowie bei bebauten Grundstücken, die Wohnzwecken oder gewerblichen Zwecken zu dienen bestimmt sind, und bei denen die Bebauung und Benutzung der ortsüblichen Bebauung und Benutzung entspricht, wird der Ertragswert zugrunde gelegt.

Als Ertragswert gilt bei land- oder forstwirtschaftlichen oder Gärtnereigrundstücken das Fünfundzwanzigfache des Reinertrags, den sie nach ihrer wirtschaftlichen Bestimmung bei ordnungsmäßiger Bewirtschaftung mit entlohnten fremden Arbeitskräften nachhaltig gewähren können.

Die der Land- und Forstwirtschaft oder der Gärtnerei dienenden Gebäude und Betriebsmittel werden nicht besonders veranlagt, sondern sind in der Veranlagung des Ertragswerts einbegriffen.

Bei bebauten Grundstücken, die Wohnzwecken oder gewerblichen Zwecken zu dienen bestimmt sind, gilt als Ertragswert das Fünfundzwanzigfache des Miet- oder Pachtertrags, der in den letzten drei Jahren im Durchschnitt erzielt worden ist oder im Falle der Vermietung oder Verpachtung hätte erzielt werden können, nach Abzug von einem Fünftel für Nebenleistungen und Instandhaltungskosten oder von dem als erforderlich nachgewiesenen höheren Betrag für Nebenleistungen und Instandhaltungskosten ohne Rücksicht darauf, ob die hierzu notwendigen Arbeiten von dem Beitragspflichtigen selbst oder durch entlohnte fremde Arbeitskräfte geleistet worden sind.

In allen Fällen kann der Beitragspflichtige verlangen, daß statt des Ertragswerts der gemeine Wert der Veranlagung zugrunde gelegt wird. Dieses Recht erlischt, wenn es nicht spätestens bis zum Ablauf der mit der Zustellung des Veranlagungs- oder des Feststellungsbescheids eröffneten Rechtsmittelfrist geltend gemacht wird.

E. § 17; RB. S. 69 ff., 114 ff.; BundRB. §§ 24—36; BayBB. §§ 14 II, 15.

I. Der Entwurf sah vor, daß bei Grundstücken, die dauernd land- und forstwirtschaftlichen Zwecken zu dienen bestimmt sind, der Ertragswert zugrunde gelegt werden solle. Als Ertragswert sollte gelten das 25 fache des Reinertrages, den die Grundstücke nach ihrer bisherigen wirtschaftlichen Bestimmung bei ordnungsgemäßer Bewirtschaftung nachhaltig gewähren können. Gegen diese Bestimmung wurde eingewendet, daß die Bewertung der landwirtschaftlichen Grundstücke lediglich nach dem Ertragswerte eine Privilegierung vor allen nicht land- und forstwirtschaftlichen Grundstücken bedeute. Anderseits wurde nicht verkannt, daß die Feststellung des gemeinen Wertes gerade für landwirtschaftliche Grundstücke mit außerordentlichen Schwierigkeiten verbunden sei und daß besonders bei mittlerem und kleinerem Grundbesitz die Berechnung nach dem Ertragswerte zu einer schweren Belastung führen könne. Diese Erwägungen führten dazu, daß im Gesetz die Anwendbarkeit der Berechnung nach dem Ertragswerte auch auf bebaute Grundstücke erstreckt wurde, daß dem Beitragspflichtigen das freie Wahlrecht eingeräumt wurde zwischen Verkaufswert- und Ertragswertberechnung und daß endlich eine genaue Umgrenzung des Begriffes des Ertragswertes erfolgte.

II. Der Ertragswert, nicht der gemeine Wert, wird zugrunde gelegt bei Grundstücken, die dauernd land- und forstwirtschaftlichen oder gärtnerischen Zwecken dienen und bei bebauten Grundstücken, die Wohnzwecken oder gewerblichen Zwecken dienen und bei denen die Bebauung und Benutzung der ortsüblichen Bebauung oder Benutzung entspricht. Die

Grundstücke kommen als Bewertungseinheiten in Betracht. (Vgl. Bem. zu § 16 I.)

1. Landwirtschaftlichen Zwecken dienen Grundstücke auch dann, wenn sie der Viehzucht, dem Obst-, Gemüse- oder Weinbau dienen. Die gärtnerischen Zwecken dienenden Grundstücke sind für die Anwendung des § 17 den landwirtschaftlich benutzten Grundstücken vollständig gleichgestellt. Die der Land- und Forstwirtschaft oder der Gärtnerei dienenden Gebäude oder Betriebsmittel (lebendes und totes Inventar) sind in der Veranlagung des Ertragswertes nach Abs. III inbegriffen. Hiebei wird allerdings ein angemessener Bestand an lebendem und totem Inventar und an sonstigem Betriebskapital vorausgesetzt; ein Mehr- oder Minderwert der dem Grundstückseigentümer gehörenden Gebäude und Betriebsmittel gegenüber einem wirtschaftlich normalen Bestand ist dem Ertragswerte hinzuzurechnen oder von ihm abzurechnen, insoweit er geeignet ist, den Ertrag zu beeinflussen (BundAB. § 25). Grundstücke, bei denen die Ergebnisse des Wirtschaftsbetriebs dem Boden unmittelbar entnommen werden, wie Sand-, Lehm-, Tongruben, Stein-, Schiefer-, Kalkbrüche, Torfstiche, sind den landwirtschaftlichen Grundstücken zuzurechnen, sofern die Ausbeutung in unmittelbarer Verbindung mit einem Landwirtschafts- oder Forstwirtschaftsbetrieb erfolgt (BundAB. § 26 II); ebenso sind Gebäudeanlagen zu behandeln, welche einem landwirtschaftlichen Nebenbetrieb dienen, vor allem landwirtschaftliche Brennereien.

Die Grundstücke müssen den genannten Zwecken dauernd dienstbar sein; maßgebend ist, ob nach objektiver Sachlage die Grundstücke voraussichtlich in absehbarer Zeit nur land- oder forstwirtschaftlich oder gärtnerisch benützt werden können. Das ist nicht der Fall bei Grundstücken, deren gemeiner Wert jetzt schon durch ihre Lage als Bauland oder als Land zu Verkehrszwecken bestimmt wird, oder bei denen nach sonstigen Umständen, z. B. nach ihrer Lage und Beschaffenheit, ihrem Erwerbspreis oder ihrer Belastung, anzunehmen ist, daß sie in absehbarer Zeit anderen Zwecken dienen werden, BundAB. § 24 I.

2. Ob ein Grundstück „bebaut" ist, bestimmt sich im einzelnen Falle nach der im Verkehr üblichen Auffassung; als „unbebaut" gelten auch solche Grundstücke, auf denen sich Gartenhäuser, Schuppen, Lagerstätten und ähnliche zu

vorübergehenden Zwecken dienende Baulichkeiten befinden (§ 1 II Satz 2 Reichswertzuwachssteuerges.; RB. 87). Bei teilweiser Bebauung des Grundstückes ist es nach den Grundsätzen der „Bewertungseinheit" (vgl. Bem. zu § 16 I) festzustellen, ob das gesamte Grundstück als bebaut gilt; die unbebaute Fläche muß nach Art und Umfang als wirtschaftliches Zubehör des Gebäudes angesehen werden können. So kann ein Schloß, mit einem großen, dabei befindlichen Parke keine wirtschaftliche Einheit bilden, vornehmlich, wenn dieser Park im großstädtischen Gelände als zukünftiges Bauland anzusehen ist. Ebenso kann unter Umständen eine Villa oder ein schloßartiges Gebäude mit der dazugehörigen Landwirtschaft oder einem Fabrikgebäude trotz des räumlichen Zusammenhanges keine wirtschaftliche Einheit bilden. (RB. S. 115, 116.)

Eine ortsübliche Benutzung zu Wohnzwecken oder gewerblichen Zwecken muß vorliegen, um die Feststellung nach dem Ertragswerte zu rechtfertigen. Diese Ortsüblichkeit ist nach BundAB. § 24 III dann zu verneinen, wenn die Art der Benutzung und die Höhe der Aufwendungen für die Herstellung und Unterhaltung von baulichen und sonstigen Anlagen erkennen lassen, daß ein Grundstück außergewöhnlichen Zwecken, insbesondere dem Luxus des Besitzers zu dienen bestimmt ist, oder wenn der allgemeine Wert des Grundstückes durch eine wirtschaftliche Verwertbarkeit bestimmt wird, die eine wesentlich andere Bebauung und Benutzung als die gegenwärtige voraussetzt, z. B. wenn ein schloßartiges Gebäude oder eine Villa nach Umfang und Größe weit über die Gebäude der Umgegend hervorragt.

Für die gewerblichen Grundstücke fehlt eine dem Abs. 3 des § 17 entsprechende Bestimmung.

III. Die Zugrundelegung des Ertragswertes bedeutet eine Ausnahme gegenüber dem Grundsatz der Feststellung des gemeinen Wertes. Der Ertragswertfeststellung wird in den meisten Fällen nicht der wirklich erzielte Ertrag — also auch nicht der steuerbare Reinertrag, wie er für Berechnung der Landessteuern maßgebend ist —, sondern der unter gewöhnlichen Verhältnissen durchschnittlich erzielbare Ertrag zugrunde gelegt. („Als Ertragswert gilt" § 17 II, III; BundAB. § 29; BayVB. § 15 III); anders bei vermieteten oder verpachteten bebauten Grundstücken.

1. Bei landwirtschaftlich oder gärtnerisch benutzten Grundstücken ist der Reinertrag zugrunde zu legen, den ein ordentlicher Unternehmer von den Grundstücken nach ihrer bisherigen Bestimmung bei gemeinüblicher Bewirtschaftung und unter gewöhnlichen Verhältnissen im Durchschnitte einer Reihe von Jahren für ein Wirtschaftsjahr erzielen kann (BundAB. § 26 I); mögliche Erträge aus Jagd und Fischerei, soweit deren Ausübung Ausfluß des Grundeigentums ist, sind hierbei zu berücksichtigen. Bei Ausbeuten, die eine Substanzverringerung des ausgebeuteten Objekts bedeuten, z. B. Torfstichen, Kiesgruben, ist eine Amortisationsquote von der Jahresgewinnung in Abzug zu bringen (BundAB. § 26 II) Der Mietwert der vom Eigentümer oder Pächter und deren Angehörigen selbst bewohnten oder zur Führung des Haushaltes benützten Gebäude ist zum Rohertrag zu rechnen (BundAB. § 27 II); Betriebsgebäude: vgl. § 17 III. Welche Zeiträume zur Ermittlung des Durchschnittes zugrunde zu legen sind, bestimmt sich nach der Art des Betriebs.

Vom Rohertrag sind die Wirtschaftskosten abziehbar; in diese Wirtschaftskosten sind alle Kosten einzurechnen, die aufzuwenden sind oder wären, um mit entlohnten fremden Arbeitskräften den Rohertrag zu erzielen. Es darf also nicht bloß der wirkliche regelmäßige Aufwand an Bar- oder Naturallöhnen für das Betriebspersonal vom landwirtschaftlichen Rohertrag abgezogen werden, sondern es dürfen alle Aufwendungen in Ansatz kommen, die notwendig wären, wenn die Bewirtschaftung ausschließlich mit fremden Arbeitskräften erfolgen würde. Daraus ergibt sich, daß nicht nur für die an Stelle der Dienstboten im Betrieb arbeitenden Kinder — ohne Rücksicht auf ihre wirklichen Bezüge — dieselben Geld- und Naturalbezüge in Anschlag kommen, wie für gleichaltrige, gedungene Dienstboten, sondern daß auch der Eigentümer selbst für sich und seine Ehefrau in dem Betrieb geleistete Arbeiten angemessen in Anschlag bringen kann, sofern ihre Tätigkeit eine besondere Arbeitskraft ersetzt (BundAB. § 27 I, BayVB. § 15 Ziff. 3). Öffentliche Lasten, die nicht Steuern sind, sind vom Rohertrag abzurechnen; Schuldzinsen dagegen nicht. Ebensowenig darf der zur Bestreitung des Haushalts vom Eigentümer verwendete Betrag vom Rohertrag ausgeschieden werden (BundAB. § 27 III).

Für Forsten (Holzungen) enthält § 28 BundAB. besondere Bestimmungen, im Anschluß an die Ausführungsbestimmungen zum Reichserbschaftssteuergesetz.

Unter Berücksichtigung dieser Grundsätze ist der Reinertrag, soweit nicht für Forsten besondere Bestimmungen getroffen sind, schätzungsweise zu ermitteln (BundAB. § 29). Dabei können in den Bundesstaaten, in denen eine Einschätzung der Grundstücke nach dem Reinertrag oder dem Nutzungswert zu Steuerzwecken stattgefunden hat, diese Einschätzungen als Hilfsmittel benutzt werden (BundAB. § 35, gerechtfertigt durch § 70 S. 2 des Gesetzes).

Nach §§ 14, 15 BayVB. sind zur Feststellung des Ertragswertes neben den Vermögenserklärungen als Hilfsmittel insbesondere zu benutzen: die Steuerkataster (§ 9 der VollzB.), die etwa ermittelten Pachtverträge (wohl Druckfehler für Pachterträge) bei Pachtgütern, die Einkommensteuerveranlagung, die Veranlagung des gebundenen Grundbesitzes zur Ersatzabgabe nach § 95 des Reichsgesetzes vom 3. Juli 1913, die Gutachten der Sachverständigen (vgl. auch § 12 II BayVB.). Hiebei haben alle objektiven Schätzungselemente, wie Umfang und Ertragsfähigkeit der Grundstücke, ihre Lage zum Hauptanwesen, die allgemeine Verkehrslage, die Absatzmöglichkeit u. dgl. Berücksichtigung zu finden. Dagegen haben alle persönlichen Momente auszuscheiden z. B. insbesondere hervorragende Tüchtigkeit oder Untüchtigkeit des Wirtschafters, reichliches Vorhandensein oder Mangel an flüssigen Betriebsmitteln, Überschuldung des Eigentümers; ferner haben unberücksichtigt zu bleiben alle mehr zufälligen oder vorübergehenden Einflüsse, wie außerordentlich günstige oder ungünstige Witterungsverhältnisse, anormale Preissteigerungen oder Preisstürze.

Aus dem Jahresreinertrag ist der Ertragswert durch Multiplikation mit der Zahl 25 festzustellen, also auf der Grundlage einer 4%igen Verzinsung. Entgegenstehende Anträge im Plenum des Reichstages fanden keine Annahme.

2. Bei „bebauten Grundstücken, die Wohnungszwecken oder gewerblichen Zwecken zu dienen bestimmt sind", ist gemäß BundAB. § 30 der Miet- oder Pachtreinertrag zu ermitteln, der im Durchschnitte der letzten drei Jahre erzielt worden ist,

oder im Falle der Vermietung oder Verpachtung hätte erzielt werden können.

War das Grundstück vermietet oder verpachtet, so ist der durchschnittliche Jahresmiet- oder Jahrespachtrohertrag aus dem Miet- oder Pachtbetrage zu berechnen, der auf Grund der Miet- oder Pachterlöse in den letzten drei Jahren zu erzielen war. Ausfälle an Miet- oder Pachtgeldern infolge Zahlungsunfähigkeit des Schuldners oder aus anderen Gründen (z. B. Trockenwohner!) dürfen nicht berücksichtigt werden (BundAB. § 31 I).

Hat der Eigentümer das Grundstück selbst genützt, oder hat er es nicht vermietet oder verpachtet, so ist der erzielbare Miet- oder Pachtertrag nach den ortsüblichen Miet- oder Pachtpreisen für gleiche oder ähnliche Grundstücke zu berechnen; hierbei bleiben Betriebsmittel, die nicht herkömmlicher Weise mit dem Grundstück mitvermietet oder mitverpachtet werden, unberücksichtigt (§§ 31 II, 33 BundAB.) z. B. Vermietung einer möblierten Wohnung. Für teilweise Selbstbenützung und zeitweise Nichtbenützung trifft § 31 I S. 2 BundAB. entsprechende Regelung. Stehen ortsübliche Miet- oder Pachtpreise nicht zur Verfügung, so ist nach § 34 BundAB. der gemeine Wert zugrunde zu legen.

Von dem hiernach ermittelten Rohertrag sind ein Fünftel für Nebenleistungen und Instandhaltungskosten abzuziehen, ohne daß es des Nachweises bedarf, daß diese Ausgaben in dieser Höhe aufgewendet wurden. Zu den Nebenleistungen gehören alle über die Gewährung des Gebrauches der Mietsache hinausgehenden Leistungen, wie Heizung, Warmwasserversorgung, soweit die Gegenleistung im Miet- und Pachtzins einbegriffen ist

In diesem abziehbaren $^1/_5$ sind alle jene Pauschbeträge inbegriffen, die bei der Ertragsermittlung nach den Landessteuergesetzen als Betriebsausgaben zum Abzug zugelassen wurden (BayBB. § 15 II).

Der Beitragspflichtige kann auch einen höheren Abzug als ein Fünftel des Rohertrages beanspruchen, falls er den erforderlichen tatsächlichen Aufwand für seine Nebenleistungen der Veranlagungsbehörde nachweist. Hiebei kann der Beitragspflichtige für seine eigene Tätigkeit, welche eine fremde Arbeitskraft ersetzt, einen angemessenen Betrag verrechnen.

Kosten für außergewöhnliche Maßnahmen, für Umbauten, Erweiterungsbauten, sind nicht abzugsfähig (BundAB. § 32).

Aus dem hiernach ermittelten Reinertrag wird der Ertragswert durch Multiplikationen mit der Zahl 25 festgestellt.

IV. Die Feststellung des Ertragswertes, welche für landwirtschaftlich benützten Grundbesitz (nicht für Wohnhäuser in Städten) in den meisten Fällen günstiger sein wird, als die Berechnung nach dem gemeinen Wert, ist nicht obligatorisch. In allen Fällen kann der Beitragspflichtige verlangen, daß statt des Ertragswertes der gemeine Wert der Veranlagung zugrunde gelegt werde. Das Verlangen ist spätestens bis zum Ablauf der mit der Zustellung des Veranlagungs- und Feststellungsbescheides in Lauf tretenden Rechtsmittelfrist (§§ 47 II, 48) geltend zu machen. An den gestellten Antrag bleibt der Beitragspflichtige gebunden. Wird der Antrag rechtzeitig gestellt, so ist die Veranlagung zu berichtigen. Mit der Zustellung des berichtigten Bescheids wird eine neue Rechtsmittelfrist eröffnet (BundAB. § 36).

§ 18.

Wertpapiere, die in Deutschland einen Börsenkurs haben, sind mit dem Kurswert, Forderungen, die in das Schuldbuch einer öffentlichen Körperschaft eingetragen sind, mit dem Kurswert der entsprechenden Schuldverschreibungen der öffentlichen Körperschaft anzusetzen.

Der Beitragspflichtige ist berechtigt, von dem Werte der mit Dividendenschein gehandelten Wertpapiere (§ 5) den Betrag in Abzug zu bringen, der für die seit Auszahlung des letzten Gewinns abgelaufene Zeit dem letztmalig verteilten Gewinn entspricht.

E. § 18; KB. S. 88 ff., 114; BundAB. § 38.

I. Wertpapiere, die in Deutschland einen Kurswert haben, sind mit dem Kurswert des Stichtags (§ 15) anzusetzen. Wertpapiere sind Inhaber- und andere Papiere, die entweder Mitgliedschaftsrechte (Aktien) oder Gläubigerrechte (Pfandbriefe, Schuldverschreibungen) verkörpern. Für Kuxe ist § 19, für Wechsel und handelsrechtliche Orderpapiere ist § 20 maßgebend.

Nur solche Wertpapiere haben in Deutschland einen Börsenkurs, für die auf Grund ihrer Zulassung an einer deutschen Börse eine amtliche Kursfeststellung erfolgt (§ 29 BörsG. und Bek. des Reichskanzlers vom 21. November 1912, RGBl. 1912 S. 537).

Diesen Wertpapieren sind in das Schuldbuch einer öffentlichen Körperschaft eingetragene Forderungen gleichgestellt; vgl. Reichsschuldbuchgesetz vom 31. Mai 1910 RGBl. 840; Bayerisches Staatsschuldbuchgesetz vom 20. Juli 1912 GVBl. 684.

Die Vorschrift des § 18 ist nicht unmittelbar für solche Wertpapiere anwendbar, die zu Betriebsvermögen gehören; letzteres ist als Einheit zu bewerten (§ 15 II).

II. Die Wertpapiere sind mit dem Kurswert am Stichtag festzusetzen. Der Kurswert ist maßgebend, ohne Rücksicht darauf, ob der Kurs zu erreichen gewesen wäre, wenn der Beitragspflichtige am Stichtag seinen Besitz veräußert hätte. Selbstverständlich müssen zu dem Kurse des Stichtages Geschäfte geschlossen sein; bloße Geld- oder Briefkurse begründen keinen Kurswert. Die Notiz: „G" oder „B" kann jedoch bei der Anwendung der §§ 19 und 20 von Bedeutung sein. Der Kurswert am Stichtag, d. i. am 31. Dezember 1913, entscheidet. Die Kommissionsanträge, den 31. Dezember 1912 oder den 1. April 1914 anzunehmen (KB. 88) wurden abgelehnt. Werden am 31. Dezember 1913 verschiedene Kurse notiert, so ist der letzte Kurs maßgebend. Ist eine Kursfeststellung für das Papier unterblieben, so hat die Bewertung nach §§ 19 oder 20 stattzufinden. Der Kurswert derjenigen Börse entscheidet, welcher für die Veranlagungsbehörde üblicherweise entscheidend ist.

Schuldbuchforderungen sind mit dem Kurswert derjenigen Schuldverschreibungen zu bewerten, die dem Gläubiger auf Antrag gegen Löschung der Schuldbuchforderung am 31. Dezember 1913 auszuhändigen gewesen wären.

III. Da nach den Bestimmungen des Bundesrats über Feststellung des Börsenpreises von Wertpapieren (Bek. des Reichskanzlers vom 21. November 1912 RGBl. 1912 S. 537) die Berechnung von Stückzinsen beim Handel mit inländischen Dividendenpapieren in Wegfall gekommen, somit im Kurse der betreffenden Papiere auch laufendes Einkommen enthalten ist, gestattet Abs. II, von dem Kurswerte am Stichtage den Betrag in Abzug zu bringen, der für die seit Auszahlung des letzten Gewinnes abgelaufene Zeit dem letztjährig verteilten Gewinn entspricht. Die Vorschrift, die nur für Kapitalvermögen gilt (Verweisung auf § 5), setzt voraus, daß in dem unmittelbar vorangegangenem Jahre ein Gewinn erzielt wurde; wurde im letzten Jahre außer der Dividende ein einmaliger Bonus verteilt, so hat dieser außer Betracht zu bleiben. Der Zeitraum, für welchen ein entsprechender Gewinnbetrag zu berechnen ist, beginnt mit dem Tage, an welchem die Dividenden erhoben werden konnten, d. i. gewöhnlich dem unmittelbar auf die Beschlußfassung der Generalversammlung folgende Tag. Hat beispielsweise eine Aktiengesellschaft am 30. Juli 1913 Generalversammlung abgehalten und die sofortige Auszahlung einer 12 %igen Dividende für das am 31. März 1913 abgelaufene Geschäftsjahr beschlossen, so sind vom Börsenkurs der Aktie am 31. Dezember 1913 6 % in Abzug zu bringen. Nach BundAB. § 38 I hat der Beitragspflichtige, welcher den Abzug des § 18 II vornehmen will, die Wertpapiere nach Stückzahl oder Nennbetrag und Gattung besonders zu bezeichnen. (Vgl. Bem. zu § 37 I).

§ 19.

Bei Aktien ohne Börsenkurs, bei Kuxen, Anteilen an einer Bergwerksgesellschaft oder bei Anteilen einer Gesellschaft mit beschränkter Haftung ist der Verkaufswert der Aktien, Kuxen oder Anteile anzusetzen. Sofern ein solcher nicht zu ermitteln ist, ist der Wert der Aktie, des Kuxes oder Anteils unter Berücksichtigung des Gesamtvermögens der Gesellschaft oder Gewerkschaft und der in der Ver-

gangenheit erzielten Gewinne nach freiem Ermessen zu schätzen. Hierbei bleiben diejenigen Beträge der Jahresgewinne unberücksichtigt, welche unter Zugrundelegung der ortsüblichen Preise als Entgelt für gelieferte Rohstoffe anzusehen sind. Im Streitfall soll die Veranlagungsbehörde die Schätzung des Wertes durch Sachverständige anordnen, die von der zuständigen Handelsvertretung oder der des nächstbelegenen Bezirkes zu ernennen sind.

E. § 19; Begr. S. 20; KB. S. 90 ff., 119; StenBer. S. 5917; BayBB. § 12 II.

I. Der Entwurf wollte Aktien ohne Börsenkurs und Gesellschaftsanteile einer Gesellschaft mit beschränkter Haftung nach ihrem „inneren" Werte bewerten, indem er vorschrieb, daß maßgebend sein solle der Bruchteil des Gesamtvermögens der Gesellschaft, ohne Abzug des Aktien- oder Stammkapitals, welcher auf den Anteil treffe. Der bei den Kommissionsberatungen gestellte Antrag, die Bewertung in der Weise vorzunehmen, daß mangels der Feststellung eines Verkaufswertes der Durchschnittsertrag mit 16⅔ multipliziert werde, wurde unter Ausdehnung der Bewertungsvorschrift auf „Kuxe" und „Anteile an einer Bergwerksgesellschaft" angenommen, jedoch in der zweiten Plenarverhandlung des Reichstages zugunsten der jetzigen Fassung des Gesetzes beseitigt. Die definitive Gesetzesfassung soll nach den im Reichstage gegebenen Erklärungen eine Milderung gegenüber dem früheren Kommissionsbeschluß bedeuten.

II. Aktien ohne Börsenkurs, d. h. Aktien, die in Deutschland keinen Kurs haben im Sinne der Bestimmung des § 18, Kuxe d. h. Anteile von bergrechtlichen Gewerkschaften und Anteile an Bergwerksgesellschaften, die nicht die Natur von Gewerkschaften oder Aktiengesellschaften haben, sowie Geschäftsanteile bei einer Gesellschaft mit beschränkter Haftung, sind zunächst mit dem Verkaufswert d. i. dem gemeinen Wert anzusetzen. Für die Ermittlung des Verkaufswertes kann, falls ein ausländischer Börsenkurs vorhanden ist, dieser herangezogen werden; falls die Aktie an einer inländischen Börse zur Notierung zugelassen ist, am Stichtag jedoch eine Notierung nicht stattfand, kann der letzte Börsenkurs als Indiz für die Bemessung des Verkaufswertes in Betracht kommen.

Läßt sich der Verkaufswert nicht ermitteln, so ist nach den Bestimmungen des Satzes 2 der Wert nach freiem Ermessen der Veranlagungsbehörde zu schätzen; dieser durch Schätzung zu findende Wert ist, wie die Entstehungsgeschichte der fraglichen Bestimmung erweist, der Ertragswert. Alle Momente, die für die Ermittlung des Ertragswertes in Betracht kommen können, sind heranzuziehen, wobei der Beitragspflichtige von der Befugnis des § 42 I, die Veranlagungsbehörde von dem Rechte des § 42 II Gebrauch machen können. Zwei für die Schätzung zugrunde zu legende Momente führt das Gesetz besonders auf: die in der Vergangenheit (gewöhnlich im dreijährigen Durchschnitte, § 42 II Ziff. 2) erzielten Gewinne und das Gesamtvermögen der Gesellschaft.

Die Gewinne der Vergangenheit sind besonders zu berücksichtigen, wenn sie auch für die zukünftige Rentabilität der Gesellschaft Anhaltspunkte gewähren; sind in der Vergangenheit unter übermäßigen Zurückstellungen mäßige Gewinne verteilt worden oder sind in dem Gewinn (wie beispielsweise bei Terraingesellschaften) gleichzeitig Kapitalsrückzahlungen enthalten, so sind die Gewinne nicht maßgebend. Aus dem Jahresgewinn sind nach ausdrücklicher gesetzlicher Vorschrift diejenigen Beträge auszuscheiden, die unter Zugrundelegung der ortsüblichen Preise als Entgelt für gelieferte Rohstoffe anzusehen sind, z. B. als Vergütung für seitens der Aktionäre gelieferte Zuckerrüben.

Neben dem Gewinn ist das Gesamtvermögen der Gesellschaft zu berücksichtigen, also auch die Reserve; bei der Berücksichtigung des Stammvermögens sind nicht die Bilanzwerte maßgebend, sondern die wirklichen Verkaufswerte. Zu hohe Abschreibungen sind richtig zu stellen, stille Reserven aufzudecken. Für die Feststellung des Vermögensstandes ist der letzte vorliegende Jahresabschluß gemäß § 15 II zugrunde zu legen.

Aus dem hiernach festgestellten Werte des Gesamtvermögens der Gesellschaft läßt sich der Wert des einzelnen Anteilsrechtes durch einfache Proportion berechnen.

III. Findet eine Einigung zwischen dem Beitragspflichtigen und der Veranlagungsbehörde über den anzunehmenden Wert nicht statt, so soll die Verwaltungsbehörde die Schätzung durch Sachverständige anordnen, die von der zuständigen Handelsvertretung (Handelskammer) oder der des nachbarlichen Bezirkes zu benennen sind. An das Gutachten der Sachverständigen ist die Veranlagungsbehörde rechtlich nicht gebunden (KB. S. 90), wenn sie sich auch tatsächlich demselben in den Regelfällen fügen wird. Nach dem Wortlaute des Gesetzes („im Streitfalle") soll die Anordnung für jeden konkreten Fall erfolgen; jedoch wird ein für eine bestimmte Gesellschaft erstattetes Gutachten in allen entstehenden Streitfällen von der Veranlagungsbehörde berücksichtigt werden.

§ 20.

Andere Kapitalforderungen und Schulden sind mit dem Nennwert anzusetzen, sofern nicht besondere Umstände die Veranschlagung nach einem vom Nennwert abweichenden höheren oder geringeren Werte begründen.

Noch nicht fällige Ansprüche aus Lebens-, Kapital- und Rentenversicherungen kommen mit zwei Dritteln der Summe der eingezahlten Prämien oder Kapitalbeiträge, falls aber der Betrag nachgewiesen wird, für welchen die Versicherungsanstalt die Police zurückkaufen würde, mit diesem Rückkaufswert in Anrechnung.

E. § 20; KB. S. 91; StenBer. S. 5917.

I. Andere, d. h. nicht unter §§ 18 und 19 (KB. 91) fallende Kapitalforderungen (vgl. Bem. zu § 5 Ziff. 1) sind beispielsweise Wertpapiere ohne Börsenkurs, die nicht Aktien sind; Teilschuldverschreibungen; ferner Bankguthaben, Sparkassenguthaben, Wechselforderungen, auch diskontierte Wechsel; endlich Geschäftsanteile und Geschäftsguthaben bei eingetragenen Genossenschaften und die Einlage eines stillen Gesellschafters. Auch Gesellschaftsrechte sind somit als Kapitalforderungen bezeichnet (OVG. in StS. 6, 149; 7, 358).

Grundsätzlich sind diese Kapitalforderungen nach dem Nennwert anzusetzen, d. h. „nach der dem Papier von dem Aussteller verliehenen äußeren Wertbezeichnung, auch wenn nach dem Inhalt der Urkunde bei Amortisationen die Rückzahlung mit einem höheren Betrag erfolgt" (Reichsger. vom 24. Febr. 1903, abgedr. bei Greiff, Reichsstempelges. S. 225).

Eine Veranschlagung nach einem vom Nennwert abweichenden höheren oder geringerem Werte muß durch tatsächliche Unterlagen gerechtfertigt werden (OVG. in StS. 5, 191; 6, 85, 92); zu solchen Tatsachen gehören u. a. die zweifelhafte Solvenz des Schuldners, Marktlage des Wertpapiers, auch die Prozeßbefangenheit eines Anspruchs.

II. Die Schulden entsprechen den Kapitalforderungen auf der Passivseite, soweit ein Schuldverhältnis besteht. Anteilsrechte eines Genossen bei einer Genossenschaft und die Einlage eines stillen Gesellschafters begründen keine Schuld auf Seite der Genossenschaft bzw. des Geschäftsinhabers. Hinsichtlich der Bewertung wird es hier beim Nennwert zu verbleiben haben, da Umstände, welche eine höhere oder geringere Bewertung der Schuld auf Seite des Schuldners begründen könnten, nur schwer denkbar sind.

III. Abs. 2 enthält die Bewertungsvorschrift für die nach § 5 Ziff. 6 beitragspflichtigen Ansprüche. Maßgebend sind zunächst die bar einbezahlten Prämien oder Kapitalbeträge, wobei die dem Versicherten vergüteten oder angerechneten Dividenden in Abzug zu bringen sind (vgl. AusfAnw. zum preuß. ErgStG. Art. 16 Ziff 5). Die Anrechnung mit dem Rückkaufswert, d. h. dem vollen Betrag, mit welchem die Versicherungsanstalt nach Maßgabe ihrer Statuten oder Versicherungsbedingungen die Police zurückkaufen würde, ist nur zulässig, wenn der Beitragspflichtige nachweist, daß er geringer ist als der Betrag, welchen ²/₃ der gezahlten Barprämien ausmachen. Hat die Police keinen Rückkaufswert, so sind stets die eingezahlten Prämien zur Grundlage der Bewertung zu nehmen.

§ 21.

Der Gesamtwert der auf bestimmte Zeit beschränkten Nutzungen oder Leistungen ist unter Abrechnung der Zwischenzinsen durch Zusammenzählung der einzelnen Jahreswerte zu berechnen. Der Gesamtwert darf den zum gesetzlichen Zinssatz kapitalisierten Jahreswert nicht übersteigen.

Immerwährende Nutzungen oder Leistungen sind mit dem Fünfundzwanzigfachen des einjährigen Betrags, Nutzungen oder Leistungen von unbestimmter Dauer vorbehaltlich der Vorschriften der §§ 22, 23 mit dem Zwölfundeinhalbfachen des einjährigen Betrags zu veranschlagen.

E. § 21; RB. S. 91; BundAB. § 39.

Hilfstabelle zwecks Berechnung des gegenwärtigen Wertes einer Rente oder Nutzung s. Anhang V.

I. Die im § 21 gegebenen Vorschriften für die Berechnung des Gesamtwertes von Nutzungen und Leistungen gelten sowohl für die Feststellung des Aktivvermögens, wie des Passivvermögens.

II. Auf bestimmte Zeit beschränkte Nutzungen und Leistungen liegen sowohl dann vor, wenn eine ausdrückliche Zeitbestimmung in festen Terminen vorgenommen ist, wie auch dann, wenn durch anderweite die Dauer begrenzende Umstände eine Beschränkung auf Zeit getroffen ist, wenn also der Endpunkt auf ein bestimmtes Ereignis gestellt ist, dessen Eintritt einerseits mit Sicherheit zu erwarten, andererseits zeitlich schon im voraus abschätzbar ist. Es genügt dabei, wenn für die mutmaßliche Dauer eine hinlänglich sichere Schätzung aus den obwaltenden Verhältnissen abgeleitet werden kann (Urt. d. RG. JW. 1907 S. 157 Nr. 43). Beispiel: Eine bis zur Ablegung des Examens oder bis zur Erlangung einer Erwerbsstellung zugesagte Rente.

Die zeitliche Bestimmbarkeit muß am Stichtag, § 15, gegeben gewesen sein; andernfalls hat die Bewertung nach § 30 bzw. §§ 22, 23 einzutreten. Ist die Nutzung und Leistung zeitlich doppelt bestimmt, nämlich auf eine gewisse Höchstzeit beschränkt, und gleichzeitig durch den Tod eines Leistungsberechtigten oder Leistungspflichtigen begrenzt, so ist von den Wertberechnungen der §§ 21 und 22 diejenige zugrunde zu legen, welcher den geringeren Wert ergibt. (RG. in JS. Bd. 24 S. 377).

Der Gesamtwert wird gefunden durch Zusammenzählung der einzelnen Jahreswerte unter Abrechnung der Zwischenzinsen. Der Jahreswert ist durch Schätzung unter Beachtung der Regeln der §§ 16 ff. in Geld zu bestimmen; je nach Lage der Sache wird auf einen Durchschnittswert zu greifen sein. Bestimmte, aber der Höhe nach verschiedene Jahreswerte sind zusammenzurechnen. Für jeden Jahreswert ist der Zwischenzins und zwar in Höhe von 4 % (§ 24 des Ges., § 246 BGB.) abzuziehen. Das Gesetz schreibt die Zusammenzählung der Jahreswerte ohne Rücksicht darauf vor, ob die einzelnen Beträge pränumerande, oder postnumerande zu leisten sind. Bei einjähriger oder kürzerer Dauer ist daher ein Zwischenzins auch dann nicht abzuziehen, wenn die Leistung nachträglich fällig ist. Eine Abrundung auf größere Zeitabschnitte, z. B. Jahresabschnitte ist im Gesetz nicht vorgesehen.

Anlage I der BundAB. (s. Anhang V) enthält eine Hilfstafel zur Berechnung.

Der Gesamtwert darf den mit 4 % kapitalisierten Jahreswert nicht übersteigen.

III. Immerwährende Nutzungen sind solche, welche in ihrem Bestand von dem Leben des Nutzungsberechtigten oder Nutzungsverflichteten unabhängig sind, wie Reallasten § 1105 BGB überbaurenten § 912 BGB, und sind mit dem 25 fachen des einjährigen Betrages zu veranschlagen. Der einjährige Betrag ist wie bei den auf unbeschränkte Zeit beschränkten Nutzungen festzustellen.

IV. Nutzungen und Leistungen von unbestimmter Dauer sind solche, bei denen der künftige Wegfall zwar gewiß, der Zeitpunkt dieses Wegfalls aber ungewiß ist, so die Dauer der Berechtigung von vornherein auch nicht annähernd geschätzt werden kann; durch diese letztere Möglichkeit unterscheiden sich diese Nutzungen von den oben sub II behandelten

Fällen. An sich gehören zu den Nutzungen und Leistungen von unbestimmter Dauer auch diejenigen, deren Dauer durch die Lebenszeit einer oder mehrerer Personen bedungen ist; für diese gelten jedoch ausschließlich die §§ 22, 23 des Gesetzes, so daß nicht eine Multiplikation eines Jahresbeitrages mit $12^1/_2$, sondern eine Berechnung nach der Skala der genannten Paragraphen stattfindet.

§ 22.

Der Wert von Renten oder anderen auf die Lebenszeit einer Person beschränkten Nutzungen und Leistungen bestimmt sich nach dem Lebensalter der Person, mit deren Tode das Recht erlischt.

Als Wert wird angenommen bei einem Alter

1.		bis zu 15 Jahren	das 18 fache,	
2.	von mehr als 15	" " 25 "	" 17 " ,	
3.	" " " 25	" " 35 "	" 16 " ,	
4.	" " " 35	" " 45 "	" 14 " ,	
5.	" " " 45	" " 55 "	" 12 " ,	
6.	" " " 55	" " 65 "	" $8^1/_2$ " ,	
7.	" " " 65	" " 75 "	" 5 " ,	
8.	" " " 75	" " 80 "	" 3 " ,	
9.	" " " 80	"	" 2 "	des

Wertes der einjährigen Nutzung.

E. § 22; KB. S. 92.

I. Die Vorschriften des § 22 gelten sowohl für die Feststellung des Aktivvermögens (§ 5 S. 5) wie für die Feststellung des Passivvermögens (§ 9).

Die wichtigsten Fälle der auf die Lebenszeit einer Person beschränkten Nutzungen sind, von der Leibrente (§§ 759 ff. BGB.) abgesehen, der Nießbrauch und die landesrechtlichen Altenteils- und Leibgedingrechte.

Die Person, auf deren Lebenszeit die Nutzung und Leistung beschränkt ist, kann der Berechtigte, der Verpflichtete oder ein Dritter sein. § 22 bedeutet gegenüber § 21 Abs. II Satz hälfte 2 eine lex specialis, ebenso gegenüber den §§ 27, 29, 30. Hängt die Nutzungsdauer von der Lebensdauer mehrerer Personen ab, so ist § 23 anzuwenden. Ist das Recht, außer von der Lebenszeit einer Person, noch von einem anderen Umstande, dessen Eintritt mit Sicherheit zu erwarten ist, abhängig, so ist entweder § 21 oder § 22 anwendbar und zwar entscheidet die Berechnung, welche den geringeren Gesamtbetrag ergibt.

II. Maßgebend für die Berechnung des Gesamtwertes ist das Lebensalter der maßgebenden Person am 31. Dezember 1913 (§ 15). Die Tabelle des Abs. II hat niedrigere Durchschnittszahlen, wie die in § 18 II des ReichserbschaftsStG. enthaltene Tabelle; dagegen gewährt das Wehrbeitraggesetz in Abweichung vom Reichserbschaftssteuergesetz keinen Anspruch auf teilweise Rückerstattung des bezahlten Beitrages, wenn sich die gesetzliche Tabelle in der Folgezeit als unrichtig erweist. Eine Berücksichtigung von Zwischenzinsen erfolgt bei der Berechnung des § 22 nicht.

§ 23.

Hängt die Dauer der Nutzung oder Leistung von der Lebenszeit mehrerer Personen ab, so ist maßgebend das Lebensalter der ältesten Person, wenn das Recht mit dem Tode der zuerst versterbenden Person erlischt, das Lebensalter der jüngsten Person, wenn das Recht mit dem Tode der letztversterbenden Person erlischt.

E. § 23.

I. Die Vorschrift des § 23 findet sowohl bei der Feststellung des Aktivvermögens, wie bei der des Passivvermögens Anwendung; die Bestimmung greift aber nur Platz, wenn es sich um eine und dieselbe Nutzung oder Leistung handelt, die von der Lebensdauer mehrerer Personen abhängig ist.

Beispiel: Versprechen einer lebenslänglichen Rente auf Lebenszeit des Versprechenden.

Die Regelung geht von dem naturgemäßen Grundsatz aus, daß die mutmaßliche Lebensdauer mit zunehmendem

Alter abnimmt, so daß von zwei Personen verschiedenen Alters die ältere zuerst sterben wird, so daß je nach der einen oder anderen Seite des Falles das Lebensalter der älteren oder der jüngeren Person entscheidet.

Die Berechnung erfolgt nach den Grundsätzen des § 22.

II. Verringert sich die Nutzung oder Leistung beim Tode der zuerst versterbenden und hört mit dem Tode der letztversterbenden Person ganz auf, so ist die beim Tode des Zuerststerbenden in Wegfall gelangende Quote nach dem Lebensalter der älteren, die verbleibende Quote nach dem Lebensalter der jüngeren Person zu kapitalisieren; die beiden Kapitalwerte sind zusammen zu rechnen (Art. 18 III der AusfAnw. z. preuß. ErgStG.).

III. Bei Zusammentreffen des § 23 mit § 21 gilt das zu §§ 21 II und 22 I bemerkte.

§ 24.

Der einjährige Betrag der Nutzung einer Geldsumme ist zu vier vom Hundert anzunehmen, falls er nicht anderweit feststeht.

E. § 24; Begr. S. 20.

Die dem § 20 des ErbschStG. nachgebildete Vorschrift bezieht sich sowohl auf Bargeld in jeder Form, wie auf Rechte auf Leistung von Geld, soweit damit eine wirtschaftliche Nutzung verknüpft ist. Der Betrag der Nutzung ist mit 4 % anzunehmen, wenn der Betrag der Nutzung nicht anderweit feststeht. Der Betrag der Nutzung steht dann fest, wenn der Nutzungsbetrag bereits vereinbart ist.

§ 25.

Vom Kapitalwert unverzinslicher befristeter Forderungen und Schulden kommen für die Zeit bis zu ihrer Fälligkeit vier vom Hundert Jahreszinsen in Abzug.

E. § 25.

I. Bei unverzinslichen, befristeten Forderungen und Schulden hat ein Abzug zu erfolgen. Verzinsliche Forderungen sind nach § 20 zu bewerten; Stückzinsen gelten als Einkommen. Betreff rückständiger Zinsen vgl. § 5 Ziff. 2. Die Forderungen und Schulden müssen befristet, d. h. ihre Fälligkeit muß von einem im voraus bestimmten Zeitpunkte abhängig sein; eine kündbare Forderung ist nicht befristet, ist also nicht nach § 25, sondern nach § 20 zu bewerten.

II. Es sind nicht Zwischenzinsen (wie dies § 21 vorschreibt), sondern es sind 4 % des Kapitalwertes für die Zeit bis zur Fälligkeit der Forderung abzuziehen. Das bedeutet für den Gläubiger eine Bevorzugung, für den Schuldner eine Verschlechterung.

Sind Umstände vorhanden, die eine Bewertung abweichend vom Nennwert gerechtfertigt erscheinen lassen, so ist § 20 I entsprechend anwendbar; desgleichen ist § 30 II anwendbar.

§ 26.

Vermögen, dessen Erwerb von dem Eintritt einer aufschiebenden Bedingung abhängt, bleibt bei der Feststellung unberücksichtigt.

E. § 26.

Da die Erhebung des Wehrbeitrages in möglichst kurzer Frist erfolgen soll, hat man — in Abweichung von der in § 21 I des ErbschStG. getroffenen Regelung — den aufschiebend bedingten Vermögenserwerb beitragsfrei gelassen. Der Vermögens**erwerb** muß aufschiebend bedingt sein (§ 158 I BGB.); bereits **erworbene** Rechte sind beitragspflichtig, auch wenn sie noch nicht geltend gemacht werden können.

§ 27.

Vermögen, das unter einer auflösenden Bedingung erworben ist, wird unbeschadet der Vorschriften über die Berechnung des Kapitalwerts der Nutzungen von unbestimmter Dauer (§ 21

Abs. 2, §§ 22, 23) wie unbedingt erworbenes behandelt.

E. § 27.

Entsprechend der Bestimmung in § 21 II des ErbschStG. wird Vermögen, das unter einer auflösenden Bedingung (§ 158 II BGB.) erworben ist, wie unbedingt erworbenes behandelt, ist also beitragspflichtig. Eine Rückerstattung des Wehrbeitrages bei Eintritt der Bedingung findet in Abweichung vom Erbschaftssteuergesetz nicht statt. Zu den auflösend bedingten Rechten gehören die Rechte des Vorerben im Nachlaß.

Soweit die auflösende Bedingung Nutzungen oder Leistungen beendet, sind die Bewertungsvorschriften der §§ 21 II, 22, 23 aufrecht erhalten.

§ 28.

Hängen Lasten, die den Wert des Vermögens vermindern, von dem Eintritt einer aufschiebenden Bedingung ab, so werden sie nicht berücksichtigt.

Den Lasten, die von einer aufschiebenden Bedingung abhängen, stehen zweifelhafte Lasten gleich.

E. § 28.

Wie aufschiebend bedingte Vermögensrechte auf der Aktivseite nicht berücksichtigt werden, so dürfen aufschiebend bedingte Lasten — denen die Schulden gleichstehen — auf der Passivseite nicht in Abzug gebracht werden.

Den aufschiebend bedingten Lasten und Schulden stehen „zweifelhafte" Lasten und Schulden gleich d. h. solche Passiven, deren Bestand am Stichtage aus rechtlichen oder tatsächlichen Gründen unsicher ist.

§ 29.

Lasten, deren Fortdauer von einer auflösenden Bedingung abhängt, werden wie unbedingte vom

Vermögen abgezogen, soweit nicht deren Kapitalwert nach § 21 Abs. 1, §§ 22, 23 zu berechnen ist.

E. § 29.

Soweit eine Last oder Schuld gemäß § 9 des Ges. überhaupt abzugsfähig ist, bleibt sie dies, auch wenn sie auflösend bedingt ist. Handelt es sich um unbestimmt fortdauernde Lasten, so ist nur der nach §§ 21 I, 22, 33 zu berechnende Kapitalwert abziehbar.

§ 30.

Die Vorschriften der §§ 26 bis 29 gelten auch, wenn der Erwerb oder die Last von einem Ereignis abhängt, das nur hinsichtlich des Zeitpunkts seines Eintritts ungewiß ist.

Unbeitreibliche Forderungen bleiben außer Ansatz.

E. § 30.

I. Die „Bedingung" im technischen Sinne ist ein zukünftiges, ungewisses Ereignis. Ist gewiß, daß ein Ereignis eintreten wird, aber der Zeitpunkt des Eintrittes unbestimmt, so liegt eine unbestimmte Befristung vor, die der „Bedingung" entsprechend behandelt wird.

Vermögen, dessen Erwerb von einer unbestimmten Befristung abhängt, z. B. von dem Ableben einer Person, ist somit nicht zu berücksichtigen; ist der Verlust des Vermögens von einer solchen unbestimmten Befristung abhängig, so kommt es wie dauerndes Vermögen in Ansatz. Entsprechendes gilt von den Lasten und Schulden.

II. Ist der Erwerb von Vermögen oder das Bestehen einer Last von einem kalendermäßig bestimmten Zeitpunkt abhängig, sog. reine Befristung, so sind bei aufschiebend reiner Befristung das Vermögensrecht und die Last nach Maßgabe der §§ 16 ff., 25, bei auflösend reiner Befristung nach Maßgabe des § 21 zu bewerten.

III. Unbeitreibliche Forderungen, d. h. aus wirtschaftlichen Gründen nicht realisierbare Forderungen bleiben außer

Ansatz. Der Nachweis der fruchtlosen Zwangsvollstreckung muß nicht erbracht sein; es genügt, wenn die Möglichkeit der Beitreibung eine so entfernte ist, daß die Forderung im Verkehr als wertlos erachtet werden muß (OVG. in StS. 5, 191; 6, 306 ff.). Streitige Forderungen sind entsprechend der Vorschrift des § 20 I zu bewerten.

Wehrbeitragspflichtiges Einkommen.

§ 31.

Als Einkommen im Sinne des § 1 gilt das auf Grund der Landeseinkommensteuergesetze zuletzt vor oder gleichzeitig mit der Veranlagung des Wehrbeitrags festgestellte steuerpflichtige Einkommen. Als festgestellt wird das niedrigste Einkommen der Steuerstufe angenommen, in welcher der Steuerpflichtige zur Einkommensteuer veranlagt ist und, falls die Berücksichtigung persönlicher Verhältnisse zu einer Steuerermäßigung geführt hat, das niedrigste Einkommen der Steuerstufe, in welcher der Steuerpflichtige ohne diese Berücksichtigung zu veranlagen gewesen wäre. In den Bundesstaaten, in denen eine Einkommensteuer nicht eingeführt ist, trifft die Landesregierung Bestimmungen über die Ermittelung des Einkommens.

Von dem festgestellten Einkommen wird ein Betrag abgezogen, der einer Verzinsung von 5 vom Hundert des abgabepflichtigen Vermögens entspricht.

Abgabefrei sind die nach Abs. 1 festgestellten Einkommen, welche den Betrag von fünftausend Mark nicht übersteigen, sowie die nach Abzug des

gemäß Abs. 2 abgabefreien Teiles des Einkommens verbleibenden Restbeträge unter eintausend Mark.

Wird nachgewiesen, daß sich das Einkommen zwischen der Erhebung des ersten und des zweiten oder letzten Drittels des Wehrbeitrags um mindestens 40 vom Hundert vermindert hat, so ist auf Antrag eine dem verbliebenen Einkommen entsprechende Ermäßigung der späteren Beitragsteile zu gewähren. Über das Ermäßigungsverfahren trifft der Bundesrat nähere Bestimmungen.

E. § 31; Begr. S. 16; KB. S. 3 ff., 103 ff.; BundAB. §§ 40—47; BayVB. §§ 23, 24, 33 IV, 34.

I. Während nach dem Entwurfe der Wehrbeitrag im wesentlichen nur vom Vermögen erhoben werden und das Einkommen nur insoweit Berücksichtigung finden sollte, als es den Betrag von 50000 *M* überstieg, hat das Gesetz auf Grund der Beschlüsse der Kommission das Einkommen in umfassender Weise herangezogen. Zwecks Vermeidung der Doppelbesteuerung ist durch § 31 II der Abzug eines Betrages, der einer Verzinsung von 5 % des abgabepflichtigen Vermögens entspricht, von Einkommen gestattet. Die Milderung anderer sich ergebender Härten kann in dem § 46 der BundAB. und § 24 I BayVB. vorgesehenem Wege erfolgen. Eine vom Gesetz gewollte und daher nicht zu beseitigende Doppelbesteuerung ist durch die Vorschrift des § 5 Ziff. 5 (s. Bem. hiezu) geschaffen.

II. Wehrbeitragspflichtig mit ihrem Einkommen sind alle in § 10 genannten natürlichen Personen (§ 1). Weitere Voraussetzung ist, daß die betreffende Person auf Grund der Landeseinkommensteuergesetze bzw. der von der Landesregierung zu treffenden Bestimmungen mit einem steuerpflichtigen Einkommen von insgesamt mehr als 5000 *M* veranlagt oder zu veranlagen war. Ist nach den Bestimmungen des Landesrechts dem Steuerpflichtigen das Einkommen von Familienangehörigen, beispielsweise der Ehefrau (BayEStG. Art. 3) anzurechnen, so ist das veranlagte Gesamteinkommen maßgebend; eine wichtige Sonderbestimmung für diesen Fall enthält § 44 BundAB.

III. Als beitragspflichtiges Einkommen gilt das auf Grund des Landeseinkommensteuergesetzes zuletzt vor oder gleichzeitig mit der Veranlagung des Wehrbeitrages festgestellte steuerpflichtige Einkommen; in den Bundesstaaten, in denen eine Einkommensteuer nicht eingeführt ist (zur Zeit lediglich Elsaß-Lothringen) sollen durch die Landesregierung im Verordnungswege über die Ermittlung des Einkommens Bestimmungen getroffen werden. Nach § 41 Abs. 1 BundAB. ist, wenn in einem Bundesstaat gleichzeitig mit der Veranlagung des Wehrbeitrages eine landesrechtliche Einkommensteuerveranlagung durchgeführt wird, für die Berechnung des Wehrbeitrages diese maßgebend; in Bayern sowie in Preußen die Steuerveranlagung für 1914 (Ausnahmefälle BundAB. § 41 II). Festgestellt ist das Einkommen mit Abschluß der Veranlagung; in Bayern somit mit der Feststellung der Veranlagungsgrundlagen durch das Rentamt. Rechtskräftig festgestellt, d. h. durch Rechtsmittel nicht mehr angreifbar, muß die Veranlagung nicht sein (§ 45 III BundAB.)

Das Gesetz geht von dem nach Maßgabe der landesrechtlichen Steuergesetze festgestellten Einkommen aus; daraus entspringt eine Verschiedenheit des anzuwendenden Einkommenbegriffes. In den verschiedenen Bundesstaaten ist das Einkommen nach ganz verschiedenen materiellen und formellen Vorschriften zu ermitteln. So läßt das bayerische Einkommensteuergesetz den Abzug von Lebensversicherungsprämien bei Feststellung des steuerpflichtigen Einkommens in viel beschränkterer Weise zu, als das preußische Einkommensteuergesetz; in Württemberg wird das Einkommen aus Waldbesitz und Spekulationsgewinn kräftiger gefaßt als in Preußen. Ungleichheiten können sich auch aus der Bestimmung ergeben, daß das niederste Einkommen der Steuerstufe (Steuerklasse) angenommen wird, in welcher der Steuerpflichtige zur Einkommensteuer veranlagt ist. Auch hier sind entstehende Härten nach § 46 BundAB. auszugleichen. Die besonderen, die Leistungsfähigkeit des Steuerpflichtigen beeinflussenden Verhältnisse (Kinderzahl, Erwerbsunfähigkeit), welche nach einzelnen staatlichen Steuergesetzen eine Steuerstufenermäßigung gewähren (Art. 18—20 BayEStG.), sind jedoch bei der Veranlagung des Wehrbeitrages vom Einkommen außer Betracht zu lassen.

Für Beitragspflichtige, welche in mehreren Bundesstaaten zur Einkommensteuer veranlagt sind, treffen §§ 42, 43 BundAB. Vorsorge.

IV. Zur Abschwächung der Doppelbesteuerung wird ein Abzug von 5 % des Vermögens gestattet, ohne Rücksicht darauf, ob das Vermögen sich mit diesem Zinssatz rentiert oder nicht. Hinsichtlich des Abzuges der 5 % in den Fällen, in welchen auf Grund landesrechtlicher Bestimmung der Beitragspflichtige Erträgnisse des Vermögens von Familienangehörigen mitzuversteuern hat, vgl. § 44 BundAB.

V. Unter Erhöhung des nach den Landesrechten bestehenden steuerfreien Existenzminimums bleiben abgabenfrei die Einkommen, welche den Betrag von 5000 *M* nicht übersteigen. Maßgebend ist das festgestellte Einkommen, ohne daß der 5 %ige Abzug des Abs. II in Betracht kommt. Verbleibt jedoch nach Abzug der 5 %igen Verzinsung des Vermögens ein Restbetrag unter 1000 *M*, so entfällt der Wehrbeitrag vom Einkommen, auch wenn dasselbe ohne den Abzug 5000 *M* übersteigt, eine Vorschrift, die zu einer Begünstigung fundierten Einkommens gegenüber unfundierten Einkommen führt.

VI. Entsprechend dem Grundsatz, daß für den Wehrbeitrag vom Einkommen das landesrechtlich festgestellte steuerpflichtige Einkommen maßgebend ist, ist die Veranlagung des Wehrbeitrages von Amts wegen entsprechend zu berichtigen, wenn die landesrechtliche Einkommensveranlagung im Rechtsmittelverfahren abgeändert wird; wird die landesrechtliche Einkommensveranlagung im Verwaltungswege d. h. von Amts wegen berichtigt (§ 63 II VollzV. z. EinkStG.), so ist auch die Veranlagung zum Wehrbeitrag entsprechend zu berichtigen, BundAB. § 45 II, III; BayVB. §§ 23, 34 I.

VII. Da das Einkommen namentlich in freien Berufen, z. B. das Einkommen eines Künstlers oder eines Schriftstellers, außerordentlich wechseln kann, da auch das Einkommen eines Beamten oder seiner Hinterbliebenen plötzlichen Schwankungen ausgesetzt ist (KB. 28, 29) hat das Gesetz eine spätere Ermäßigung des auf das Einkommen entfallenden Teiles des Wehrbeitrages ermöglicht (vgl. § 47 BundAB.).

1. Voraussetzung der Ermäßigung ist, daß sich das Einkommen des Beitragspflichtigen gegenüber dem für die Veranlagung des Wehrbeitrages gemäß § 31 I festgestellten Einkommen um mindestens 40% dieses Betrags vermindert hat. Eine Ermäßigung findet nicht statt, wenn die Minderung des Einkommens nur durch einen vorübergehenden Wegfall der Einkommensquelle veranlaßt ist. Eine zu berücksichtigende Minderung des Einkommens liegt auch dann vor, wenn infolge des Todes eines Beitragspflichtigen nach dem 31. Dezember 1913 nachweislich das — aus den mit dem Tode des Beitragspflichtigen nicht weggefallenen Einkommensquellen fließende — Einkommen sich um mindestens 40% gegenüber dem veranlagten Einkommen gemindert hat. Die in den BundAA. § 47 II in diesem Sinne getroffene Regelung erscheint gültig, wenn auch dem Bundesrat nur die näheren Bestimmungen über das „Ermäßigungsverfahren" überlassen sind; denn sie entspricht den Zwecken der gesetzlichen Bestimmung und läßt sich mit ihrem Wortlaut vereinen. Auch wenn sich das Einkommen bereits vor Erhebung des ersten Drittels des Wehrbeitrags (§ 51 I) gemindert hat, ist die Ermäßigung für das zweite und letzte Drittel des Wehrbeitrages zu gewähren; die gegenteilige Auffassung würde Buchstabenauslegung bedeuten. Für die Ermittlung des geminderten Einkommen gelten die gleichen Grundsätze wie für die erste Einkommensfeststellung.

2. Die Ermäßigung äußert ihre Wirkung darin, daß die geschuldeten Wehrbeitragteile in demselben Verhältnis ermäßigt werden, in dem das geminderte Einkommen zu dem früheren steht; ist das Einkommen unter den Betrag von 3000 *M* gesunken, so ist der Wehrbeitragsteil ganz in Abgang zu stellen.

3. Das Ermäßigungsverfahren wird nicht von Amts wegen eingeleitet, sondern tritt nur auf Antrag des Pflichtigen, bzw. seiner Erben ein, der vor dem Ablauf von drei Monaten nach dem gesetzlichen Zahltage oder nach Rechtskraft der für den Ermäßigungsanspruch maßgebenden Einkommensteuerveranlagung zu stellen ist. Über den Ermäßigungsantrag hat die Veranlagungsbehörde zu entscheiden; wird dem Antrag nicht entsprochen, so ist in Bayern gemäß 33 II BayVollB. Einspruch nach Art. 70 Abs. II Art. V des

Einkommensteuergesetzes zulässig. Berufung und Beschwerde im Sinne der Bestimmungen des Einkommensteuergesetzes über Rechtsmittel ist nicht weiter zulässig, sondern nur „Anrufung der übergeordneten Verwaltungsbehörde." (BundAB. § 47 IV).

Die Ermäßigung bezieht sich nur auf den Wehrbeitrag, soweit er vom Einkommen erhoben wird, und gründet sich nur auf Einkommensminderung. Vermögensminderung nach dem 31. Dezember 1913 ist einflußlos.

Tarif und Ermäßigung.

§ 32.

Die Abgabe vom Vermögen beträgt bei einem Vermögen bis zu 50 000 Mark und bei größeren Vermögen

von den ersten . . .	50 000 *M*	0,15	v. Hundert,
von den nächsten angefangenen oder vollen	50 000 „	0,35	„ „
von den nächsten angefangenen oder vollen	100 000 „	0,5	„ „
von den nächsten angefangenen oder vollen	300 000 „	0,7	„ „
von den nächsten angefangenen oder vollen	500 000 „	0,85	„ „
von den nächsten angefangenen oder vollen	1 000 000 „	1,1	„ „
von den nächsten angefangenen oder vollen	3 000 000 „	1,3	„ „
von den nächsten angefangenen oder vollen	5 000 000 „	1,4	„ „
von den höheren Beträgen . . .		1,5	„ „ .

Die Abgabe vom Einkommen beträgt bei einem Einkommen

	bis zu 10000 *M*	1	v. Hundert d. Eink.,
von mehr als 10000 *M*	„ „ 15000 „	1,2	„ „ „ „
von mehr als 15000 *M*	„ „ 20000 „	1,4	„ „ „ „
von mehr als 20000 *M*	„ „ 25000 „	1,6	„ „ „ „
von mehr als 25000 *M*	„ „ 30000 „	1,8	„ „ „ „
von mehr als 30000 *M*	„ „ 35000 „	2	„ „ „ „
von mehr als 35000 *M*	„ „ 40000 „	2,5	„ „ „ „
von mehr als 40000 *M*	„ „ 50000 „	3	„ „ „ „
von mehr als 50000 *M*	„ „ 60000 „	3,5	„ „ „ „
von mehr als 60000 *M*	„ „ 70000 „	4	„ „ „ „
von mehr als 70000 *M*	„ „ 80000 „	4,5	„ „ „ „
von mehr als 80000 *M*	„ „ 100000 „	5	„ „ „ „
von mehr als 100000 *M*	„ „ 200000 „	6	„ „ „ „
von mehr als 200000 *M*	„ „ 500000 „	7	„ „ „ „
von mehr als 500000 *M*	„	8	„ „ „ „

Der Unterschied zwischen dem Beitrag, der zu zahlen wäre, wenn das Einkommen nur die vorangehende in Abs. 2 bezeichnete Grenze erreicht hätte, und zwischen dem Beitrag, der nach dem gesetzlichen Satze berechnet ist, wird nur insoweit erhoben, als er aus der Hälfte des jene Grenze übersteigenden Betrags des Einkommens gedeckt werden kann.

E. § 1; KB. S. 6 ff., 103 ff.; BundAB. § 54 V.

Berechnung des Wehrbeitrages vom Vermögen vgl. Tabelle, Anhang IV.

Berechnung des Wehrbeitrages vom Einkommen vgl. Tabelle, Anhang V.

I. Die nach langwierigen, wechselvollen Verhandlungen zum Gesetz gewordene Regelung enthält für den Wehrbeitrag vom Vermögen eine Durchstaffelung, für den Wehrbeitrag vom Einkommen eine progressive Staffelung.

Die Durchstaffelung des Vermögens besteht darin, daß der nach Stufen progressiv steigende Prozentsatz nicht vom Gesamtvermögen, sondern nur von dem in die betreffende Stufe fallenden Teil des Vermögens erhoben wird; daraus ergibt sich, daß der Höchstsatz von 1,5 °/₀ nie vollständig erreicht werden kann. Es soll hierdurch die sprunghafte und zu Ungerechtigkeiten führende Steigerung des Wehrbeitrages an den Grenzen der einzelnen Vermögensstufen vermieden werden.

Die progressive Staffelung der Einkommensabgabe steigt von 1 °/₀ des nach § 31 festgestellten Einkommens bis zu 8 °/₀; der einschlägige Prozentsatz wird jeweils vom Gesamteinkommen erhoben. Um die infolge der Klassifizierung möglichen Härten zu mildern, bestimmt Abs. II, daß der durch Überschreitung einer Staffelgrenze an sich gebotene Steuersatz nur insoweit erhoben wird, als er aus der Hälfte des jene Grenze überschreitenden Einkommens gedeckt werden kann. Die im Anhang V abgedruckte Tabelle berücksichtigt diese Ermäßigung.

II. Der Wehrbeitrag wird sowohl vom Vermögen, wie vom Einkommen gesondert berechnet, jedoch in einem Gesamtbetrage festgesetzt. (§ 47 mit BundAB. § 55 nebst Muster 5).

§ 33.

Gewährt der Beitragspflichtige, dessen Vermögen den Betrag von hunderttausend Mark oder dessen Einkommen den Betrag von zehntausend Mark nicht übersteigt, Kindern auf Grund gesetzlicher Verpflichtung (§§ 1601 bis 1615 BGB.) Unterhalt, so ermäßigt sich der Beitrag für das dritte und jedes folgende minderjährige Kind um 5 vom Hundert seines Betrags.

Hat der Beitragspflichtige ein Vermögen von nicht mehr als zweihunderttausend Mark oder ein Einkommen von nicht mehr als zwanzigtausend Mark, so ermäßigt sich der Wehrbeitrag für den dritten und jeden weiteren Sohn, welcher seine gesetzliche Dienstpflicht beim Heere oder der Flotte abgeleistet hat, um je 10 vom Hundert seines Betrags. Die Beitragsermäßigung tritt auch ein, wenn die Ableistung der Dienstpflicht noch in den Jahren 1914, 1915 und 1916 erfolgt. Ist der Wehrbeitrag in diesem Falle bereits voll entrichtet, so ist der entsprechende Betrag dem Beitragspflichtigen auf Antrag zu erstatten.

KB. S. 8, 63, 113; BundAB. § 53; BayVB. § 33 II.

I. Das Gesetz, welches die Berücksichtigung der durch Landesrecht zugelassenen persönlichen Ermäßigungsgründe für den Wehrbeitrag vom Einkommen nicht zuläßt, enthält selbständige Ermäßigungsgründe: Ist die Leistungsfähigkeit des Beitragspflichtigen durch seine Unterhaltsverpflichtung gegenüber minderjährigen Kindern gemindert oder hat er durch den Militärdienst mehrerer Söhne dem Reiche bereits erhebliche Opfer gebracht, so hat er Ermäßigung zu beanspruchen. Die Ermäßigung, welche im Gegensatze zu § 31 IV vom gesamten Wehrbeitrag erfolgt, ist von Amts wegen vorzunehmen; es besteht ein Rechtsanspruch auf Ermäßigung, wenn die gesetzlichen Voraussetzungen des § 33 vorliegen. Daraus ergibt sich, daß die Vorschriften des § 47 IV BundAB., wonach bei Versagung der Ermäßigung nur die Anrufung der oberen Verwaltungsbehörde möglich ist, auf die vorliegenden Fälle nicht anwendbar ist, daß hier vielmehr die Rechtsmittel im vollen Umfange zulässig sind (BayBB. § 33 II). Die Ermäßigungsgründe kommen nur für natürliche Personen in Betracht; die beiden Ermäßigungsgründe können auch zusammentreffen.

II. Das Kinderprivileg führt zu einer Ermäßigung des gesamten Wehrbeitrags um je 5 % seines nach § 32 berechneten Betrages für das dritte und jedes folgende minderjährige Kind.

Die Voraussetzungen, welche sämtlich am 31. Dezember 1913 vorliegen müssen, sind:

1. Das Vermögen des Beitragspflichtigen darf den Betrag von 100 000 *M* oder sein Einkommen darf den Betrag von 10 000 *M* nicht übersteigen. Das Vorliegen einer dieser beiden Voraussetzungen genügt. Nach BundAB. § 53 III gilt als „Einkommen" im Sinne dieser Bestimmung das gesamte Einkommen einer Person, gleichviel, ob es in einem Bundesstaat steuerpflichtig ist oder nicht; dementsprechend hat als „Vermögen" das Gesamtvermögen einer Person zu gelten, einerlei ob es wehrbeitragspflichtig ist oder nicht, so daß auch ausländisches Grund- und Betriebsvermögen heranzuziehen ist. Diese Auslegung entspricht auch dem gesetzgeberischen Grunde der Bestimmung, daß nur geminderte Leistungsfähigkeit geschont sein soll. Die in §§ 15 III und 31 VI enthaltenen Abrundungsvorschriften sind für § 33 nicht anwendbar. Dagegen wird Vermögen von Ehegatten unter der Voraussetzung des § 13 zusammenzurechnen sein.

2. Der Beitragspflichtige muß auf Grund gesetzlicher Verpflichtung, also nicht in freiwilliger Weise, Kindern (nicht anderen Abkömmlingen) Unterhalt gewähren und zwar mindestens drei Kindern, von denen die ersten beiden volljährig sein können, während das dritte und jedes folgende Kind minderjährig sein muß. Nicht erforderlich ist, daß die Unterhaltsgewährung den einzigen Unterhalt der Kinder bildet. Gewährt eine Ehefrau ihren Kindern Unterhalt, so kann im

Falle gemeinschaftlicher Veranlagung der Ehegatten gemäß § 13 der Ehemann die Ermäßigung beanspruchen.

III. Das Militärdienstprivileg führt zu einer Ermäßigung des gesamten Wehrbeitrags um je 10% seines nach § 32 berechneten Betrages für den dritten oder jeden weiteren Sohn. Die Voraussetzungen sind:

1. Das Vermögen des Beitragspflichtigen darf 200000 *M* oder sein Einkommen darf 20000 *M* nicht übersteigen; das Vorliegen einer dieser beiden Voraussetzungen genügt. Hinsichtlich der Begriffe „Vermögen" und „Einkommen" vgl. Bem. zu II, 1.

2. Mindestens drei Söhne des Beitragspflichtigen müssen ihre gesetzliche Dienstpflicht beim Heere oder der Flotte abgeleistet haben. Ob die Söhne noch leben, ob sie sich noch im Haushalte des Beitragspflichtigen befinden und ob schon ein beträchtlicher Zeitraum seit Erfüllung der Dienstpflicht verstrichen ist, ist unerheblich (KB. 113).

Wird die Voraussetzung der Ziff. 1 erst in den Jahren 1914, 1915 oder 1916 erfüllt, oder tritt in diesen Jahren ein weiterer Ermäßigungsgrund durch Erfüllung der Dienstpflicht seitens eines Sohnes ein, so hat eine weitere Ermäßigung oder eine Erstattung des bereits gezahlten Betrags auf Antrag stattzufinden.

Ob die Bestimmung des § 53 II BundAB., daß der Antrag auf Ermäßigung oder Erstattung innerhalb eines Jahres nach Ableistung der Dienstpflicht anzubringen ist, rechtsgültig ist, ist sehr zweifelhaft; eine solche Ausschlußfrist geht über den zulässigen Inhalt von „Ausführungsbestimmungen" (§ 70) hinaus, zumal das Gesetz von einer dem § 31 IV Satz 2 entsprechenden Ermächtigung an den Bundesrat hier abgesehen hat.

Veranlagungsverfahren.

§ 34.

Für die Veranlagung und Erhebung des Wehrbeitrags ist der Bundesstaat zuständig, in welchem der Beitragspflichtige seinen Wohnsitz oder in Ermangelung eines Wohnsitzes seinen gewöhnlichen Aufenthalt hat.

Bei mehrfachem Wohnsitz im Inland ist der dienstliche Wohnsitz vor einem anderen Wohnsitz, der Wohnsitz in dem Heimatstaate vor dem Wohnsitz in einem anderen Bundesstaat und, wenn keiner dieser Fälle vorliegt, der Wohnsitz an dem Orte maßgebend, an welchem der Beitragspflichtige sich vorwiegend aufhält.

Beitragspflichtige, welche zur Zeit der Veranlagung im Inland weder einen Wohnsitz noch ihren gewöhnlichen Aufenthalt haben, sind in dem Bundesstaate zu veranlagen, in welchem sie ihren letzten inländischen Wohnsitz oder Aufenthalt gehabt haben.

Der Bundesrat kann weitere Bestimmungen über die Zuständigkeit der Bundesstaaten zur Veranlagung und Erhebung des Wehrbeitrags erlassen. Er entscheidet auch auf Anrufen eines Bundesstaats, wenn zwischen mehreren Bundesstaaten Meinungsverschiedenheit über ihre Zuständigkeit herrscht.

E. § 32; Begr. S. 21; BundAB. §§ 2, 42, 43; BayBB. §§ 1, 2, 3.

I. Die Begriffe „Wohnsitz", „dienstlicher Wohnsitz" und „Aufenthalt" sind zu § 10 erörtert; maßgebend sind Wohnsitz und Aufenthalt am 31. Dezember 1913; vgl. jedoch BundAB. § 2 Abs. 2 für den Fall, daß der Beitragspflichtige erst nach dem 31. Dezember 1913, aber noch innerhalb der Frist für die Abgabe der Vermögenserklärung, im Reiche seinen Wohnsitz begründet oder seinen gewöhnlichen Aufenthalt genommen hat.

II. Auch dann, wenn das Vermögen des Beitragspflichtigen in mehreren Bundesstaaten sich befindet, oder wenn er zur Landeseinkommensteuer in mehreren Bundesstaaten veranlagt ist (§ 31), ist nur ein Bundesstaat für die Veranlagung und Erhebung des Wehrbeitrags zuständig; Hauptfälle der

Veranlagung zur Einkommensteuer in mehreren Bundesstaaten sind das Vorhandensein von Grundbesitz oder von mehreren Betriebsstätten eines Gewerbes in mehreren Bundesstaaten; nach § 42 AusfB. ist in solchen Fällen das in den einzelnen Bundesstaaten festgestellte Einkommen zusammenzurechnen. Vgl. auch §§ 3, 9 III BayVB.

§ 35.

Die Landesregierung bestimmt die für die Veranlagung und Erhebung des Wehrbeitrags zuständigen Behörden. Sie bestimmt auch, ob und inwieweit zur Mitwirkung bei der Veranlagung und zur Erhebung des Wehrbeitrags Gemeinden und Gemeindeverbände heranzuziehen sind.

Der Bundesrat bestimmt die für die Veranlagung und Erhebung des Wehrbeitrags der Bundesfürsten zuständigen Behörden.

E. § 33; Begr. S. 20; KB. S. 37, 38 ff., 47; BundAB. §§ 1, 3; BayVB. §§ 1—3.

I. In Preußen sind die Einkommensteuerveranlagungskommissionen zuständig; in Bayern die nach Art. 22 EinkStG. mit § 42 VB. hiezu zuständigen Rentämter, für München und Nürnberg je die Rentämter II und III; für die Pfalz bleibt betr. der Erhebung gesonderte Entschließung vorbehalten.

II. Die Landesfürsten, denen die Landesfürstinnen gleichstehen, haben sich nach Begr. S. 20 bereit erklärt, freiwillig sich am Wehrbeitrag zu beteiligen und zwar nach Erklärung des Staatssekretärs des Reichsschatzamtes nach Maßgabe der Vorschriften des Gesetzes.

Durch § 35 Abs. 2 soll nach Erklärung der verbündeten Regierungen dem von diesen eingenommenen Standpunkt, wonach die Landesfürsten rechtlich von der Entrichtung des Wehrbeitrags frei seien, nicht präjudiziert werden; die Mehrheit des Reichstages vertrat die Anschauung, daß nach § 10 Ziff. I, 1 auch die Bundesfürsten rechtlich wehrbeitragspflichtig seien. Die Streitfrage ist nicht gelöst. Keinesfalls ist Staatseigentum, auch wenn es staatsrechtlich den Landesfürsten zur Nutznießung überlassen ist, wehrbeitragspflichtig. Die Frage wird, da die Landesfürsten freiwillig den Wehrbeitrag nach Maßgabe des Gesetzes entrichten werden, für die Anwendung des WBG. keine praktische Bedeutung gewinnen. Die in § 35 Abs. 2 angeordnete Bestimmung der für die Veranlagung und Erhebung des Wehrbeitrags der Bundesfürsten zuständigen Behörde durch den Bundesrat ist bisher noch nicht erfolgt.

4. Die Wehrbeitragspflicht der sonstigen Mitglieder der landesherrlichen Familien und der weiteren in Art. 57, 58 EG. BGB. genannten fürstlichen Personen ist zweifellos.

§ 36.

Zur Abgabe einer Vermögenserklärung ist verpflichtet, wer ein Vermögen von mehr als zwanzigtausend Mark, oder wer bei mehr als viertausend Mark Einkommen mehr als zehntausend Mark Vermögen hat. Der Bundesrat bestimmt die Fristen zur Abgabe der Vermögenserklärung.

Die Veranlagungsbehörde ist berechtigt, von jedem Beitragspflichtigen (§§ 10 und 11) binnen einer von ihr festzusetzenden Frist, die mindestens zwei Wochen betragen muß, die Abgabe einer Vermögenserklärung zu verlangen.

Die Vermögenserklärung ist unter der Versicherung zu erstatten, daß die Angaben nach bestem Wissen und Gewissen gemacht sind.

E. § 34; Begr. S. 21; KB. S. 92 ff., 96, 119 ff.; BundAB. §§ 13—19; BayVB. §§ 4—10.

I. Die Verpflichtung nach Abs. I besteht ohne besondere Aufforderung. Sie fällt nicht zusammen mit der Beitragspflicht nach § 12, sondern ergreift vielmehr auch Personen, die nach § 12 beitragsfrei sind; wer z. B. bei einem Einkommen von nicht mehr als 4000 *M* noch ein Vermögen von 30000 *M* hat, ist nach Abs. 1 erklärungspflichtig, aber nach § 12 nicht beitragspflichtig, vgl. hieher § 13 Abs. 2 BStG.

II. Noch weiter geht die Erklärungspflicht auf Grund ausdrücklicher Aufforderung der Veranlagungsbehörde nach Abs. 2. Diese kann an jede nach § 10 der subjektiven Beitragspflicht unterliegenden Person und an jede nach § 11 subjektiv beitragspflichtige Aktiengesellschaft erfolgen. Die BayVB. § 4 Abs. 4 schreiben vor, daß in die Wehrbeitragsliste natürliche Personen, deren Vermögen 10000 *M* nicht übersteigt, oder die ein Einkommen von nicht mehr als 4000 *M* haben, nicht einzutragen sind.

4. Die BundAB. § 13 schreiben als Frist für die Abgabe der Vermögenserklärung die Zeit vom 2. bis 15. Januar 1914 vor; die oberste Landesfinanzbehörde kann jedoch einen anderen Anfangs- und Endtermin festsetzen; doch muß die Frist mindestens zwei Wochen betragen und ihren Anfang und ihr Ende im Monat Januar 1914 haben. Für Beitragspflichtige, die Inhaber eines unter § 15 Abs. 2 WBG. fallenden Betriebes sind und die ihrer Vermögenserklärung den Abschluß für den 31. Dezember 1913 zugrunde legen, kann die Frist zur Abgabe der Vermögenserklärung bis zum 15. April 1914 verlängert werden. Nach § 17 kann einem Beitragspflichtigen, der glaubhaft macht, daß ihm die Abgabe der Vermögenserklärung innerhalb der normalen Frist nicht möglich ist, die Frist zur Abgabe der Vermögenserklärung angemessen verlängert werden.

Für Preußen ist als Frist für die Abgabe der Vermögenserklärungen die Zeit vom 4. bis 20. Januar 1914 bestimmt; eine Verlängerung dieser Frist kann für Beitragspflichtige, die ihrer Vermögenserklärung den Abschluß für den 31. Dezember 1913 zugrunde legen, bis zum 15. April 1914, in anderen Fällen in der Regel nur bis zum 1. März 1914 erfolgen.

In Bayern ist durch VB. § 5 I als Frist die Zeit vom 5. bis 31. Januar 1914 bestimmt; diese Vorschrift gilt im allgemeinen auch für Beitragspflichtige, die Inhaber eines unter § 15 Abs. 2 WBG. fallenden Betriebes sind und ihrer Vermögenserklärung den Abschluß für den 31. Dezember 1913 zugrunde legen; in diesen Fällen kann jedoch die Frist entsprechend, jedoch keinesfalls über den 15. April 1914 hinaus, verlängert werden. Eine entsprechende Verlängerung ist auf Verlangen ohne weiteres und stillschweigend in allen jenen Fällen zu gewähren, in denen der alljährliche Zeitpunkt der Festsetzung der Bilanz und ihre Veröffentlichung nachweislich erst nach dem 1. Januar erfolgt.

Anderen Personen kann die Frist auf Ansuchen angemessen verlängert werden, wenn glaubhaft dargetan wird, daß die Vermögenserklärung während der bestimmten Frist nicht möglich ist.

§ 37.

In der Vermögenserklärung hat der Beitragspflichtige seine Vermögensverhältnisse zu dem im § 15 bezeichneten Zeitpunkt klarzulegen und zu diesem Zwecke nach näherer Bestimmung des Bundesrats das gesamte Vermögen getrennt nach seinen einzelnen Bestandteilen unter Angabe ihres Wertes aufzuführen.

Soweit die Vermögenswerte sich nicht aus dem Nenn- und Kurswert oder dem Betrage der geleisteten Zahlungen ergeben, kann der Beitragspflichtige sich in der Vermögenserklärung auf die tatsächlichen Mitteilungen beschränken, die er behufs Schätzung des Wertes beizubringen vermag.

E. § 35; Begr. S. 21; KB. S. 93; BundAB. §§ 16, 19; BayAB. §§ 7—9.

I. Die BundAB. § 19 schreiben vor, daß die Vermögenserklärung nach Anleitung der Muster 3 (für natürliche Personen) und Muster 4 (Aktiengesellschaften und Kommanditgesellschaften auf Aktien) zu erfolgen hat. Vgl. auch Bem. zu § 16 I.

Das Muster 3 ist auch zu verwenden für die Vermögenserklärungen ausländischer Aktiengesellschaften und Kommanditgesellschaften auf Aktien.

Das Muster 3 faßt das eigene freie Vermögen und fideikommissarische Vermögen zusammen und gruppiert sich in 1. Grundvermögen, 2. Betriebsvermögen, 3. Kapitalvermögen.

Die Rubrik „Grundvermögen" enthält die Unterrubriken: A. Grundstücke, ausgenommen Grundstücke, die dem Betrieb des Bergbaues oder eines Gewerbes gewidmet sind einschließlich Betriebsgebäude und Betriebsmittel, B. Berechtigungen, für welche die sich auf Grundstücke beziehenden Vorschriften des bürgerlichen Rechts gelten.

Die Rubrik „Betriebsvermögen" enthält die Unterrubriken: A. Betriebskapital, das dem Betrieb der Land- oder Forstwirtschaft oder Gärtnerei auf fremden Grundstücken gewidmet ist, B. Vermögen, das dem Betrieb des Bergbaues oder eines Gewerbes gewidmet ist, einschließlich der dem Betrieb dienenden eigenen Gebäude, Grundstücke oder Berechtigungen.

Die Rubrik „Kapitalvermögen" zerfällt in die den Ziff. 1—6 des § 5 WBG. entsprechenden Unterrubriken.

In II des Musters sind die Kapitalschulden aufzuführen, soweit sie nicht schon bei Berechnung des Betriebsvermögens zu I 2 A, B berücksichtigt sind; Hypothekschulden sind hier aufzuführen und nicht beim Grundvermögen I 1 A des Musters abzuziehen.

In III des Musters sind Renten und andere wiederkehrende Nutzungen und Leistungen, die der Beitragspflichtige zu beziehen oder zu entrichten hat, aufzuführen.

Zum Mustervortrag I 2 B, Betriebsvermögen, das dem Betrieb des Bergbaues oder eines Gewerbes gewidmet ist, ist zu bemerken, daß hier auch der Anteil aufzuführen ist, der dem Beitragspflichtigen als Teilhaber einer offenen Handelsgesellschaft oder einer Kommanditgesellschaft an deren Betriebsvermögen zusteht.

Zum Mustervortrag I B 3, Kapitalvermögen, ist im Vordruck bemerkt, daß, wenn der Beitragspflichtige von dem Wert seiner mit Dividendenscheinen gehandelten Wertpapiere einen Gewinnbetrag in Abzug bringen will (§ 18 Abs 2 WBG.), er die Wertpapiere, für welche der Abzug begehrt wird, nach Stückzahl oder Nennbetrag und Gattung besonders zu bezeichnen hat.

Diese Bemerkung zum Muster der Vermögenserklärung enthält eine Abweichung von dem sonstigen Prinzip, daß der Vermögensbetrag nach den gesetzlichen im Muster berücksichtigten Hauptgattungen nicht detailliert, sondern nur in ihrem jeweiligen Gesamtbetrag anzugeben ist.

Es erscheint jedoch sehr fraglich, ob ein Beitragspflichtiger, der von der Befugnis des § 18 Abs. 2 WBG. Gebrauch gemacht, jedoch die Wertpapiere nicht nach Stückzahl oder Nennbetrag und Gattung besonders bezeichnet hat, nach Maßgabe der §§ 56 ff. WBG. bestraft werden kann, obwohl allerdings § 37 WBG. auf die „nähere Bestimmung des Bundesrats" hinsichtlich der Art der Aufführung der einzelnen Bestandteile des Vermögens Bezug nimmt.

Beim Grundvermögen sind die Grundstücke einzeln aufzuführen. Nach § 19 BundAB kann, wenn für Landessteuerzwecke zuverlässige Darstellungen des gesamten im Bundesstaate gelegenen Grundbesitzes der einzelnen Steuerpflichtigen bestehen, die Aufführung der einzelnen Grundstücke unterbleiben und ihr Steuerwert im Ganzen angegeben werden.

Nach § 9 BayVB. ist es gestattet, von der Aufführung der einzelnen in Bayern gelegenen Grundstücke abzusehen, und ihren Wert im Ganzen anzugeben, wenn entweder den Vermögenserklärungen evident gestellte Katasterauszüge beigegeben werden oder die Katasterauszüge bei Amt liegen.

Das in anderen Bundesstaaten gelegene Grundvermögen muß immer einzeln aufgeführt werden (§ 19 Abs. 5 Satz 2 BundAB., § 9 Abs. 3 BayVB.)

Beim gewerblichen Betriebsvermögen (I 2 B des Musters) sind die dem Betrieb dienenden eigenen Gebäude, Grundstücke oder Berechtigungen einzubeziehen, folgeweise solche Grundstücke oder Berechtigungen beim Grundvermögen (I 1 A und B des Musters) nicht einzubeziehen; jeder Betrieb ist gesondert zu bewerten.

Das Muster 4 für inländische Aktiengesellschaften und Kommanditgesellschaften auf Aktien entspricht den Bestimmungen des § 11 WehrBG, s. die Bem. hiezu.

II. Zur Angabe des Werts ist der Beitragspflichtige nur verpflichtet, soweit sich der Wert aus dem Nenn- oder Kurswert oder dem Betrage der geleisteten Zahlungen (für Erwerb der Vermögensobjekte, soweit hieraus der Vermögenswert bestimmbar ist) ergibt Im übrigen kann sich der Beitragspflichtige auf die tatsächlichen Mitteilungen beschränken, die er behufs Schätzung des Werts beizubringen vermag; die Wertfestsetzung obliegt dann nach § 39 der Veranlagungsbehörde; vgl. § 42 WehrBG.; der Beitragspflichtige muß erforderlichenfalls von der Befugnis des § 42 Gebrauch machen.

III. In Bayern hat nach § 8 BB. die Abgabe der Vermögenserklärung beim Rentamt oder bei der Gemeindebehörde schriftlich oder zu Protokoll zu erfolgen. Die schriftliche Vermögenserklärung darf auch verschlossen bei der Gemeindebehörde abgegeben werden, und die Gemeindebehörde muß verschlossen abgegebene Vermögenserklärungen ungeöffnet dem Rentamt vorlegen, wenn der Name des Erklärenden auf dem Umschlag ersichtlich gemacht ist.

§ 38.

Der Beitragspflichtige kann zur Abgabe der Vermögenserklärung mit Geldstrafen bis fünfhundert Mark angehalten werden.

Dem Beitragspflichtigen, der die ihm nach § 36 obliegende Vermögenserklärung nicht rechtzeitig abgibt, kann ein Zuschlag von 5 bis 10 vom Hundert des geschuldeten Wehrbeitrags auferlegt werden.

E. § 36; Begr. S. 21; BundAB. § 20; BayBB. §§ 10, 11.

I. Nach den BundAB. und den BayBB. soll der Verhängung der Geldstrafe deren Androhung vorangehen; in Bayern mit Vorsetzung einer vierzehntägigen Frist und mit Hinweis auf § 38 Abs. 2 WehrBG. und § 20 Abs. 3 BundAB.

II. Die Geldstrafen sind Zwangsstrafen und können solange verhängt werden, bis die Erklärung abgegeben ist; Umwandlung in Freiheitsstrafen ist unzulässig, § 65, über das Verfahren vgl. § 63; nach § 11 BayBB. bestimmt sich die Zuständigkeit und das Verfahren bei Verhängung der Geldstrafe nach den Vorschriften des RGBG. und der RStPO., Art. 81 EinkStG. und § 90 BB. hiezu finden entsprechende Anwendung.

Die Geldstrafen fließen in die Staatskasse, § 64 WehrBG.

III. Der Zuschlag kann auferlegt werden; von seiner Auferlegung kann dann abgesehen werden, wenn die Umstände des Einzelfalles das Versäumnis als entschuldbar erscheinen lassen, BundAB. § 20 Abs. 5. Der Strafzuschlag kann neben den Geldstrafen des Gesetzes auferlegt werden.

Der Zuschlag fällt der Reichskasse anheim. Die Festsetzung des Zuschlags erfolgt in Bayern durch das Rentamt; Art. 31 Abs. 4 EinkStG. und § 48 Abs. 2—5 der VB. hiezu sind nach § 11 BayVB. für anwendbar erklärt, und ist daher gegen die Festsetzung des Zuschlags Einspruch zur Regierung, Kammer der Finanzen, zulässig, welche endgültig entscheidet.

§ 39.

Die Veranlagungsbehörde prüft die Angaben in der Vermögenserklärung und stellt, gegebenenfalls nach Vornahme der erforderlichen Ermittlungen, die Höhe des Vermögens fest.

E. § 37; BundAB. § 21; BayVB. §§ 12—24.

I. Die Veranlagungsbehörde nimmt die Feststellung des Vermögens nach freiem Ermessen vor, sei es auf Grund der abgegebenen Vermögenserklärung, sei es auf Grund dieser unter Benützung der weiter gepflogenen Ermittelungen, sei es, insbesondere, wenn der Beitragspflichtige trotz Verhängung von Geldstrafen zur Abgabe einer Vermögenserklärung nicht zu veranlassen ist, lediglich auf Grund der von ihr gepflogenen Ermittelungen, vgl. BundAB. § 20 Abs. 4.

In Bayern obliegt das Ermittlungsverfahren zunächst den Rentämtern, sodann den Steuerausschüssen; die Rentämter sind angewiesen, die Angaben in der Vermögenserklärung unter Benützung aller ihnen zu Gebote stehenden amtlichen Behelfe, namentlich der Steuererklärungen für das Jahr 1914, dann der Überweisungen und Mitteilungen anderer Rentämter und Veranlagungsbehörden zu prüfen; in allen zweifelhaften Fällen ist von der Befugnis der Einvernahme von Sachverständigen ausgiebigster Gebrauch zu machen und soweit irgend tunlich auf persönliche Erörterung etwaiger Bedenken über die Richtigkeit der Vermögenserklärung Bedacht zu nehmen, kleinliche Beanstandungen sind zu unterlassen.

Die Gemeindebehörden haben im gleichen Umfang nach § 45 WehrBG. und Art. 35 Abs. 1 EinkStG. mitzuwirken.

Die Notare haben über die Vorschrift des § 45 Abs. 2 WehrBG. hinaus im Umfang des Art. 35 Abs. 2 EinkStG. Aufschluß zu erteilen und Einsicht der ihnen zur Verfügung stehenden amtlichen Behelfe zu gestatten. Das gleiche gilt für die sämtlichen öffentlichen Behörden, jedoch unter Aufrechthaltung der Ausnahme des § 45 Abs. 3 WehrBG. und soweit nicht im Sinne des Art. 35 Abs. 3 EinkStG. besondere dienstliche Rücksichten entgegenstehen.

Als Hilfsmittel sind im § 14 BayVB. vor allem die Steuerlisten, die Einkommensteuerakten und die Kataster erwähnt. § 16 VB. macht darauf aufmerksam, daß das zum Wehrbeitrag zu veranlagende gewerbliche Betriebsvermögen sich von dem in Art. 8 des Bayer. GewStG. umschriebenen gewerblichen Betriebskapital dadurch unterscheidet, daß beim gewerblichen Betriebsvermögen einerseits auch die Immobilien einbezogen, anderseits aber fremde Gegenstände und Rechte ausgeschlossen werden; ferner dadurch, daß der Schuldenabzug bei der Veranlagung zum Wehrbeitrag uneingeschränkt zulässig ist, während er bei der Berechnung des Betriebskapitals nur in beschränktem Umfange gestattet wird. Die Steuerausschüsse haben sodann ihrerseits nach Maßgabe der Vorschriften der Art. 42, 44—47 EinkStG. die weitere Prüfung vorzunehmen.

Danach kann der Steuerausschuß, wenn eine Vermögenserklärung nicht vorliegt oder gegen die Angabe des Pflichtigen Bedenken bestehen, die Veranlagung ohne weiteres nach seiner Kenntnis der Verhältnisse und nach dem Ergebnis der bereits angestellten Ermittlungen vornehmen oder die nachträgliche Anstellung von Ermittlungen und die Ergänzung der vorhandenen Veranlagungsunterlagen durch das Rentamt veranlassen; er kann Beitragspflichtige über ihre Vermögensverhältnisse, sowie über die sonstigen für ihre Veranlagung wesentlichen Tatsachen zur Erklärung veranlassen und kann sie insbesondere zu diesem Zweck unter Bekanntgabe bestimmter Fragen zur mündlichen Verhandlung vorladen. Dem Pflichtigen steht es frei, zum anberaumten Termin persönlich zu erscheinen oder bis dahin die verlangte Auskunft schriftlich zu erteilen und in beiden Fällen die Richtigkeit seiner Angaben durch Vorlage von Urkunden, Geschäftsbüchern usw., sowie durch Namhaftmachung von Auskunftspersonen und Sachverständigen nachzuweisen.

Der Steuerausschuß kann auch beschließen, durch einen Beamten des Rentamtes oder durch ein geeignetes Mitglied des Ausschusses von den Geschäftsbüchern des Beitragspflichtigen Einsicht zu nehmen; er kann auch seinerseits Auskunftspersonen und Sachverständige vernehmen. Die Verhandlungen des Steuerausschusses sind streng vertraulicher Natur, vgl. §§ 46 und 62 WehrBG.

Die Feststellung der Höhe des Vermögens im Sinne des § 39 WehrBG. erfolgt durch den Steuerausschuß § 20 BB.: „die Grundlagen für die Berechnung des Wehrbeitrags werden durch die Steuerausschüsse festgesetzt".

§ 40.

Die Veranlagungsbehörde kann Zeugen und Sachverständige uneidlich vernehmen. Das Zeugnis oder Gutachten darf nur unter den Voraussetzungen verweigert werden, welche nach den Vorschriften der Zivilprozeßordnung (§§ 383 bis 385, 407, 408) zur Ablehnung eines Zeugnisses oder Gutachtens berechtigen.

Zeugen und Sachverständige können zur Abgabe des Zeugnisses oder Gutachtens mit Geldstrafen bis zu einhundertfünfzig Mark angehalten werden.

E. § 38; KB. S. 94.

I. Personen, die zu dem Beitragspflichtigen in einem Dienst- oder Arbeitsverhältnis stehen, können trotz BEStG. Art. 47 als Zeugen uneidlich vernommen werden, und haben kein Ablehnungsrecht.

II. Die §§ 383—385, 407, 408 ZPO. lauten:

„§ 383. I. Zur Verweigerung des Zeugnisses sind berechtigt:

1. der Verlobte einer Partei,

2. der Ehegatte einer Partei, auch wenn die Ehe nicht mehr besteht,
3. diejenigen, welche mit einer Partei in gerader Linie verwandt, verschwägert oder durch Adoption verbunden, oder in der Seitenlinie bis zum dritten Grade verwandt oder bis zum zweiten Grade verschwägert sind, auch wenn die Ehe, durch welche die Schwägerschaft begründet ist, nicht mehr besteht;
4. Geistliche in Ansehung desjenigen, was ihnen bei der Ausübung der Seelsorge anvertraut ist;
5. Personen, welchen kraft ihres Amtes, Standes oder Gewerbes Tatsachen anvertraut sind, deren Geheimhaltung durch die Natur derselben oder durch gesetzliche Vorschrift geboten ist, in Betreff der Tatsachen, auf welche die Verpflichtung zur Verschwiegenheit sich bezieht.

II. Die unter Nr. 1 bis 3 bezeichneten Personen sind vor der Vernehmung über ihr Recht zur Verweigerung des Zeugnisses zu belehren.

III. Die Vernehmung der unter Nr. 4, 5 bezeichneten Personen ist, auch wenn das Zeugnis nicht verweigert wird, auf Tatsachen nicht zu richten, in Ansehung welcher erhellt, daß ohne Verletzung der Verpflichtung zur Verschwiegenheit ein Zeugnis nicht abgelegt werden kann.

§ 384. Das Zeugnis kann verweigert werden:
1. über Fragen, deren Beantwortung dem Zeugen oder einer Person, zu welcher derselbe in einem der im § 383 Nr. 1—3 bezeichneten Verhältnisse steht, einen unmittelbaren vermögensrechtlichen Schaden verursachen würde;
2. über Fragen, deren Beantwortung dem Zeugen oder einem der im § 383 Nr. 1—3 bezeichneten Angehörigen desselben zur Unehre gereichen oder die Gefahr strafgerichtlicher Verfolgung zuziehen würde;
3. über Fragen, welche der Zeuge nicht würde beantworten können, ohne ein Kunst- oder Gewerbegeheimnis zu offenbaren.

§ 385. In den Fällen des § 383 Nr. 1—3 und des § 384 Nr. 1 darf der Zeuge das Zeugnis nicht verweigern:
1. über die Errichtung und den Inhalt eines Rechts-

geschäftes, bei dessen Errichtung er als Zeuge zugezogen war;
2. über Geburten, Verheiratungen oder Sterbefälle von Familienmitgliedern;
3. über Tatsachen, welche die durch das Familienverhältnis bedingten Vermögensangelegenheiten betreffen;
4. über diejenigen auf das streitige Rechtsverhältnis sich beziehenden Handlungen, welche von ihm selbst als Rechtsvorgänger oder Vertreter einer Partei vorgenommen sein sollen.

Die im § 383 Nr. 4, 5 bezeichneten Personen dürfen das Zeugnis nicht verweigern, wenn sie von der Verpflichtung zur Verschwiegenheit entbunden sind.

§ 407. Der zum Sachverständigen Ernannte hat der Ernennung Folge zu leisten, wenn er zur Erstattung von Gutachten der erforderlichen Art öffentlich bestellt ist, oder wenn er die Wissenschaft, die Kunst oder das Gewerbe, deren Kenntnis Voraussetzung der Begutachtung ist, öffentlich zum Erwerbe ausübt, oder wenn er zur Ausübung derselben öffentlich bestellt oder ermächtigt ist. Zur Erstattung des Gutachtens ist auch derjenige verpflichtet, welcher sich zu derselben vor Gericht bereit erklärt hat.

§ 408. Dieselben Gründe, welche einen Zeugen berechtigen, das Zeugnis zu verweigern, berechtigen einen Sachverständigen zur Verweigerung des Gutachtens. Das Gericht kann auch aus anderen Gründen einen Sachverständigen von der Verpflichtung zur Erstattung des Gutachtens entbinden.

Die Vernehmung eines öffentlichen Beamten als Sachverständigen findet nicht statt, wenn die vorgesetzte Behörde des Beamten erklärt, daß die Vernehmung den dienstlichen Interessen Nachteile bereiten würde."

III. Strittig ist die Frage geworden, ob Banken, Bankiers und Angestellte derselben zur Zeugnisverweigerung nach § 383 Ziff. 5 ZPO. berechtigt sind.

Für die Verwaltung öffentlicher Sparkassen und anderer mit der Verwaltung und Verwahrung fremden Vermögens befaßten öffentlichen Anstalten ist die Auskunftspflicht in § 45

Abs. 3 WehrBG. ausdrücklich ausgeschlossen; das geschah mit Hinblick auf die im § 45 Abs. 1 statuierte generelle Auskunftspflicht der Reichs-, Staats- und Gemeindebehörden, läßt daher für sich einen Rückschluß auf die Frage der Auskunftpflicht der Banken und Bankiers nicht zu.

In der Reichstagskommission ist über die Frage verhandelt und es als ungeklärte Rechtsfrage bezeichnet worden, ob Banken und Bankiers nach § 383 Ziff. 5 ZPO. zur Zeugnisverweigerung berechtigt seien.

Dabei wurde darauf hingewiesen, daß die Finanzverwaltungen anscheinend auf dem Standpunkt stehen, daß sie das Recht zur Verweigerung des Zeugnisses respektieren, und in der Tat ist anzunehmen, daß die Finanzverwaltungen eine Auskunft von Banken oder Bankiers nicht begehren werden, gleichviel wie die Rechtsfrage liegt, da andernfalls die Gefahr der Abwanderung von Kapital in das Ausland nahe liegt.

In rechtlicher Beziehung wird gegen das Recht der Zeugnisverweigerung durch Banken und Bankiers vorgebracht, daß nach § 383 Nr. 5 RZPO. die Geheimhaltung der anvertrauten Tatsachen durch deren Natur geboten sein muß, nicht etwa lediglich durch das Vertrauensverhältnis zwischen dem Gewerbetreibenden und dem Kunden; daß aber die Geheimhaltung durch die Natur der Tatsache dann nicht geboten sein kann, wenn der Kunde gesetzlich zur Offenlegung der Tatsache verpflichtet ist.

Diese Argumentation dürfte unzutreffend sein. Es kommt darauf an, ob die Natur der Tatsache nach dem Zeitpunkt der Anvertrauung derselben und den gegenseitigen Verhältnissen der Parteien zur Zeit der Anvertrauung geboten ist, und wenn diese Voraussetzung gegeben ist, kann die Erforderlichkeit der Geheimhaltung der Tatsache nicht durch einen anderweiten, außerhalb des Verhältnisses der Parteien zueinander liegenden Umstand berührt werden.

Die Zeugnispflicht der Banken, Bankiers und ihrer Angestellten ist daher zu verneinen.

Dagegen besteht die Zeugnispflicht in einem allenfalls eingeleiteten Strafverfahren, da die RStPO. ein Zeugnisverweigerungsrecht im Umfange des § 383 Ziff. 5 RZPO. nicht kennt.

§ 41.

Der Beitragspflichtige hat auf Erfordern die Höhe seines Vermögens nachzuweisen. Er ist insbesondere verpflichtet, der Veranlagungsbehörde Wirtschafts- oder Geschäftsbücher, Verträge, Schuldverschreibungen, Zinsquittungen, Abrechnungen von Banken oder ähnlichen Unternehmungen und andere Schriftstücke, welche für die Veranlagung von Bedeutung sind, zur Einsicht und Prüfung vorzulegen.

Die Einsichtnahme und Prüfung der Bücher und Schriftstücke des Beitragspflichtigen soll tunlichst in dessen Wohnung oder Geschäftsräumen erfolgen.

E. § 39.

I. Direkte Zwangsmittel oder Strafvorschriften zur Sicherung der Erfüllung der Verpflichtung des Beitragspflichtigen, die Höhe seines Vermögens nachzuweisen und seine Geschäftsbücher u. dgl. vorzulegen, sind im Gesetz nicht vorgesehen.

Insbesondere ist die im Entw. enthaltene Berechtigung der Veranlagungsbehörden, vom Beitragspflichtigen eidesstattliche Versicherung zu verlangen, gestrichen. Dem Beitragspflichtigen steht auch kein Recht auf solche eidesstattliche Versicherung zu. Erfüllt der Beitragspflichtige die ihm in § 41 auferlegte Verpflichtung nicht, so hat das lediglich zur Folge, daß ihm nach § 44 die Kosten der von der Veranlagungsbehörde angestellten Ermittlungen zur Last fallen.

Der Beitragspflichtige kann, wenn er bei der Veranlagung die Verpflichtungen des § 41 nicht erfüllt hat, im Rechtsmittelverfahren die Nachweise, Vorlage von Geschäftsbüchern u. dgl. nachholen.

II. Abs. 2 entspricht im wesentlichen dem Art. 46 Abs. 4 bayr. EinkStG. jedoch mit dem Abmaß, daß, wenn die Einsichtnahme und Prüfung der Bücher und Schriftstücke in der Wohnung oder den Geschäftsräumen des Beitragspflichtigen nicht tunlich ist, auch die Vorlage derselben zu Amt verlangt werden kann; davon wird nur ausnahmsweise Gebrauch gemacht werden dürfen.

§ 42.

Die Vorstände oder Geschäftsführer der im § 19 bezeichneten Gesellschaften, die ihren Sitz im Inland haben oder Vermögen im Inland besitzen, haben dem Beitragspflichtigen die erforderlichen Mitteilungen über den Wert seiner Aktien oder Gesellschaftsanteile zu machen.

Sie sind außerdem verpflichtet, der Veranlagungsbehörde auf Verlangen binnen einer Frist von vier Wochen eine Nachweisung einzureichen, welche enthält:

1. die Höhe des Grundkapitals oder der Stammeinlagen,
2. den Betrag der in den vorausgegangenen drei Jahren jährlich verteilten Gewinne,
3. die tatsächlichen Mitteilungen, die sie zur Schätzung des Wertes der Aktien, Anteile oder Kuxe beizubringen vermögen.

Die Nachweisung ist mit der Versicherung zu versehen, daß die Angaben nach bestem Wissen und Gewissen gemacht sind.

Die Verpflichteten können zur Abgabe der Nachweisung mit Geldstrafen bis zu fünfhundert Mark angehalten werden.

E. § 40.

I. Vgl. Bem. zu § 19.

II. Die Verpflichtung der Vorstände oder Geschäftsführer aus Abs. 1 ist eine Verpflichtung gegenüber dem Beitragspflichtigen. Sie erscheint als eine durch eine Norm des öffentlichen Rechts eingeführte privatrechtliche Verpflichtung und gibt bei Aktiengesellschaften dem Aktionär ein sonst nicht bestehendes Individualrecht (vgl. Urt. d. RG. vom 22. April 1913 in JW. S. 742[11]) auf Auskunftserteilung. Dieses Privatrecht des Aktionärs ist aber praktisch nicht erzwingbar, durch Klage nicht wegen der kurzen Frist zur Abgabe der Vermögenserklärung, aus dem gleichen Grunde auch wohl nicht durch einstweilige Verfügung und die Zwangsmittel des § 888 ZPO.

Wohl aber kann die Nichterfüllung der Verpflichtung für die Vorstände oder Geschäftsführer nach Umständen Schadensersatzpflicht gegenüber dem Beitragspflichtigen erzeugen.

Abs. 2 statuiert eine Verpflichtung der Vorstände oder Geschäftsführer zur Einreichung der Nachweisung gegenüber der Veranlagungsbehörde. Unrichtige oder unvollständige Angaben ziehen die Straffolge des § 60 nach sich.

III. Abs. 3 bezieht sich („zur Abgabe der Nachweisung") nur auf die Verpflichtung des Abs. 2; betreff der Zwangsstrafe gilt das gleiche wie hinsichtlich der Zwangsstrafe des § 38.

§ 43.

Die Vorschriften der §§ 36 bis 38, 41 gelten auch für den gesetzlichen Vertreter des Beitragspflichtigen hinsichtlich des seiner Verwaltung unterliegenden Vermögens.

E. § 42.

I. Als gesetzliche Vertreter erscheinen die Inhaber der elterlichen Gewalt, der Vormund, der Pfleger, bei Aktiengesellschaften der Vorstand, bei Kommanditgesellschaften auf Aktien die persönlich haftenden Gesellschafter.

II. Die Zwangsstrafe nach § 38 Abs. 1 und § 42 Abs. 3 und die Strafen nach §§ 56 ff. treffen den gesetzlichen Vertreter; vgl. auch §§ 56 ff.

Der Strafzuschlag des § 38 Abs. 2 geht zu Lasten des Beitragspflichtigen selbst, also des Vertretenen; dem Vertretenen wird regelmäßig hiewegen ein Ersatzanspruch gegen den gesetzlichen Vertreter zustehen.

§ 44.

Die Kosten der Ermittelungen fallen dem Beitragspflichtigen zur Last, wenn der endgültig festgestellte Vermögenswert den vom Beitragspflichtigen angegebenen Wert um mehr als ein Drittel übersteigt oder wenn sich seine Angaben in wesentlichen Punkten als unrichtig erweisen oder wenn er trotz ergangener Aufforderung keine oder nur ungenügende Angaben über seine Vermögensverhältnisse gemacht hat.

E. § 43; BundAB. § 77; BayVB. §§ 1, 19, 40.

I. § 44 enthält eine Ausnahme von der Bestimmung des § 66, wonach das Verfahren in Wehrbeitragsangelegenheiten kosten-, gebühren- und stempelfrei ist.

II. § 44 bezieht sich nur auf die Kosten des Veranlagungsverfahrens, in Bayern nach § 40 VB. auch auf das Rechtsmittelverfahren bis zum Abschluß des Nachprüfungsverfahrens (Art. 53 EinkStG. mit § 68 VB. hiezu), also auch auf die nochmalige Prüfung des Steuerfalls durch den Steuerausschuß nach eingelegter Berufung.

Für das Rechtsmittelverfahren im übrigen, in Bayern also von der Vorlage der Berufung an die Regierungs-Finanzkammer ab (Art. 54 EinkStG.) ist § 66 Satz 2 WehrBG. maßgebend.

III. Die Überbürdung der Kosten auf den Beitragspflichtigen kann erfolgen, muß aber nicht erfolgen.

IV. Dem Beitragspflichtigen können nur die Kosten der Ermittelung (§ 39) auferlegt werden.

Wenn der endgültig festgestellte Vermögenswert den vom Beitragspflichtigen in der Vermögenserklärung oder im Ermittelungsverfahren angegebenen Wert um mehr als ein Drittel übersteigt, so können dem Beitragspflichtigen die Kosten der Ermittelungen auferlegt werden, auch wenn ein Verschulden des Beitragspflichtigen nicht vorliegt und er etwa bei Angabe des Werts von unrichtigen Rechtsanschauungen oder einer objektiv unrichtigen, ihm aber richtig erschienenen

Schätzung ausgegangen ist; wenn der Beitragspflichtige sich nach § 37 Abs. 2 auf die tatsächlichen Mitteilungen beschränkt hat, die er behufs Schätzung des Wertes beizubringen vermag, so kann die Auferlegung der Kosten aus dieser Bestimmung nicht in Frage kommen.

Wohl aber kann auch dann die Auferlegung der Kosten erfolgen, wenn sich die Angaben des Beitragspflichtigen in wesentlichen Punkten als unrichtig erwiesen haben, sei es die Angaben in der Vermögenserklärung selbst § 37, sei es die Angaben im Ermittelungsverfahren § 41; in diesem Fall aber müssen Unrichtigkeiten in wesentlichen Punkten vorliegen, und müssen die Unrichtigkeiten tatsächlicher Art sein und nicht etwa bloß in unrichtigen Beurteilungen liegen.

Ungenügende Angaben über seine Vermögensverhältnisse hat der Beitragspflichtige insbesondere dann gemacht, wenn er den Aufforderungen nach § 36 Abs. 2 oder § 41 nicht Folge leistete.

V. Die Beschlußfassung über die Kostentragung obliegt in Bayern den Rentämtern, §§ 1 und 19 BayVB. Die Beschwerde geht an die Regierungsfinanzkammer, die Oberaufsichtsbeschwerde an das Finanzministerium.

§ 45.

Die Reichs-, Staats- und Gemeindebehörden sind verpflichtet, den Veranlagungsbehörden auf Ersuchen aus Büchern, Akten, Urkunden usw. Auskunft über die Vermögensverhältnisse des Beitragspflichtigen zu erteilen oder ihnen Einsicht in solche, die Vermögensverhältnisse betreffenden Bücher, Akten, Urkunden usw. zu gestatten.

Den Notaren liegt diese Pflicht nur ob hinsichtlich der einen Nachlaß betreffenden Verhandlungen oder soweit sie durch sonstige reichs- oder landesrechtliche Vorschriften begründet ist.

Eine Auskunftspflicht besteht nicht für die Postbehörden, für die Verwaltung der Schuldbücher

öffentlicher Körperschaften sowie für die Verwaltung öffentlicher Sparkassen und anderer mit der Verwaltung und Verwahrung fremden Vermögens befaßter öffentlicher Anstalten.

E. § 44; RB. S. 94 ff.; BayBB. § 12 Abs. 3.

I. Reichs- oder landesrechtliche Vorschriften im Sinne des Abs. 2 sind Vorschriften in Reichssteuer- oder Landessteuergesetzen; für Bayern ist Art. 35 Abs. 2 EinkStG. maßgebend, wonach die Notariate generelle Auskunftspflicht haben.

II. Der Ausschluß der Auskunftspflicht hinsichtlich der in Abs. 3 aufgeführten Behörden hat zur Folge, daß den Beamten dieser Behörde auch keine Zeugnispflicht obliegt.

§ 46.

Beamte, Angestellte und ehrenamtliche Mitglieder von Behörden, welche im Verfahren zur Veranlagung des Wehrbeitrags dienstlich Kenntnis von den Vermögens-, Erwerbs- oder Einkommensverhältnissen eines Beitragspflichtigen erhalten, sind zu ihrer Geheimhaltung verpflichtet. Die Vermögenserklärungen sind unter Verschluß aufzubewahren und dürfen ebenso wie die sonstigen Verhandlungen im Veranlagungsverfahren nur zur Kenntnis der durch Eid zu ihrer Geheimhaltung Verpflichteten gelangen. Sie dürfen anderen Behörden nur zum Zwecke der Veranlagung und Erhebung von öffentlichen Abgaben mitgeteilt werden. Bestehen für Landessteuern gleiche oder ähnliche Vorschriften, so steht dies der Mitteilung von Veranlagungsmerkmalen an die mit der Veranlagung des Wehrbeitrags betrauten Behörden nicht entgegen.

E. § 45; BayBB. § 22.

I. Strafvorschrift siehe § 62 WehrBG.; außer der Bestrafung kann auch disziplinare Ahndung eintreten.

II. Die Vorschrift des § 96 StPO. bleibt unberührt.

§ 47.

Die Veranlagungsbehörde erteilt dem Beitragspflichtigen einen Bescheid über den Gesamtbetrag des zu zahlenden Wehrbeitrags und über die für eine spätere Veranlagung zur Besitzsteuer maßgebende Vermögensfeststellung (Veranlagungsbescheid). Ergibt sich bei einem zur Abgabe der Vermögenserklärung Verpflichteten nur ein beitragsfreies Vermögen, so ist ihm ein Bescheid über den für eine künftige Veranlagung zur Besitzsteuer maßgebenden Vermögensstand zu erteilen (Feststellungsbescheid).

Der Veranlagungs- und der Feststellungsbescheid enthält eine Belehrung über die zulässigen Rechtsmittel, der Veranlagungsbescheid enthält außerdem eine Anweisung zur Entrichtung des Wehrbeitrags in den gesetzlichen Teilbeträgen innerhalb der vorgeschriebenen Zahlungsfristen. Dem Beitragspflichtigen ist mitzuteilen, in welchen Punkten von der Vermögenserklärung abgewichen worden ist.

Die nach § 51 zu zahlenden Teilbeträge sind auf die volle Mark nach unten abzurunden.

E. § 46; KB. S. 96 ff., 120 ff.; BundAB. §§ 54—58; BayBB. §§ 25, 26.

I. Vor Erteilung eines Veranlagungsbescheides hat nach § 54 BundAB. (vgl. BayBB. § 25) die Berechnung des Wehrbeitrags und die Eintragung des Ergebnisses der Veranlagung in die Wehrbeitragsliste zu erfolgen.

II. Der Veranlagungsbescheid enthält sowohl die für eine

spätere Veranlagung zur Besitzsteuer maßgebende Vermögensfeststellung, als die Bezifferung des Wehrbeitrags, letztere in einer Summe, ohne Ausscheidung des Wehrbeitrags vom Vermögen und des Wehrbeitrags vom Einkommen; er enthält außerdem eine Anweisung zur Entrichtung des Wehrbeitrages in den gesetzlichen Teilbeträgen innerhalb der vorgeschriebenen Zahlungsfristen, vgl. § 51 WehrBG.; ferner die Angabe, in welchen Punkten bei der Feststellung des beitragspflichtigen Vermögens von der Vermögenserklärung abgewichen worden ist, wobei eine Begründung der Abweichungen nicht erforderlich ist; nach den BundAB. § 55 hat er auch zu enthalten die Höhe des Einkommens, von dem der Wehrbeitrag berechnet ist, einen Hinweis auf die Zulässigkeit der Vorauszahlung der späteren Teilbeträge gegen Gewährung von Zinsvergütungen, § 51 Abs. 2 WehrBG., die Bezeichnung der zur Empfangnahme der Zahlung zuständigen Kassenstelle, und bei Inhabern eines Lehens, Fideikommisses oder Stammgutes (§ 8 WehrBG.), die Angabe des Unterschieds zwischen dem geschuldeten Wehrbeitrag und dem Betrag, der sich ergäbe, wenn nur der nach § 22 WehrBG. berechnete Kapitalwert der Nutzung des Inhabers der Vermögensfeststellung zugrunde gelegt würde.

Der Feststellungsbescheid enthält lediglich die Angabe des für eine künftige Veranlagung zur Besitzsteuer maßgebenden Vermögensstandes.

Sowohl der Veranlagungs-, als der Feststellungsbescheid muß eine Belehrung über die zulässigen Rechtsmittel enthalten (vgl. § 48 Abs 3 WehrBG. über die Folgen der Nichterteilung dieser Belehrung).

III. Der Veranlagungsbescheid ist denjenigen Personen zu erteilen, für welche nach dem Ergebnis des Veranlagungsverfahrens eine Wehrbeitragspflicht besteht, gleichviel, ob der Wehrbeitrag nur aus Vermögen oder aus Vermögen und Einkommen oder nur aus Einkommen zu entrichten ist; der Veranlagungsbescheid ist auch Aktien-Gesellschaften und Kommandit-Gesellschaften auf Aktien zu erteilen, soweit nach § 11 WehrBG. eine Wehrbeitragspflicht derselben sich ergeben hat.

Der Feststellungsbescheid ist nur den Personen zu erteilen, denen in § 36 Abs. 1 WehrBG. die Verpflichtung zur Abgabe der Vermögenserklärung auferlegt ist, selbst dann, wenn eine Wehrbeitragspflicht derselben sich nicht ergeben hat; also den Personen, die ein Vermögen von mehr als 20000 *M* haben ohne Rücksicht auf die Höhe des Einkommens, oder die ein Vermögen von mehr als 10000 *M* bei mehr als 4000 *M* Einkommen haben, bei denen sich aber (vgl. § 12 Abs. 2 WehrBG.) nach dem Ergebnis der Veranlagung die beitragsfreie Vermögensgrenze ergeben hat, also bei einem Einkommen von nicht mehr als 2000 *M* ein Vermögen von nicht mehr als 50000 *M* oder bei einem Einkommen von zwar über 2000 *M*, aber nicht mehr als 4000 *M*, ein Vermögen von nicht mehr als 30000 *M*.

Andere Personen erhalten auch keinen Feststellungsbescheid.

IV. Die Bedeutung des Feststellungsbescheides und die Bedeutung der Aufnahme der Vermögensfeststellung in den Veranlagungsbescheid liegt in der Beziehung der Vermögensfeststellung zu den Bestimmungen des Besitzsteuergesetzes. Denn nach §§ 18 24 BesitzStG. gilt als steuerpflichtiger Vermögenszuwachs bei der erstmals zum 1. April 1917 für die Zeit vom 1. Januar 1914 bis 31. Dezember 1916 erfolgenden Feststellung der Unterschied zwischen dem nach dem WehrBG. festgestellten Vermögen und dem auf den 31. Dezember 1916 festzustellenden Vermögen; und desgleichen gilt, wenn ein Grundstück vor dem 1. Januar 1914 erworben wurde, für die erstmalige Besitzsteuerveranlagung der bei der Wehrbeitragsveranlagung festgestellte Wert eines Grundstücks (sei es der Ertragswert, sei es der gemeine Wert, § 17 WehrBG.) als der Betrag der bis dahin entstandenen Gestehungskosten.

V. Den BundAB. sind ein Muster 5, Veranlagungsbescheid, und ein Muster 6, Feststellungsbescheid, beigegeben. Nach dem Wortlaut des § 47 WehrBG. und nach den BundAB., speziell auch nach Vorschrift dieser Muster muß der zuzustellende Veranlagungsbescheid bzw. Feststellungsbescheid eine Originalausfertigung sein. Wenn dem gegenüber BayVB. § 26 anordnen, daß die Urschriften des Veranlagungs- und Feststellungsbescheides zu den rentamtlichen Akten zu nehmen sind und den Beteiligten Abschriften der Bescheide zuzustellen sind, so scheint das dem Gesetz nicht zu entsprechen, und ist zu bezweifeln, ob durch Zustellung solcher Abschriften die Rechtsmittelfrist in Lauf gesetzt wird.

Die Zustellung des Bescheides hat zwar nach § 57 BundAB. nach den in dem betreffenden Bundesstaate für amtliche Zustellungen in Landessteuersachen maßgebenden Vorschriften zu erfolgen; die Form des Bescheides selbst fällt aber nicht unter die Vorschriften für die Zustellung; überdies ließe sich § 26 Abs 2 BayVB. auch nicht durch Hinweis auf Art. 48 Abs. 3 bayer. EinkStG. rechtfertigen.

Die Zustellung hat in Bayern nach § 26 VB. in einem verschlossenen Umschlag durch die Post unter Erholung eines Zustellungsnachweises zu erfolgen.

§ 48.

Gegen den Veranlagungs- und den Feststellungsbescheid sind die Rechtsmittel zulässig, die den Steuerpflichtigen nach Landesrecht gegen die Heranziehung zu direkten Staatssteuern zustehen.

Die Landesregierung bestimmt das Nähere.

Wird keine oder eine falsche Rechtsmittelbelehrung erteilt, so wird die Rechtsmittelfrist nicht in Lauf gesetzt, doch ist ein von dem Beitragspflichtigen eingelegtes Rechtsmittel nicht aus diesem Grunde unzulässig.

E. § 47; KB. S. 96, 120 ff.; BayVB. § 33.

I. In Preußen geht die Berufung an die Einkommensteuerberufungskommission und die Beschwerde gegen deren Beschluß an das Oberverwaltungsgericht; für das Verfahren sind §§ 44, 49—54 preuß. EinkStG. maßgebend.

In Bayern geht die Berufung an die für jeden Regierungsbezirk gebildete Berufungskommission und die Beschwerde gegen den Bescheid der Berufungskommission an die beim Staatsministerium der Finanzen gebildete Oberberufungskommission; die Beschwerde an die Oberberufungskommission kann nach Art. 60 EinkStG. nur darauf gestützt werden, daß der angefochtene Bescheid auf Nichtanwendung oder auf unrichtiger Anwendung des bestehenden Rechts beruhe, oder darauf, daß das Verfahren an einem wesentlichen Mangel leide.

Für das Verfahren sind in § 33 Abs. 3 BayVB. die Art. 49—64, 85—87, 91, 82 des EinkStG. als maßgebend erklärt, mit dem Abmaß, daß mit Hinblick auf § 48 Abs. 3 WehrBG. die Rechtsmittelfrist nicht in Lauf gesetzt wird, wenn keine oder eine falsche Rechtsmittelbelehrung erteilt ist.

Danach werden in Bayern die Berufungen zunächst dem Steuerausschuß zur nochmaligen Prüfung des Falls mitgeteilt. Der Steuerausschuß kann die angefochtene Veranlagung abändern, wenn sowohl das Rentamt, als der Beitragspflichtige sich mit der Änderung einverstanden erklären; andernfalls geht die Sache an die Berufungskommission. Für das Verfahren vor der Berufungskommission gelten Art. 56—58 EinkStG., jedoch mit der in den BayVB. anscheinend übersehenen Abweichung, daß entgegen Art. 56 Abs. 5 EinkStG. nach § 40 WehrBG. Zeugen und Sachverständige nur uneidlich vernommen werden können, und für die Berechtigung zur Verweigerung des Zeugnisses oder Gutachtens nicht Art. 47 Abs. 2 EinkStG. sondern § 40 WehrBG. maßgebend bleibt; ferner daß eine Abänderung zum Nachteil des Berufungsführers, die in bayerischen Einkommensteuersachen schlechthin zulässig ist, in Wehrbeitragssachen nur in den Schranken des § 54 WehrBG. zulässig ist.

Im übrigen ist für das Verfahren hervorzuheben:

Die Berufungsfrist und auch die Frist für die Beschwerde gegen den Bescheid der Berufungskommission an die Oberberufungskommission beträgt einen Monat; die Frist beginnt am Tage der Zustellung des Veranlagungs- bzw. Feststellungsbescheides bzw. des Bescheides der Berufungskommission; die Berufung muß die Gründe angeben, aus welchen der Veranlagungs- bzw. Feststellungsbescheid angefochten wird; andernfalls ist sie formell unzulässig. Nach § 65 Abs. 7 VB. z. EinkStG. genügt es, wenn die Berufung wenigstens ersehen läßt, was der Berufungsführer mit seiner Berufung bezielt.

Die Berufungskommission kann die Durchführung einer beantragten Beweisaufnahme nur dann ablehnen, wenn sie das angebotene Beweisverfahren zur Begründung der behaupteten Tatsachen für unerheblich erachtet oder der Beweiserhebung unverhältnismäßige Schwierigkeiten entgegenstehen.

Der Steuerpflichtige ist befugt, seine Berufung von der Berufungskommission persönlich oder durch einen Bevollmächtigten zu vertreten; als Bevollmächtigte sind außer Rechtsanwälten nur Personen zuzulassen, welche die Vertretung anderer Personen nicht gewerbsmäßig betreiben.

Die Bescheide sind mit Gründen zu versehen.

In der Beschwerde an die Oberberufungskommission ist anzugeben, worin die behauptete Nichtanwendung oder unrichtige Anwendung des bestehenden Rechts oder worin der behauptete Mangel des Verfahrens gefunden wird. Beschwerden ohne solche Angabe sind formell unzulässig.

Die Oberberufungskommission kann entweder, wenn sie die Beschwerde für begründet hält, den angefochtenen Bescheid aufheben und selbst in der Sache erkennen, oder die Sache zur anderweiten Verhandlung und Entscheidung an die Berufungskommission zurückverweisen. Im letzteren Fall hat die Berufungskommission die rechtliche Beurteilung, die der Aufhebung zugrunde gelegt ist, auch ihrer Entscheidung zugrunde zu legen.

Die Einlegung von Berufung oder Beschwerde durch das Rentamt wird in Wehrbeitragssachen entgegen dem bayer. EinkStG. nicht als zulässig erachtet werden dürfen, da der Veranlagungsbescheid und Feststellungsbescheid mit der Zustellung an den Beitragspflichtigen, abgesehen vom Fall des § 54 Satz 2 WehrBG., für die Veranlagungsbehörde unabänderlich geworden sind; die BayVB. äußern sich hierüber nicht.

Mit Hinblick hierauf wird, trotzdem die BayVB. auch den Art. 64 EinkStG. als anwendbar bezeichnen, die Anwendbarkeit des Art. 64, nach welchem die Zurücknahme eines Rechtsmittels nach erfolgter Entscheidung der Berufungskommission nicht mehr zulässig ist, zu verneinen sein; denn der gesetzgeberische Grund dieser Bestimmung, Zulässigkeit der Abänderung zum Nachteil des Berufungsführers, trifft für Wehrbeitragssachen nicht zu; nach erfolgter Entscheidung der Oberberufungskommission wird allerdings die Zurücknahme des Rechtsmittels deshalb nicht mehr zulässig sein, weil damit rechtskräftige Entscheidung des Wehrbeitragfalles geschaffen ist.

Die BayBB. § 33 erwähnen unter den anwendbaren Bestimmungen des EinkStG. den Art. 92, der die Wiedereinsetzung in den vorigen Stand für den Fall der Veränderung der Rechtsmittelausschlußfristen regelt; dieser Art. 92 dürfte aber ebenfalls als anwendbar erscheinen.

Gegen die Festsetzung oder Abweisung einer beantragten Ermäßigung des Wehrbeitrages (§ 31 Abs. 4, § 33 Abs. 2 WehrBG., § 47 BundAB.) ist der Einspruch nach Art. 70 Abs. 2—5 bayr. EinkStG zulässig.

Vgl. Bem. zu 31 IV, 33.

II. Wird die Rechtsmittelbelehrung übersehen, so beginnt der Lauf der Rechtsmittelfrist erst mit der Nachholung der Belehrung.

Die Rechtsmittelbelehrung muß in gleicher Weise, wie im Veranlagungs- bzw. Feststellungsbescheid auch im Bescheid der Berufungsinstanz enthalten sein.

Die Belehrung muß zur Erfüllung des gesetzlich beabsichtigten Zweckes, die Rechtsmittelinstanz, die Rechtsmittelfrist und die Art der Einlegung des Rechtsmittels z. B. da, wo die formelle Zulässigkeit des Rechtsmittels von einer Begründung desselben abhängt, die Angabe der Erforderlichkeit der Begründung enthalten.

III. Zur Ergreifung der Rechtsmittel sind im Falle des § 13, Veranlagung des Wehrbeitrags von Ehegatten, die nicht dauernd von einander getrennt leben, sowohl der Ehemann, als die Ehefrau, jeder für sich, ohne Rücksicht auf den Güterstand deshalb berechtigt, weil nach § 13 Satz 2 WehrBG. die Ehegatten der Staatskasse gegenüber als Gesamtschuldner haften. Die Ergreifung der Rechtsmittel nur durch einen Ehegatten wird mit Hinblick auf § 425 BGB. zugunsten des andern Ehegatten nur insoweit wirken, als der Ehegatte, wie der Mann beim eingebrachten Gute der Frau oder beim Gesamtgute, §§ 1380, 1443, 1519, 1525, 1549, 1550 Abs. II BGB., verwaltungsberechtigt ist.

§ 49.

Wohnt weder der Beitragspflichtige noch ein Vertreter des Beitragspflichtigen im Inland, so

ist dieser gehalten, eine im Inland wohnende Person zum Empfange der für ihn bestimmten Schriftstücke zu bevollmächtigen. Ist die Benennung eines Zustellungsbevollmächtigten unterblieben, so gilt die Zustellung eines Schriftstücks mit der Aufgabe zur Post als bewirkt, selbst wenn die Sendung als unbestellbar zurückkommt.

E. § 48.

Die Bestimmung gilt natürlich auch für die Zustellung der zur Verbescheidung eingelegter Rechtsmittel ergehenden Beschlüsse.

§ 50.

Durch die Einlegung eines Rechtsmittels wird die Erhebung des veranlagten Wehrbeitrags zu den gesetzlichen Zahlungsfristen nicht aufgehalten. Die auf Grund rechtskräftiger Entscheidung zu erstattenden Beträge sind mit 4 vom Hundert für das Jahr zu verzinsen.

E. § 49; KB. S. 121 ff.; BundRB. § 73; BayVB. § 30.

I. Stundung: s. § 52.

II. Nach dem Wortlaut und nach Inhalt der Begründung der erst in der Reichstagskommission in das Gesetz eingefügten Bestimmung des Abs. 2 durch den Antragsteller unterliegt es keinem Zweifel, daß die Zinsen vom Tage der Zahlung der zu erstattenden Beträge an zu vergüten sind.

Der Versuch, die gesetzliche Bestimmung dahin einzuschränken, daß die Zinspflicht erst von dem Zeitpunkt ab Platz greife, zu welchem im Rechtsmittelverfahren die Unrechtmäßigkeit der Erhebung festgestellt ist, deshalb, weil eine innere Begründung für die Vorschrift nicht ohne weiteres klar sei, und weil bei analoger Anwendung der Vorschriften des BGB. über ungerechtfertigte Bereicherung erst von dem Zeitpunkt ab ein rechtlicher Grund für Einbehaltung der Abgabe entfalle, zu welchem rechtskräftig die Unrechtmäßigkeit der Erhebung festgestellt sei, greift fehl; einmal liegt eine gesetzliche Spezialbestimmung vor, die nur aus sich selbst zu interpretieren ist und einer weiteren Erklärung durch allgemeine Rechtsgrundsätze nicht bedarf; dann aber würde, selbst wenn man die Vorschriften des BGB. über ungerechtfertigte Bereicherung analog anwenden würde, wozu jeder Anlaß fehlt, nach §§ 818 Abs. 4, §§ 275 ff., 291 BGB. die Zinspflicht wenigstens vom Eintritt der Rechtshängigkeit ab gegeben sein, also hier vom Zeitpunkt der Rechtsmitteleinlegung ab.

§ 51.

Der einmalige Wehrbeitrag ist zu einem Drittel mit der Zustellung des Veranlagungsbescheids fällig und binnen drei Monaten zu entrichten. Das zweite Drittel ist bis zum 15. Februar 1915, das letzte Drittel bis zum 15. Februar 1916 zu entrichten.

Den Beitragspflichtigen steht es frei, die späteren Teilbeträge zum voraus zu zahlen. Erfolgt die Zahlung mindestens drei Monate vor dem gesetzlichen Zahlungstage, so ist der Beitragspflichtige berechtigt, 4 vom Hundert Jahreszinsen vom Tage der Einzahlung bis zum gesetzlichen Zahlungstag in Abzug zu bringen.

E. § 50; KB. S. 97 ff., 122 ff.; BundAB. §§ 60, 64; BayVB. §§ 29, 30, 31.

I. Nach den BundAB. sollen freiwillige Vorausbezahlungen nicht bloß nach Veranlagung des Wehrbeitrags, sondern auch schon vor erfolgter Veranlagung entgegengenommen werden.

Auch sind nach § 69 des Ges. und § 63 BundAB. freiwillige Beiträge anzunehmen.

II. In Bayern sind nach § 30 VB. für die Einziehung des Wehrbeitrags die Vorschriften über die Einhebung und Beitreibung der Staatsgefälle maßgebend, vorbehaltlich der Vorschrift des § 53 WehrBG.

§ 52.

Würde die Einziehung des Wehrbeitrags zu den gesetzlichen Zahlungsfristen mit einer erheblichen Härte für den Beitragspflichtigen verbunden sein, so kann der Betrag bis auf drei Jahre gestundet, auch die Entrichtung in Teilbeträgen gestattet werden.

Die Stundung kann von einer angemessenen Sicherheitsleistung abhängig gemacht werden.

Die Stundungsbewilligung wird zurückgenommen, wenn die Voraussetzungen hierfür weggefallen sind oder wenn eine nachträglich verlangte Sicherheit nicht geleistet wird.

E. § 51; BundAB. § 66; BayVB. § 30.

I. Nach den BundAB. sollen Stundungen bewilligt werden, wenn die sofortige Einziehung des Wehrbeitrags zu den gesetzlichen Zahlungsfristen mit erheblichen Härten für den Beitragspflichtigen verbunden sein würde, oder, soweit im Falle der Anfechtung eines Veranlagungsbescheides das Rechtsmittelverfahren voraussichtlich zu einer Aufhebung oder Aussetzung des Wehrbeitrags führen würde.

Die Stundung darf nur bis zu drei Jahren, von der Fälligkeit des einzelnen gesetzlichen Teilbetrags an gerechnet, bewilligt werden. In allen für eine Sicherheitsleistung geeigneten Fällen ist die Stundung nur gegen solche zulässig.

Die Gewährung von Teilzahlungen ist an die Bedingung zu knüpfen, daß bei dem Ausbleiben auch nur einer Teilzahlung die sofortige Beitreibung des ganzen noch rückständigen Teilbetrags des Wehrbeitrags erfolgen würde. Eine Verzinsung des gestundeten Wehrbeitrages findet nicht statt.

Nach BayVB. § 30 Abs. 3 sind zur Bewilligung von Stundungen und Teilzahlungen, falls die Bewilligungen sich auf nicht mehr als 6 Monate und auf Beträge von nicht mehr als 500 *M* erstreckt, die Rentämter, außerdem die Regierungsfinanzkammern, zuständig; die Zurücknahme einer erteilten Stundungsbewilligung erfolgt durch die Stelle oder die Behörde, die die Bewilligung erteilt hat.

II. Über den Begriff „erhebliche Härte" vgl. auch § 47 RErbschStG., § 48 RZuwStG., § 16 Abs. 1 RStG. vom 3. Juli 1913.

Eine erhebliche Härte wird für den Beitragspflichtigen mit der Einziehung des Wehrbeitrages beispielsweise verbunden sein, wenn er sich die Mittel nur durch Veräußerung von Vermögensgegenständen mit unverhältnismäßigem Verluste beschaffen könnte, oder wenn die Zeit der Fälligkeit von Wehrbeiträgen in einen Zeitpunkt fällt, in welchem der Beitragspflichtige zur Bezahlung von Schulden oder anläßlich der Verheiratung eines Kindes oder aus anderen Gründen ohnehin erhebliche Barmittel flüssig machen muß.

§ 53.

Zum Zwecke der Einziehung des Wehrbeitrags ist die Zwangsversteigerung eines Grundstücks ohne Zustimmung des Beitragspflichtigen nicht zulässig.

E. § 52; BayVB. § 30 Abs. 1.

I. Den Grundstücken stehen gleich grundstückgleiche Berechtigungen, § 3 WehrBG.

II. Zwangsverwaltung (§§ 146—161 ZwVG.) und Eintragung einer Zwangssicherungshypothek (§ 866 ZPO. mit Art. 123 BayAG. BGB.) sind zulässig.

III. Das Verbot gilt selbstverständlich auch für den Strafzuschlag nach § 38 Abs. 2 WehrBG., wohl auch wegen der Kosten nach § 44; dagegen gilt es nicht hinsichtlich der Strafen.

IV. Vgl. die ähnlichen Bestimmungen in RErbschStG. §§ 48, 52; RZuwStG. §§ 49, 55, RStG. vom 3. Juli 1913 § 114 Satz 2.

§ 54.

Ist die Veranlagung zu Unrecht unterblieben, so wird dadurch die Pflicht zur Zahlung des Wehrbeitrags nicht berührt. Eine Neuveranlagung hat

zu erfolgen, wenn nachträglich neue Tatsachen und Beweismittel bekannt werden, die eine höhere Veranlagung des Beitragspflichtigen rechtfertigen.

G. § 53; BundAB. §§ 72, 74, 76; BayBB. § 23 Abs. 2, § 34.

I. Der erste Satz des § 54 regelt die Nachveranlagung eines bisher überhaupt nicht Veranlagten, der zweite Satz die Neuveranlagung eines zu niedrig Veranlagten.

Die Nachveranlagung sowohl als die Neuveranlagung können nur innerhalb der im § 55 normierten Verjährungsfristen erfolgen.

Sowohl Nachveranlagung als Neuveranlagung greifen nur zugunsten des Fiskus Platz, d. h. wenn ein Beitragspflichtiger zu Unrecht zu hoch veranlagt war, oder wenn jemand als Beitragspflichtiger veranlagt war, der zu Recht überhaupt nicht hätte veranlagt werden sollen, kann der Fiskus, auch wenn nachträglich neue Tatsachen und Beweismittel benannt werden, falls die Rechtsmittelfristen abgelaufen sind, zur Rückerstattung der zu Unrecht veranlagten und eingehobenen Beträge nicht gezwungen werden.

Die BundAB. § 72 ordnen jedoch an, daß auf dem Verwaltungswege die Erstattung von zu Unrecht gezahlten Wehrbeiträgen erfolgen soll, und zwar von Amts wegen, wenn die Berechnung oder Erhebung des Wehrbeitrags auf einem offenbaren Versehen beruht und die Übererhebung mindestens 5000 *M* beträgt; auf Antrag nur dann, wenn der Antrag innerhalb eines Jahres vom Zeitpunkt der Zahlung oder Beitreibung des Beitrages ab gestellt worden ist, bzw. falls der Antrag auf Tatsachen gestützt wird, die erst nach der Zahlung oder Beitreibung eingetreten sind, wenn er innerhalb eines Jahres von Kenntnis dieser Tatsachen ab durch den Antragsteller gestellt worden ist.

Nach den BayBB. § 34 mit § 33 Abs. 5 erfolgt die Erstattung zu viel bezahlter Beträge von Amts wegen, wenn sie durch ein Rechtsmittel-, Ermäßigungs-, Berichtigungsverfahren (§ 48 Abs. 1, § 31 Abs. 4, § 33 Abs. 2 WehrBG.) entstanden sind, oder wenn die Berechnung oder Erhebung des Wehrbeitrages auf einem offenbaren Versehen beruhte (§ 72 BundAB.), durch das Rentamt (§ 74); im übrigen bedürfen Erstattungen der Genehmigung durch die Regierungsfinanzkammer. Wenn BayVB. § 34 unter Zitat von § 74 BundAB. auch das „Nachveranlagungsverfahren" hier erwähnen, so ist das wohl eine Verwechslung mit dem in § 74 BundAB. erwähnten „Neuveranlagungsverfahren"; richtig wäre aber weder § 74 BundAB. noch das Neuveranlagungsverfahren noch das Nachveranlagungsverfahren zu erwähnen gewesen.

II. Der Fall des ersten Satzes des § 54: Unterbleiben der Veranlagung zu Unrecht, ist nur dann gegeben, wenn weder ein Veranlagungsbescheid, noch ein Feststellungsbescheid (§ 47) ergangen ist; denn auch der Feststellungsbescheid ist eine „Veranlagung".

Eine Veranlagung ist zu Unrecht unterblieben nicht bloß dann, „wenn nachträglich neue Tatsachen und Beweismittel bekannt werden" (diese Einschränkung enthält nur der Satz 2 des § 54), sondern auch dann, wenn die Veranlagung infolge unrichtiger Anwendung des WehrBG. oder eines anderen Gesetzes, z. B. dadurch, daß eine Person rechtsirrtümlich für einen Ausländer gehalten wurde, unterblieben war.

III. Dagegen kann die Neuveranlagung im Sinne des Satz 2 nicht erfolgen wegen eines bei Erlassung des Veranlagungs- bzw. Feststellungsbescheides unterlaufenen rechtlichen Irrtums oder unrichtiger Würdigung des Tatsachenmaterials, z. B. auch nicht wegen einer bloß subjektiven veränderten Schätzung.

Die Neuveranlagung kann vielmehr nur erfolgen, wenn nach Ablauf der Rechtsmittelfristen bzw. nach Entscheidung der obersten Instanz neue Tatsachen oder neue Beweismittel bekannt werden, und zwar solche, die eine höhere Veranlagung rechtfertigen; hiezu gehört es auch, wenn infolge späterer Ermittelungen die Ersetzung einer früheren Schätzung durch zahlenmäßige Berechnung möglich wird.

IV. Lag eine strafbare Handlung des Beitragspflichtigen nach §§ 56 ff. vor, so findet neben der Nachveranlagung oder Neuveranlagung noch die Bestrafung statt (§ 61 WehrBG.).

V. Nach BundAB. § 76 hat die Entrichtung von nachveranlagten oder neuveranlagten Wehrbeiträgen, wenn die in § 51 Abs. 1 des Gesetzes vorgesehenen gesetzlichen Zahlungsfristen bereits verstrichen sind, binnen 4 Wochen nach Zustellung des Veranlagungsbescheides zu erfolgen.

Die BayVB. § 33 Abs. 2 sind textlich ungenau; sie sprechen von der Nachveranlagung des Wehrbeitrags und führen hiefür in Parenthese § 54 S. 2 WehrBG. an, während Satz 2 des § 54 die Neuveranlagung regelt, und ferner anzunehmen ist, daß die von den BayVB. a. a. O. erklärte Anwendbarkeit der Art. 72 Abs. 5, 70 Abs. 2—5 EinkStG. (zunächst Einspruch und, falls das Rentamt den Einspruch für nicht begründet erachtet, Weiterbehandlung im allgemeinen Veranlagungsverfahren) sowohl für die Nachveranlagung nach S. 1 als für die Neuveranlagung nach S. 2 § 54 zutrifft.

§ 55.

Der Anspruch der Staatskasse auf den Wehrbeitrag verjährt in vier Jahren. Die Frist beginnt mit dem Schlusse des Jahres, in welchem die Beträge fällig geworden sind, im Falle der Sicherheitsleistung für den Wehrbeitrag jedoch nicht vor dem Ablauf des Jahres, in welchem die Sicherheit erlischt. Ist die Veranlagung zum Wehrbeitrage zu Unrecht unterblieben, so beginnt die Frist mit dem Schlusse des Kalenderjahrs 1916.

E. § 54; KB. S. 123.

I. Satz 1 und 2 betreffen die Verjährung des durch den Veranlagungsbescheid festgestellten Wehrbeitrages; Satz 3 betrifft die Verjährung des zu Unrecht überhaupt nicht veranlagten Wehrbeitrags und dürfte entsprechend auch auf den Fall einer zu niedrigen Veranlagung § 54 Satz 2 anzuwenden sein.

II. Ausdrückliche Bestimmungen über die Unterbrechung und die Wirkung der Verjährung fehlen. Die Wirkung der Verjährung ist der Untergang des Steueranspruchs.

§ 222 Abs. 2 BGB. dürfte nicht anwendbar und daher anzunehmen sein, daß ein trotz der Verjährung bezahlter Wehrbeitrag zurückgefordert werden kann.

Daß eine Unterbrechung der Verjährung möglich sein muß, ist zweifellos; strittig ist, ob die Unterbrechung sich regelt nach den Bestimmungen des BGB. §§ 208 ff. oder nach den

Bestimmungen der Landesgesetze, in Bayern Art. 124 bayer. AG. BGB., oder nach analoger Anwendung der Grundsätze anderer Reichssteuergesetze, besonders § 16 WechselstG.; da es sich um ein Reichsgesetz handelt und allgemeine öffentlich-rechtliche Normen des Reichsrechts für die Frage nicht existieren, so dürften die Bestimmungen des BGB. entsprechend anwendbar sein. Der Klagestellung nach § 209 BGB. dürfte jede von der zuständigen Behörde behufs Geltendmachung des Anspruchs gegen den Verpflichteten gerichtete Handlung gleichzustellen sein; die bloße Zahlungsaufforderung im Sinne des Art. 124 Abs. 2 bayer. AG. BGB. wird nicht geeignet zur Unterbrechung der Verjährung sein.

Strafbestimmungen.

§ 56.

Wer als Beitragspflichtiger oder als Vertreter eines Beitragspflichtigen wissentlich der Veranlagungsbehörde unrichtige oder unvollständige Angaben macht, die geeignet sind, eine Verkürzung des Wehrbeitrags herbeizuführen, wird mit einer Geldstrafe bis zum zwanzigfachen Betrage des gefährdeten Wehrbeitrags bestraft.

E. § 55.

I. Der § 56 unterscheidet sich von § 57 dadurch, daß die Anwendung der letzteren Bestimmung erfordert, daß die Absicht den Wehrbeitrag zu hinterziehen festgestellt werden muß.

Es ist richtig, daß an sich schon das wissentliche Aufstellen unrichtiger oder unvollständiger Angaben mit der Kenntnis, daß sie geeignet sind, eine Kürzung des Wehrbeitrags herbeizuführen, die Absicht zu hinterziehen im Sinne des § 57 in sich schließt.

Es ist auf die ähnlichen Bestimmungen des Art. 74 bayer. EinkStG. zu verweisen; in Abs. 3 daselbst ist der Fall behandelt, daß die unrichtigen oder unvollständigen Angaben zwar wissentlich, aber nicht mit der Absicht der Hinterziehung gemacht sind. Das kann der Fall sein, vgl Breunig, Komm. z. bayer. EinkStG. S. 330, wenn die unrichtigen oder unvollständigen Angaben gemacht wurden, ohne daß der Pflichtige sich über die möglichen Folgen klar war, wenn der Pflichtige einen Vermögensteil etwa in Rücksichtnahme auf Familien- oder Geschäftsverhältnisse zu niedrig, dagegen einen andern Vermögensteil wissentlich entsprechend zu hoch angegeben hat u. dgl.

Im Gegensatz zum bayer. EinkStG. Art. 74, das bei wissentlich unrichtigen oder unvollständigen Angaben die Hinterziehungsabsicht präsumiert, bis das Fehlen der Hinterziehungsabsicht nachgewiesen ist, ist nach dem WehrBG. insolange nur der § 56 anwendbar, als nicht die Absicht, den Wehrbeitrag zu hinterziehen (§ 57), nachgewiesen ist.

Wenn umgekehrt nachgewiesen ist, daß die unrichtigen oder unvollständigen Angaben nicht in der Absicht gemacht worden sind den Wehrbeitrag zu hinterziehen, so greift § 58 Platz.

II. Nur wenn die unrichtigen oder unvollständigen Angaben wissentlich gemacht wurden, ist § 56 anwendbar. Es muß daher die unrichtige Angabe sich als richtig, die unvollständige als vollständig darstellen.

Die Wissentlichkeit muß sich auch darauf erstrecken, daß die unrichtigen oder unvollständigen Angaben geeignet seien, eine Kürzung des Wehrbeitrags herbeizuführen. Unter die „Angaben" des § 56 fällt an sich auch die „Angabe" des Werts nach § 37 Abs. 1; jedoch wird eine unrichtige Wertangabe lediglich für sich, abgesehen von der Angabe des Nenn- oder Kurswertes nach § 77 Abs. 2, nicht leicht geeignet sein, eine Verkürzung des Wehrbeitrags herbeizuführen, wenn nicht eine Unrichtigkeit oder Unvollständigkeit auch in den tatsächlichen Mitteilungen vorliegt, die der Beitragspflichtige behufs Schätzung des Werts beibringt.

III. Vertreter eines Beitragspflichtigen haben die Strafe aus eigenen Mitteln zu entrichten, nicht aus Mitteln der Vertretenen. Handeln mehrere Vertreter, so ist die Strafe gegen jeden zu erkennen.

IV. Umwandlung in Freiheitsstrafe bei Uneinbringlichkeit der Geldstrafe findet nicht statt, § 65.

§ 57.

In den Fällen des § 56 kann neben der Geldstrafe auf Gefängnis bis zu sechs Monaten erkannt

werden, wenn die unrichtigen oder unvollständigen Angaben in der Absicht, den Wehrbeitrag zu hinterziehen, gemacht worden sind, und wenn der gefährdete Betrag nicht weniger als 10 vom Hundert des geschuldeten Wehrbeitrags, mindestens aber dreihundert Mark ausmacht, oder wenn der Beitragspflichtige Vermögen vom Inland ins Ausland verbracht hat in der Absicht, dieses Vermögen der Veranlagungsbehörde zu verheimlichen.

Bei einer Beitragsgefährdung der im Abs. 1 bezeichneten Art kann im Urteil angeordnet werden, daß die Bestrafung auf Kosten des Verurteilten öffentlich bekannt zu machen ist.

Besteht der Verdacht, daß eine Beitragsgefährdung der im Abs. 1 bezeichneten Art vorliegt, so hat die Veranlagungsbehörde die Sache an die zuständige Staatsanwaltschaft abzugeben. Findet die Staatsanwaltschaft in einer an sie abgegebenen Sache, daß dieser Verdacht nicht hinreichend begründet ist, so kann sie die Sache zur weiteren Erledigung im Verwaltungsstrafverfahren an die Verwaltungsbehörde abgeben.

KB. S. 98 ff., 123 ff.

I. Über die Abgrenzung der Bestimmung gegenüber § 56 s. N. I zu § 56.

II. Wenn zwar die Absicht, den Wehrbeitrag zu hinterziehen, nachgewiesen ist, der gefährdete Betrag aber weniger als 10 vom Hundert des geschuldeten Wehrbeitrags oder weniger als 300 *M* ausmacht, so findet nicht § 57, sondern § 56 Anwendung, ausgenommen den Fall, daß der Beitragspflichtige Vermögen vom Inland ins Ausland verbracht hat, in der Absicht, (die nachgewiesen werden muß), dieses Vermögen der Veranlagungsbehörde zu verheimlichen.

§ 58.

Ist nach den obwaltenden Umständen anzunehmen, daß die unrichtigen oder unvollständigen Angaben, die geeignet sind, eine Verkürzung des Wehrbeitrags herbeizuführen, nicht in der Absicht gemacht worden sind, den Wehrbeitrag zu hinterziehen, so tritt an Stelle der im § 56 vorgesehenen Strafe eine Ordnungsstrafe bis zu fünfhundert Mark.

E. § 56.

Über das Verhältnis des § 58 zu §§ 56, 57 s. Note I zu § 56.

§ 59.

Straffrei bleibt, wer seine unrichtigen oder unvollständigen Angaben, bevor eine Anzeige erstattet oder eine Untersuchung gegen ihn eingeleitet ist, bei der Behörde berichtigt oder ergänzt und den gefährdeten Wehrbeitrag, soweit er bereits fällig gewesen ist, entrichtet.

E. § 57.

§ 59 regelt den Fall der sogen. tätigen Reue.

Die Straffreiheit ist ausgeschlossen, sobald eine Anzeige bei der zuständigen Behörde, der Veranlagungsbehörde oder der Strafbehörde eingegangen, oder sobald die zuständige Behörde eine Untersuchung eingeleitet hat.

Ob der Täter von der Erstattung der Anzeige oder der Einleitung der Untersuchung Kenntnis hat oder nicht, ist gleichgültig.

§ 60.

Wer in der nach § 42 Abs. 2 einzureichenden Nachweisung wissentlich unrichtige oder unvollständige Angaben macht, die geeignet sind, das

Aufkommen an Wehrbeiträgen zu gefährden, wird mit einer Geldstrafe bis zu dreitausend Mark bestraft.

Straffrei bleibt, wer seine unrichtigen oder unvollständigen Angaben, bevor eine Anzeige erstattet oder eine Untersuchung gegen ihn eingeleitet ist, bei der Behörde berichtigt oder ergänzt.

E. § 58; KB. S. 124.

§ 60 entspricht für den Fall des § 42 Abs. 2 dem § 56. Den §§ 57, 58 entsprechende Vorschriften sind nicht aufgenommen; das Vorliegen der Tatbestände des § 57 oder § 58 wird innerhalb des Strafrahmens des § 60 zu berücksichtigen sein.

§ 61.

Die Einziehung des Wehrbeitrags erfolgt neben und unabhängig von der Bestrafung.

E. § 59.

Die Einziehung des Wehrbeitrags erfolgt daher auch dann, wenn die Bestrafung infolge Verjährung oder wegen Todes des Täters nicht möglich ist.

§ 62.

Beamte, Angestellte und ehrenamtliche Mitglieder von Behörden sowie Sachverständige werden, wenn sie die zu ihrer dienstlichen oder amtlichen Kenntnis gelangten Vermögens-, Erwerbs- oder Einkommensverhältnisse eines Beitragspflichtigen, insbesondere auch den Inhalt einer Vermögenserklärung oder der über sie gepflogenen Verhandlungen unbefugt offenbaren, mit Geldstrafe bis zu fünfzehnhundert Mark oder mit Gefängnis bis zu drei Monaten bestraft.

Die Strafverfolgung tritt nur ein auf Antrag der zuständigen Landesbehörde oder des Beitragspflichtigen, dessen Interesse an der Geheimhaltung verletzt ist.

E. § 60.

Vgl. § 46; unbefugte Offenbarung ist nur gegeben bei vorsätzlichem Handeln. Die Sachverständigen sind in § 46 nicht erwähnt; aus § 62 folgt, daß die Geheimhaltungspflicht des § 46 auch ihnen obliegt.

§ 63.

Hinsichtlich des Verwaltungsstrafverfahrens, der Strafmilderung und des Erlasses der Strafe im Gnadenwege sowie hinsichtlich der Strafvollstreckung und der Verjährung der Strafverfolgung kommen, auch für die von der Zollgrenze ausgeschlossenen Gebietsteile, die sich auf Zollstrafen beziehenden Vorschriften mit der Maßgabe zur Anwendung, daß an die Stelle der Hauptzollämter und Zolldirektivbehörden die durch die Landesregierung hierzu bestimmten Behörden treten.

Bei Zuwiderhandlungen gegen die Geheimhaltungspflicht (§ 62) findet die Strafverfolgung nur im gerichtlichen Verfahren statt.

E. § 61.

I. Für das Verwaltungsstrafverfahren bestimmt § 165 Vereinszollgesetz vom 1. Juli 1869, daß es hinsichtlich des Strafverfahrens bei den Bestimmungen der Landesgesetze verbleibt; vgl. auch § 6 Abs. 3 Nr. 3 EG. StPO. mit §§ 459—463 StPO., für Bayern AG. RStPO. §§ 86 ff, RV. d. Vf. in ZollStrs. betr. vom 1. Oktober 1879.

II. Betreff Strafmilderung und Erlaß der Strafe im Gnadenweg s. § 40 der Reichsverf., § 18 Zollvereinigungsvertr. vom 8. Juli 1867.

III. Betreff Verjährung der Strafverfolgung s. § 164 VZG., wonach Reate, die nur mit Ordnungsstrafe bedroht sind, in einem Jahr, andere Delikte in drei Jahren verjähren; die Unterbrechung der Verjährung erfolgt nach den Vorschriften der §§ 68, 69 StGB., nach § 459 Abs. 3 StPO. auch durch Erlassung eines Verwaltungsstrafbescheides, nicht erst durch Zustellung.

§ 64.

Die festgesetzten Geldstrafen fallen der Staatskasse des Bundesstaats zu, von dessen Behörde die Strafentscheidung getroffen ist.

E. § 62.

§ 65.

Die Umwandlung einer nicht beizutreibenden Geldstrafe in eine Freiheitsstrafe findet nicht statt.

E. § 63.

§ 65 gilt auch für § 62.

Kosten.

§ 66.

Das Verfahren in Wehrbeitragsangelegenheiten ist vorbehaltlich der Vorschrift des § 44 kosten-, gebühren- und stempelfrei. Für das Rechtsmittel- und Strafverfahren bewendet es bei den sonst geltenden Vorschriften.

E. § 64; BundAB. § 77; BayVB. § 40.

I. Zu den Kosten, auf welche sich § 66 bezieht, gehören die Auslagen für Zeugen und Sachverständige; ferner nach § 77 BundAB. auch die Postgebühren für Sendungen der Veranlagungsbehörden und Hebestellen an die Beitragspflichtigen; dagegen haben die Beitragspflichtigen die Postgebühren für die von ihnen an die bezeichneten Behörden zu richtenden Sendungen zu tragen.

Da die Kosten-, Gebühren- und Stempelfreiheit allgemein für „das Verfahren in Wehrbeitragsangelegenheiten“ ausgesprochen ist, so erstreckt sie sich auch auf das Verfahren betreffend Stundung und Sicherheitsleistung und auf das Vollstreckungsverfahren, nicht aber auf Rechtsgeschäfte, die der Pflichtige außerhalb des Verfahrens in Wehrbeitragsangelegenheiten, wenn auch zur Benützung in diesem Verfahren vornimmt, wie z. B. Gebühren für eine Hypothekbestellung.

II. In Bayern ist auch das Rechtsmittelverfahren bis zum Abschluß des Nachprüfungsverfahrens vor dem Steuerausschuß, Art. 53 EinkStG., mit der aus § 44 WehrBG. sich ergebenden Einschränkung kosten- und gebührenfrei; betr. der Kosten des Berufungs- und Beschwerdeverfahrens s. Art. 86 EinkStG.; betr. der Kosten des Verwaltungsstrafverfahrens s. Art. 91 bayer. AG. RStPO.

Reichsaufsicht.

§ 67.

Die Reichsbevollmächtigten für Zölle und Steuern haben bei der Ausführung dieses Gesetzes die gleichen Befugnisse und Pflichten, die ihnen hinsichtlich der Zölle und Verbrauchssteuern beigelegt sind. Der Umfang und die Art der Tätigkeit der Reichsbevollmächtigten werden vom Reichskanzler im Einvernehmen mit den Bundesregierungen geregelt.

Unter Zustimmung des Bundesrats kann der Reichskanzler die Wahrnehmung der Geschäfte der Reichsbevollmächtigten für den Wehrbeitrag anderen Beamten übertragen.

E. § 65.

Vgl. § 35 ErbschStG.; Art. 20 des ZollVerV. vom 8. Juli 1867.

Generalpardon.

§ 68.

Gibt ein Beitragspflichtiger bei der Veranlagung zum Wehrbeitrag oder in der Zwischenzeit seit dem Inkrafttreten dieses Gesetzes bei der Veranlagung zu einer direkten Staats- oder Gemeindesteuer Vermögen oder Einkommen an, das bisher der Besteuerung durch einen Bundesstaat oder eine Gemeinde entzogen worden ist, so bleibt er von der landesgesetzlichen Strafe und der Verpflichtung zur Nachzahlung der Steuer für frühere Jahre frei.

E. § 66; Begr. S. 22; KB. S. 100, 124 ff.; BundRB. § 15.

I. Betr. des sog. Generalpardons sagt die Begr. S. 22: „Damit nicht die Furcht vor Strafe, Vermögens- und sonstigen Nachteilen die Beitragspflichtigen abhalte, ihr Vermögen wahrheitsgemäß anzugeben, ist im § 66 Entw vorgesehen, daß Beitragspflichtige, die bisher Vermögen als solches oder als Ertragsquelle der direkten Besteuerung durch Bundesstaat oder Gemeinde entzogen haben, von der landesgesetzlichen Strafe und der Verpflichtung zur Nachzahlung der Steuer für frühere Jahre freibleiben".

II. Voraussetzungen des Generalpardons sind:

1. Angabe von Vermögen bei der Veranlagung des Wehrbeitrags, das bisher der Besteuerung durch einen Bundesstaat oder eine Gemeinde entzogen worden ist. Die Angabe von Einkommen bei der Veranlagung des Wehrbeitrags kann nicht erfolgen, abgesehen vom Ausnahmsfall des § 31 Abs. 1 S. 3.

Die richtige Angabe des Vermögens bei der Wehrbeitragsveranlagung bewirkt aber auch Freiheit von Strafe und Steuernachzahlung hinsichtlich landesgesetzlicher Einkommens- und Ertragssteuern, soweit Einkommen und Ertrag aus dem angegebenen Vermögen fließen.

Die Angabe mit der Wirkung des Generalpardons kann bis zur Zustellung des Veranlagungsbescheides erfolgen.

Die Wirkung des Generalpardons tritt, wie Vergleichung

des § 68 mit § 36 ergibt, nicht bloß dann ein, wenn ein Veranlagungsbescheid, sondern auch dann, wenn nur ein Feststellungsbescheid (§ 47) erging, und auch dann, wenn (vgl. Erl. zu § 47) von dem Beitragspflichtigen nach § 36 Abs. 2 zuvor die Abgabe einer Vermögenserklärung verlangt wurde, aber weder ein Veranlagungs- noch ein Feststellungsbescheid erging.

Vgl. die offizielle Interpretation des Reichsschatzsekretärs in der letzten Reichstagssession.

2. Angabe des Vermögens oder des Einkommens, je nachdem es sich um eine bundesstaatliche bzw. gemeindliche Vermögenssteuer oder Einkommen- bzw. Ertragssteuer handelt, in der Zwischenzeit seit dem Inkrafttreten des Gesetzes (das Reichsgesetzblatt, in welchem das Wehrbeitragsgesetz verkündet wurde, ist am 12. Juli 1913 ausgegeben worden und das Gesetz daher mit dem 26. Juli 1913 in Kraft getreten) bis zur Veranlagung zum Wehrbeitrag, also bis zur Erlassung des Veranlagungs- bzw. Feststellungsbescheides, bei der Veranlagung zu einer direkten Staats- oder Gemeindesteuer, gleichviel, ob letztere eine Vermögens-, Einkommen- oder Ertragssteuer ist.

Auch hier muß die Eingabe bei der Veranlagung der direkten Staats- oder Gemeindesteuer erfolgt sein, also bis zum Abschluß der Veranlagung, in Bayern bis zum Abschluß des Nachprüfungsverfahrens nach Art. 53 EinkStG.; die Angabe erst im Berufungsverfahren hat nicht mehr die Generalpardonwirkung.

Ist bereits auf Grund der Landesgesetze wegen bisher verheimlichter Vermögens- und Einkommensbeträge ein Strafverfahren oder eine Steuerveranlagung oder Nachveranlagung eingeleitet worden, so bezieht sich auf solche die Zusicherung der Freiheit von Strafe und Nachsteuer nicht; § 15 Abs. 2 BundAB.

III. Die Freiheit von Strafe und Nachzahlung tritt ein hinsichtlich der angegebenen bisher verheimlichten Beträge; sie tritt hinsichtlich dieser auch dann ein, wenn weitere Vermögens- oder Einkommensbeträge nach wie vor verheimlicht werden; hinsichtlich der letzteren tritt selbstverständlich Strafe und Nachzahlungspflicht ein.

Der Erlaß von Strafe und Nachzahlung wirkt auch zugunsten der Erben eines verstorbenen Pflichtigen und zwar gleichviel, ob noch der Erblasser oder erst die Erben das bisher der Besteuerung entzogene Vermögen oder Einkommen angeben, oder ob, insoweit einem Testamentsvollstrecker oder Nachlaßpfleger die Fassionspflicht obliegt, diese die Angabe machen.

Dagegen dürfte die Erfüllung der in Art. 73 bayer. EinkStG. dem Testamentsvollstrecker und Nachlaßpfleger bzw. den Erben oder deren gesetzlichen Vertretern auferlegten Verpflichtung, nach Ableben eines Steuerpflichtigen dem Rentamt Anzeige über das Nachlaßvermögen und die Einkünfte hieraus zu erstatten, nicht die Wirkung der Befreiung von Strafe und Nachzahlung haben, weil diesfalls die Angaben nicht „bei der Veranlagung" erfolgen.

Zweckbestimmung des Wehrbeitrags.

§ 69.

Die Einnahme aus dem Wehrbeitrage zuzüglich freiwilliger Beiträge ist ausschließlich zur Deckung der Kosten für die auf Grund der Vorlage an den Reichstag vom 28. März 1913 beschlossene Verstärkung der Wehrmacht zu verwenden. Als solche Kosten gelten die einmaligen Ausgaben und die fortdauernden Ausgaben der Jahre 1913 bis 1916, soweit diese nicht aus dem Ertrage der erlassenen oder noch zu erlassenden Deckungsgesetze oder aus laufenden Einnahmen bestritten werden können.

Wenn nach dem Voranschlage für das Jahr 1915 die Einnahme aus dem Wehrbeitrage die Ausgaben, zu deren Deckung sie bestimmt ist, überschreitet, ist der Mehrbetrag zur Kürzung des letzten Drittels des Wehrbeitrags nach Maßgabe des Reichshaushaltsgesetzes bereitzustellen.

RB. S. 100, 125; BundRB. §§ 63, 65.

Vgl. Bem. zu § 1 III.

Gesetzesvollzug.

§ 70.

Die Ausführungsbestimmungen zu diesem Gesetz erläßt der Bundesrat. Er bestimmt auf Antrag der Landesregierung, ob und mit welcher Maßgabe die Unterlagen der landesrechtlichen Steuerveranlagung bei der Feststellung des Wehrbeitrags benutzt werden können.

E. § 67.

Der Bundesrat hat die Ausführungsbestimmungen unterm 8. November 1913 erlassen.

Zu Satz 2 vgl. BundAB. § 19 Abs. 5.

Urkundlich unter Unserer Höchsteigenhändigen Unterschrift und beigedrucktem Kaiserlichem Insiegel.

Gegeben Kiel, den 3. Juli 1913.

(L. S.) Wilhelm.

von Bethmann Hollweg.

Anhang.

I. Ausführungsbestimmungen des Bundesrats zum Gesetz über einen einmaligen außerordentlichen Wehrbeitrag vom 3. Juli 1913.*)

Vom 8. November 1913.

(Zentralblatt f. d. Deutsche Reich S. 1088; Bayer. GVBl. S. 816.)

Veranlagungsbehörden und Oberbehörden.

§ 1. [1] Die mit der Veranlagung des Wehrbeitrags betrauten Behörden (Veranlagungsbehörden) und die ihnen übergeordneten Behörden (Oberbehörden) werden von den Landesregierungen bestimmt und öffentlich bekanntgemacht. Ein Verzeichnis der Veranlagungsbehörden und Oberbehörden ist unter Angabe ihrer Amtsbezirke dem Reichskanzler zur Veröffentlichung im Zentralblatt für das Deutsche Reich mitzuteilen.

[2] Die Landesregierung kann die Erhebung des Wehrbeitrags anderen Stellen als den Veranlagungsbehörden übertragen. Sie bestimmt auch, ob und inwieweit andere

---

*) Hierzu erging die bayerische Finanz-Min.-Bekanntmachung vom 19. November 1913 Nr. 38241 (GVBl. S. 815); sie lautet:

Nachstehend werden im Abdrucke die mit Bekanntmachung des Reichskanzlers vom 8. November lfd. Js. — Zentralblatt für das Deutsche Reich S. 1088 — veröffentlichten Ausführungsbestimmungen des Bundesrats zum Gesetz über einen einmaligen außerordentlichen Wehrbeitrag vom 3. Juli 1913 bekannt gegeben.

Behörden als Hilfsstellen der Veranlagungsbehörden beim Veranlagungsgeschäfte mitzuwirken haben. In diesem Falle sind die zur Regelung des Geschäftsverkehrs erforderlichen besonderen Bestimmungen zu treffen.

³ Befugnisse, die in den nachstehenden Vorschriften den Veranlagungsbehörden übertragen sind, können von der obersten Landesfinanzbehörde im Einverständnis mit dem Reichskanzler (Reichsschatzamt) den Oberbehörden übertragen werden.

Zuständigkeit.

§ 2. ¹ Für die Zuständigkeit der Bundesstaaten zur Veranlagung und Erhebung des Wehrbeitrags sind maßgebend die Wohnsitz- oder Aufenthaltsverhältnisse des Beitragspflichtigen am 31. Dezember 1913.

² Hat der Beitragspflichtige erst nach dem 31. Dezember 1913, aber noch innerhalb der in § 13 bezeichneten Frist im Reiche seinen Wohnsitz begründet oder seinen gewöhnlichen Aufenthalt genommen, so ist der Bundesstaat zuständig, in dem er seinen Wohnsitz begründet oder seinen Aufenthalt genommen hat.

³ Hat der Beitragspflichtige weder am 31. Dezember 1913 noch innerhalb der in § 13 bezeichneten Frist in einem Bundesstaat einen Wohnsitz oder seinen gewöhnlichen Aufenthalt, so ist der Bundesstaat zuständig, in welchem er seinen letzten inländischen Wohnsitz oder Aufenthalt gehabt hat. Hat der Beitragspflichtige auch früher keinen inländischen Wohnsitz oder Aufenthalt gehabt, so ist der Bundesstaat zuständig, in dessen Gebiete sich das beitragspflichtige Vermögen befindet, und, wenn das Vermögen sich in mehreren Bundesstaaten befindet, der Bundesstaat, in dessen Gebiete sich der größere Teil des Vermögens befindet.

§ 3. Die Vorschriften über die Zuständigkeit der Bundesstaaten gelten auch entsprechend für die Zuständigkeit der bundesstaatlichen Veranlagungsbehörden. Die oberste Landesfinanzbehörde des für die Veranlagung des Wehrbeitrags zuständigen Bundesstaats kann jedoch die Abgrenzung der Zuständigkeit seiner Veranlagungsbehörden anderweit regeln.

Ermittelung der beitragspflichtigen Personen und deren Eintragung in die Wehrbeitragslisten.

§ 4. [1] Vor der öffentlichen Aufforderung zur Abgabe der Vermögenserklärungen (§ 15) sind für jeden Veranlagungsbezirk die Personen zu ermitteln und in die Wehrbeitragsliste einzutragen, die für die Veranlagung zum Wehrbeitrag in Frage kommen (§ 5).

[2] Die Wehrbeitragsliste ist nach Anleitung der Muster 1 und 2 einzurichten. Das Muster 1 ist für natürliche Personen (Wehrbeitragsliste A), das Muster 2 für Aktiengesellschaften und Kommanditgesellschaften auf Aktien (Wehrbeitragsliste B) bestimmt. Muster 1, 2.

§ 5. In die Wehrbeitragsliste A sind jedenfalls die natürlichen Personen aufzunehmen, welche die Voraussetzungen der subjektiven Beitragspflicht erfüllen und von denen zu vermuten ist, daß sie ein Vermögen von mehr als zehntausend Mark oder ein Einkommen von mehr als viertausend Mark haben.

§ 6. [1] In die Wehrbeitragsliste eines Veranlagungsbezirkes sind die Personen aufzunehmen, die in diesem Bezirke zu veranlagen sind.

[2] Bestehen Zweifel darüber, ob die Veranlagungsbehörde zur Veranlagung eines Beitragspflichtigen zuständig ist und können diese Zweifel vor der öffentlichen Aufforderung zur Abgabe der Vermögenserklärungen nicht beseitigt werden, so ist eine solche Person in jedem Veranlagungsbezirke, der für die Veranlagung des Wehrbeitrags in Frage kommt, in die Wehrbeitragsliste aufzunehmen. Dies gilt abgesehen von Beitragspflichtigen mit mehrfachem Wohnsitz insbesondere für solche Personen, die in dem Veranlagungsbezirke Grund- oder Betriebsvermögen besitzen und die im Inland keinen der Behörde bekannten Wohnsitz oder Aufenthalt haben.

§ 7. Ist der Veranlagungsbehörde bekannt oder haben die eingeleiteten Verhandlungen ergeben, daß ein Beitragspflichtiger, der in ihrem Bezirke Grund- oder Betriebsvermögen besitzt, in einem anderen Veranlagungsbezirke zum Wehrbeitrage zu veranlagen ist, so ist der zuständigen Veranlagungsbehörde hiervon unter Mitteilung etwaiger landesrechtlicher Veranlagungsmerkmale Nachricht zu geben.

§ 8. Hat eine Person in einem Veranlagungsbezirke Grund- oder Betriebsvermögen, ohne in diesem Veranlagungsbezirke zugleich einen Wohnsitz oder Aufenthalt zu haben, so darf die Aufnahme in die Wehrbeitragsliste (§ 6) oder die Benachrichtigung der zuständigen Veranlagungsbehörde (§ 7) unterbleiben, wenn der Behörde die Vermögensverhältnisse des Inhabers dieses Grund- oder Betriebsvermögens genügend bekannt sind und danach feststeht, daß er ein beitragspflichtiges Gesamtvermögen von mehr als zehntausend Mark nicht besitzt.

§ 9. [1] Inländische Aktiengesellschaften und Kommanditgesellschaften auf Aktien sind in die Wehrbeitragsliste B des Veranlagungsbezirkes aufzunehmen, in dem sie ihren Sitz haben.

[2] Hinsichtlich der Aufnahme der ausländischen Aktiengesellschaften und Kommanditgesellschaften auf Aktien in die Wehrbeitragsliste gelten die Bestimmungen in den §§ 6 bis 8 entsprechend.

§ 10. Die näheren Bestimmungen über die Ermittelung der in die Wehrbeitragsliste aufzunehmenden Personen erläßt die oberste Landesfinanzbehörde.

§ 11. Die Wehrbeitragsliste wird abgeschlossen, sobald die Veranlagung (§§ 21 ff.) in der Hauptsache durchgeführt und ihr Ergebnis darin eingetragen ist. Bis dahin ist sie fortlaufend zu ergänzen und zu berichtigen. Sind Personen zu streichen, so ist der Grund der Streichung in der Bemerkungsspalte ersichtlich zu machen.

§ 12. Personen, deren Beitragspflicht erst nach Abschluß der Wehrbeitragsliste festgestellt wird, sowie Personen, die bei Wechsel des Wohnorts der Veranlagungsbehörde des neuen Wohnorts zum Zwecke der Erhebung des Wehrbeitrags überwiesen werden (§ 68), sind in eine Zugangsliste aufzunehmen, die ebenso einzurichten ist wie die Wehrbeitragsliste.

Vermögenserklärung.

§ 13. [1] Als Frist für die Abgabe der Vermögenserklärung (§ 36 Abs. 1 des Gesetzes) wird die Zeit vom 2. bis 15. Januar 1914 bestimmt. Die oberste Landesfinanzbehörde kann einen anderen Anfangs- und Endtermin festsetzen; doch muß die Frist mindestens zwei Wochen betragen und mit ihrem Anfang und ihrem Ende in den Monat Januar 1914 fallen. Für Beitragspflichtige, die Inhaber eines unter § 15 Abs. 2 des Gesetzes fallenden Betriebs sind und die ihrer Vermögenserklärung den Abschluß für den 31. Dezember 1913 zugrunde legen, kann nach näherer Bestimmung der obersten Landesfinanzbehörde die Frist zur Abgabe der Vermögenserklärung bis zum 15. April 1914 verlängert werden.

[2] Der Reichskanzler (Reichsschatzamt) ist ermächtigt, für solche Bundesstaaten, in denen die Aufstellung der Wehrbeitragslisten (§§ 4ff.) bis Ende Dezember 1913 sich nicht als ausführbar erweist, auf Antrag der obersten Landesfinanzbehörde eine spätere als die in Abs. 1 bestimmte Frist, die sich aber nicht über den 31. Mai 1914 hinaus erstrecken darf, festzusetzen.

§ 14. Die in § 13 bezeichnete Frist verlängert sich für die in außereuropäischen Ländern und Gewässern Abwesenden auf sechs Monate, für die im europäischen Ausland Abwesenden auf sechs Wochen.

Öffentliche Aufforderung zur Abgabe der Vermögenserklärung.

§ 15. [1] Mindestens eine Woche vor Beginn der in § 13 bezeichneten Frist erläßt die Veranlagungsbehörde oder die Oberbehörde in den für amtliche Bekanntmachungen der unteren Verwaltungsbehörden bestimmten Tagesblättern eine öffentliche Aufforderung zur Abgabe der Vermögenserklärungen zum Zwecke der Veranlagung des Wehrbeitrags. Die oberste Landesfinanzbehörde kann anordnen, daß die Aufforderung außerdem in sonst ortsüblicher Weise bekanntgemacht wird. In dieser Aufforderung, die mit öffentlichen Bekanntmachungen über die Veranlagung von Landessteuern verbunden werden kann, sind die Beitragspflichtigen über ihre Pflicht zur

Abgabe einer Vermögenserklärung, über die Vorschriften der §§ 56, 57 und 38, 68 des Gesetzes zu belehren. In der Aufforderung ist ferner auf die Vorschrift in § 51 Abs. 2 des Gesetzes über Vorauszahlung des Wehrbeitrags sowie darauf hinzuweisen, daß freiwillige Wehrbeiträge angenommen werden.

²Die Zusicherung der Freiheit von Strafe und Nachsteuer in § 68 des Gesetzes bezieht sich nicht auf solche bisher verheimlichten Vermögens- und Einkommensbeträge, hinsichtlich deren bereits auf Grund der Landesgesetze ein Strafverfahren oder eine Steuerneuveranlagung oder Nachveranlagung eingeleitet worden ist.

Besondere Aufforderung zur Abgabe der Vermögenserklärung.

§ 16. ¹Gleichzeitig mit der öffentlichen Aufforderung (§ 15) und noch vor Beginn der in § 13 bezeichneten Frist ist den Personen, von denen die Veranlagungsbehörde annimmt, daß sie zur Abgabe einer Vermögenserklärung nach § 36 Abs. 1 des Gesetzes verpflichtet sind, ein Vordruck für diese nebst einem Abdruck der öffentlichen Bekanntmachung zu übersenden; alle anderen in die Wehrbeitragsliste aufgenommenen Personen sind gemäß § 36 Abs. 2 des Gesetzes unter Beifügung eines Vordrucks besonders aufzufordern, eine Vermögenserklärung binnen der in § 13 bezeichneten oder einer auf mindestens 14 Tage zu bemessenden besonderen Frist abzugeben. Die oberste Landesfinanzbehörde kann im Einverständnis mit dem Reichskanzler (Reichsschatzamt) ein anderes Verfahren vorschreiben.

²Ein Beitragspflichtiger, der von mehreren Behörden zur Abgabe einer Vermögenserklärung aufgefordert wird, ist nur verpflichtet, einer Behörde die Vermögenserklärung abzugeben. Macht er von dieser Möglichkeit Gebrauch, so hat er den anderen Behörden mitzuteilen, daß und welcher Behörde er eine Vermögenserklärung abgegeben hat.

§ 17. Die Veranlagungsbehörde kann einem Beitragspflichtigen, der glaubhaft macht, daß ihm die Abgabe der Vermögenserklärung innerhalb der in § 13 bezeichneten Frist nicht möglich ist, die Frist zur Abgabe der Vermögenserklärung angemessen verlängern.

§ 18. [1] Die Vermögenserklärung des Ehemanns hat das Vermögen der Ehefrau mitzuumfassen, sofern die Ehegatten nicht dauernd voneinander getrennt leben.

[2] Für einen nach dem 31. Dezember 1913, aber vor Abgabe der Vermögenserklärung verstorbenen Beitragspflichtigen ist die Vermögenserklärung, wenn ein ohne Beschränkung der Verwaltungsbefugnis auf einzelne Gegenstände bestellter Testamentsvollstrecker oder ein Nachlaßpfleger die Verwaltung des Nachlasses übernommen hat, von diesen Personen, andernfalls von den Erben abzugeben. Sind mehrere Verpflichtete vorhanden und gibt ein Verpflichteter die Vermögenserklärung ab, so werden die anderen dadurch von der Verpflichtung befreit. Hat von mehreren Erben einer der Veranlagungsbehörde gegenüber die Erfüllung der den Erben in Ansehung des Wehrbeitrags obliegenden Pflichten übernommen, so ist die Aufforderung zur Abgabe der Vermögenserklärung nur an ihn, andernfalls nach dem Ermessen der Veranlagungsbehörde an einen von ihnen zu richten.

§ 19. [1] Die Vermögenserklärung ist nach Anleitung der Muster 3 und 4 zu gestalten.

[2] Vordrucke für die Vermögenserklärung sind dem Beitragspflichtigen kostenlos zu verabfolgen.

[3] Die oberste Landesfinanzbehörde kann bestimmen, daß die Vermögenserklärung auch mündlich bei der Veranlagungsbehörde abgegeben werden kann; der hiernach ausgefüllte Vordruck ist vom Beitragspflichtigen und vom Veranlagungsbeamten zu unterzeichnen.

[4] Sofern in der Vermögenserklärung nur Angaben zu wiederholen wären, die in einer für das laufende oder das kommende Steuerjahr in Landessteuersachen abgegebenen Vermögensanzeige gemacht worden sind, so genügt es, wenn hierauf mit der ausdrücklichen Erklärung Bezug genommen wird, daß die dort gemachten Angaben dem Vermögensstande vom 31. Dezember 1913 entsprechen.

⁵ Ebenso kann, wenn für Landessteuerzwecke zuverlässige Darstellungen des gesamten im Bundesstaate gelegenen Grundbesitzes der einzelnen Steuerpflichtigen bestehen und fortgeführt werden, die Aufführung der einzelnen Grundstücke unterbleiben und ihr Steuerwert im ganzen angegeben werden. Doch muß das in anderen Bundesstaaten gelegene Grundvermögen besonders aufgeführt werden.

§ 20. [1] Die Abgabe der Vermögenserklärung ist nötigenfalls durch vorher anzudrohende Geldstrafen bis zu fünfhundert Mark zu erzwingen.

[2] Gleichzeitig mit der Straffestsetzung auf Grund des § 38 Abs. 1 des Gesetzes ist dem Säumigen eine angemessene weitere Frist zur Abgabe der Vermögenserklärung zu setzen.

[3] Die Geldstrafe kann so lange wiederholt werden, bis der Beitragspflichtige seiner Verpflichtung zur Abgabe der Vermögenserklärung nachgekommen ist.

[4] Durch die fortgesetzte Weigerung des Beitragspflichtigen, eine Vermögenserklärung abzugeben, wird seine Veranlagung zum Wehrbeitrag auf Grund einer schätzungsweisen Feststellung des Vermögens nicht gehindert.

[5] Von der Auferlegung eines Zuschlags zu dem geschuldeten Wehrbeitrag (§ 38 Abs. 2 des Gesetzes) bei nicht rechtzeitiger Abgabe der Vermögenserklärung soll dann abgesehen werden, wenn die Umstände des Einzelfalls das Versäumnis als entschuldbar erscheinen lassen. Der Zuschlag ist stets aus dem gesamten Wehrbeitrag zu berechnen, nicht bloß aus dem auf das Vermögen entfallenden Teil.

Prüfung der Vermögenserklärung.

§ 21. Die Veranlagungsbehörde hat die Angaben in den Vermögenserklärungen auf ihre Richtigkeit und Vollständigkeit zu prüfen.

Ermittelung des Vermögenswertes.

§ 22. [1] Der Ermittelung des Vermögenswerts ist, soweit das Gesetz nichts anderes vorschreibt, der Stand des Vermögens und der gemeine Wert seiner einzelnen Bestandteile am 31. Dezember 1913 zugrunde zu legen.

[2] Der gemeine Wert (Verkaufs- oder Verkehrswert) wird durch den Preis bestimmt, der im gewöhnlichen Geschäftsverkehre nach der Beschaffenheit des Gegenstandes ohne Rücksicht auf ungewöhnliche oder lediglich persönliche Verhältnisse zu erzielen ist.

[3] Ein Vermögensbestandteil, dessen Wert im ganzen zu ermitteln ist, umfaßt alle Gegenstände, die in einem wirtschaftlichen Zusammenhange zueinander stehen.

§ 23. [1] Nach § 15 Abs. 2 des Gesetzes kann der Beitragspflichtige, unbeschadet der Nachprüfung nach § 41 des Gesetzes, verlangen, daß das in einem Betriebe, für welchen regelmäßige jährliche Abschlüsse stattfinden, angelegte Vermögen nach dem Bestand und Werte am Schlusse des letzten Wirtschafts- oder Rechnungsjahrs festgestellt wird.

[2] Die Anwendung des § 15 Abs. 2 des Gesetzes setzt eine ordnungsmäßige Buchführung voraus, ist aber nicht davon abhängig, daß der Beitragspflichtige zur Führung von Handelsbüchern gesetzlich verpflichtet ist. Als in dem Betrieb angelegt gilt dasjenige Vermögen, auf welches die Buchführung sich erstreckt.

Ermittelung des Ertragswertes.

§ 24. [1] Zu den Grundstücken, die dauernd land- oder forstwirtschaftlichen oder gärtnerischen Zwecken zu dienen bestimmt sind (§ 17 des Gesetzes), sind land- oder forstwirtschaftlich oder gärtnerisch genutzte Grundstücke nicht mehr zu rechnen, deren gemeiner Wert jetzt schon durch ihre Lage als Bauland oder als Land zu Verkehrszwecken bestimmt wird, oder bei denen nach den sonstigen Umständen, z. B. nach ihrer Lage und Beschaffenheit, ihrem Erwerbspreis oder ihrer Belastung, anzunehmen ist, daß sie in absehbarer Zeit anderen als land- oder forstwirtschaftlichen oder gärtnerischen Zwecken dienen werden.

[2] Bebaute Grundstücke, die Wohnzwecken oder gewerblichen Zwecken zu dienen bestimmt sind, fallen nur dann unter § 17 des Gesetzes, wenn ihre gegenwärtige

Bebauung und Benutzung der ortsüblichen Bebauung und Benutzung entspricht. Dies ist dann zu verneinen, wenn die Art der Benutzung und die Höhe der Aufwendungen für die Herstellung und Unterhaltung von baulichen und sonstigen Anlagen erkennen lassen, daß ein Grundstück außergewöhnlichen Zwecken, insbesondere dem Luxus des Besitzers, zu dienen bestimmt ist, oder wenn der gemeine Wert eines Grundstücks durch eine wirtschaftliche Verwertbarkeit bestimmt wird, die eine wesentlich andere Bebauung und Benutzung als die gegenwärtige voraussetzt.

a) Bei land- oder forstwirtschaftlichen oder Gärtnereigrundstücken.

§ 25. Bei der Ermittelung des Ertragswerts von land- oder forstwirtschaftlichen oder Gärtnereigrundstücken sind die der Land- oder Forstwirtschaft oder der Gärtnerei einschließlich etwaiger Nebenbetriebe dienenden Gebäude und Betriebsmittel mitzuberücksichtigen. Hierbei wird ein angemessener Bestand an lebendem und totem Inventar und an sonstigem Betriebskapitale vorausgesetzt. Ein Mehr- oder Minderwert der dem Grundstückseigentümer gehörenden Gebäude und Betriebsmittel gegenüber einem wirtschaftlich normalen Bestand ist dem Ertragswert hinzu- oder von ihm abzurechnen, insoweit er geeignet ist, den Ertrag zu beeinflussen.

§ 26. [1] Der Berechnung des Ertragswerts bei landwirtschaftlich oder gärtnerisch genutzten Grundstücken ist der Reinertrag zugrunde zu legen, den ein ordentlicher Unternehmer von den Grundstücken nach ihrer bisherigen wirtschaftlichen Bestimmung bei gemeinüblicher Bewirtschaftung und unter gewöhnlichen Verhältnissen im Durchschnitt einer Reihe von Jahren für ein Wirtschaftsjahr erzielen kann.

[2] Bei Grundstücken, bei denen die Ergebnisse des Wirtschaftsbetriebs dem Boden unmittelbar entnommen werden, wie bei Sand-, Lehm-, Tongruben, Stein-, Schiefer-, Kalk- oder Kreidebrüchen, Torfstichen usw., deren Ausbeutung in unmittelbarer Verbindung mit einem land- oder forstwirtschaftlichen oder Gärtnerei-

betrieb erfolgt, ist die Jahresgewinnung um einen der fortschreitenden Erschöpfung des Bodens entsprechenden Betrag zu kürzen.

[3] Sind Grundstücke zu einer wirtschaftlichen Einheit verbunden, so ist der Reinertrag unter Berücksichtigung dieser Zusammengehörigkeit von den Grundstücken als einheitlichem Ganzen zu berechnen.

§ 27. [1] In die zur Ermittelung des Reinertrags vom Rohertrag abzuziehenden Bewirtschaftungskosten sind alle Kosten einzurechnen, die aufzuwenden sind, um mit entlohnten fremden Arbeitskräften den Rohertrag zu erzielen. Ist bei Zugrundelegung der Verhältnisse einer ordnungsmäßigen Bewirtschaftung zur Oberleitung des gesamten Betriebs eine besondere Arbeitskraft für erforderlich zu erachten, so ist bei selbstbewirtschafteten Betrieben der Wert der Tätigkeit des Selbstbewirtschafters vom Rohertrag insoweit in Abzug zu bringen, als diese Tätigkeit des Selbstbewirtschafters eine solche besondere Arbeitskraft ersetzt und der dafür angesetzte Wertbetrag die angemessene Entlohnung einer solchen Arbeitskraft nicht übersteigt.

[2] Zum Rohertrag ist auch der Mietwert der vom Eigentümer oder vom Pächter und deren Angehörigen selbst bewohnten oder zur Führung des Haushalts benutzten Gebäude zu rechnen.

[3] Was zur Bestreitung des Haushalts des Besitzers aus den Ergebnissen des Wirtschaftsbetriebs zu entnehmen ist, darf aus dem Rohertrage nicht ausgeschieden werden.

§ 28. Bei Forsten (Holzungen) ist, soweit eine ordnungsmäßige Bewirtschaftung auf Grund eines nach forstwirtschaftlichen Grundsätzen aufgestellten Bewirtschaftungsplans stattgefunden hat und außergewöhnliche, nicht innerhalb der regelmäßigen Nutzung liegende Abtriebe nicht vorgekommen sind, zunächst der Gesamtreinertrag während des vorangegangenen, der Zahl der Jahre der Wirtschaftsperiode entsprechenden Zeitraums zu berechnen. Hierbei sind in Einnahme zu stellen der Erlös für die in dem maßgebenden Zeitraum aus dem regelmäßigen Abtrieb sowie den Zwischen- und Nebennutzungen erzielten Erzeugnisse, in Ausgabe als Bewirtschaftungskosten die Aufwendungen für Aufsicht und Verwaltung, Schlagen, Aufbereitung, Rücken und Flößen der Hölzer, für Aufforstung sowie für Unterhaltung der Baulichkeiten (Forsthäuser, Brücken, Wege usw.). Der Berechnung des Ertragswerts ist der Reinertrag zugrunde zu legen, der durchschnittlich auf ein Jahr des der Berechnung des Gesamtreinertrags zugrunde gelegten Zeitraums entfällt. Von der Berechnung des Ertragswerts nach dem wirklichen Reinertrage sind diejenigen Flächen auszuscheiden, auf denen während des maßgebenden Zeitraums Neubeforstungen behufs Erweiterung des Forstbestandes oder Abtriebe behufs Änderung der Kulturart stattgefunden haben.

§ 29. Soweit nicht in § 28 etwas anderes bestimmt ist, ist der Reinertrag schätzungsweise zu ermitteln. Eine Berechnung des Ertragswerts aus dem von den Grundstücken wirklich erzielten Reinertrage findet nicht statt.

b) Bei bebauten Grundstücken, die Wohnzwecken oder gewerblichen Zwecken dienen.

§ 30. Bei bebauten Grundstücken, die Wohnzwecken oder gewerblichen Zwecken zu dienen bestimmt sind, wird der Berechnung des Ertragswerts der Miet- oder Pachtreinertrag zugrunde gelegt, der im Durchschnitt der letzten drei Jahre erzielt worden ist oder im Falle der Vermietung oder Verpachtung hätte erzielt werden können. Der Miet- oder Pachtreinertrag ergibt sich aus dem Miet- oder Pachtrohertrage nach Abzug von einem Fünftel des Rohertrags für Nebenleistungen und Instandhaltungskosten oder von dem als erforderlich nachgewiesenen höheren Betrage für Nebenleistungen und Instandhaltungskosten.

§ 31. [1] Ist das Grundstück vermietet oder verpachtet gewesen, so ist der durchschnittliche Jahresmiet- oder -pachtrohertrag aus dem Miet- oder Pachterlöse zu berechnen, der auf Grund der Miet- oder Pachtverträge in den letzten drei Jahren zu erzielen war. Ausfälle an Miet- oder Pachtgeldern infolge Zahlungsunfähigkeit des Schuldners oder aus anderen Gründen dürfen nicht berücksichtigt werden. Soweit das Grundstück zum Teil oder zeitweise nicht vermietet oder nicht verpachtet war, ist für den vom Eigentümer selbst benutzten oder aus einem anderen Grunde unvermietet oder unverpachtet gebliebenen Teil des Grundstücks ein dem Nutzungswerte dieses Teiles und des vermieteten oder verpachteten Teiles entsprechender oder ein dem Zeitraum entsprechender Verhältnisbetrag dem erzielten Miet- oder Pachtpreis zuzurechnen.

² Ist das Grundstück in den letzten drei Jahren überhaupt nicht oder nur zu einem unwesentlichen Teile oder für einen unwesentlichen Zeitraum vermietet oder verpachtet gewesen, so ist der Miet- oder Pachtertrag nach den ortsüblichen Miet- oder Pachtpreisen für gleiche oder ähnliche Grundstücke zu berechnen.

§ 32. ¹ Beansprucht der Beitragspflichtige einen höheren Abzug als ein Fünftel von dem Miet- oder Pachtrohertrage, so hat er den erforderlichen tatsächlichen Aufwand für Nebenleistungen und Instandhaltungskosten der Veranlagungsbehörde nachzuweisen. Soweit für Nebenleistungen und für die Instandhaltung des Grundstücks die eigene Arbeitskraft des Eigentümers oder die seiner Angehörigen in Anspruch genommen worden ist, kann der Beitragspflichtige für diese Tätigkeit einen angemessenen Betrag ansetzen, den er aufzuwenden gehabt hätte, wenn er die Arbeiten durch entlohnte fremde Arbeitskräfte hätte verrichten lassen. Abzugsfähig sind nur die Kosten, die durch die ordnungsmäßige Instandhaltung des Grundstücks notwendig geworden sind, nicht dagegen die Kosten für außergewöhnliche Maßnahmen, für Umbauten, Erweiterungsbauten usw.

² Ist das Grundstück durch solche außergewöhnliche Maßnahmen, Umbauten, Erweiterungs- oder Neubauten wesentlich geändert worden, so kommt für die Berechnung des Miet- oder Pachtertrags nur der neue Zustand des Grundstücks in Betracht.

§ 33. Im Falle des § 31 Abs. 2 bleiben bei der Berechnung des Ertragswerts für bebaute Grundstücke, die gewerblichen Zwecken dienen, Betriebsmittel, die nicht herkömmlicherweise mit dem Grundstück mitvermietet oder mitverpachtet werden, unberücksichtigt. Diese Betriebsmittel sind besonders mit ihrem gemeinen Werte anzusetzen.

§ 34. Ist im Falle des § 31 Abs. 2 der Grundstückseigentümer zu einer zuverlässigen Angabe des Ertragswerts außerstande und stehen der Veranlagungsbehörde ortsübliche Miet- oder Pachtpreise für gleiche oder ähnliche Grundstücke nicht zu Gebote, so ist als Ertragswert der gemeine Wert zugrunde zu legen.

Benutzung landesrechtlicher Einschränkungen für die Ermittelung des Ertragswerts der Grundstücke.

§ 35. In den Bundesstaaten, in denen eine Einschätzung der Grundstücke nach dem Reinertrag oder dem Nutzungswerte zu steuerlichen Zwecken stattgefunden hat und aktenmäßig festgestellt ist, können als Hilfsmittel bei der Ermittelung der Ertragswerte die landesrechtlichen Einschätzungen benutzt werden, sofern die Beschaffenheit des Grundstücks sich nicht wesentlich geändert hat und entweder anzunehmen ist, daß die landesrechtliche Schätzung den gegenwärtigen Ertragsverhältnissen noch entspricht, oder ausreichende Anhaltspunkte vorhanden sind, um aus ihnen den gegenwärtigen Ertragswert zu ermitteln.

Veranlagung nach dem gemeinen Werte an Stelle des Ertragswerts.

§ 36. [1] Beantragt ein Beitragspflichtiger gemäß § 17 Abs. 5 des Gesetzes, daß statt des Ertragswerts der gemeine Wert der Veranlagung zugrunde gelegt wird, so bleibt er an diesen Antrag gebunden.

[2] Wird ein solcher Antrag noch rechtzeitig (§ 17 Abs. 5 Satz 2 des Gesetzes) nach Zustellung des Veranlagungs- oder des Feststellungsbescheids gestellt, so ist die Veranlagung zunächst zu berichtigen. In diesem Falle wird mit der Zustellung des berichtigten Veranlagungs- oder Feststellungsbescheids oder der Mitteilung, daß die Zugrundelegung des gemeinen Wertes das

Veranlagungsergebnis nicht ändere, eine neue Rechtsmittelfrist eröffnet.

Wertermittelung bei dem sonstigen Vermögen.

§ 37. Rechte der in § 5 Nr. 6 des Gesetzes bezeichneten Art sind dem beitragspflichtigen Vermögen dann nicht zuzurechnen, wenn nach Eintritt des Versicherungsfalls § 6 des Gesetzes Anwendung finden würde.

§ 38. [1] Bringt der Beitragspflichtige von dem Werte seiner mit Dividendenschein gehandelten Wertpapiere einen Gewinnbetrag in Abzug (§ 18 Abs. 2 des Gesetzes), so hat er die Wertpapiere, für welche der Abzug begehrt wird, nach Stückzahl oder Nennbetrag und Gattung besonders zu bezeichnen.

[2] Auf Wertpapiere, die Bestandteil eines Betriebsvermögens sind, findet die Vorschrift des § 18 Abs. 2 des Gesetzes keine Anwendung.

§ 39. Der Gesamtwert der auf bestimmte Zeit beschränkten Nutzungen oder Leistungen (§ 21 Abs. 1 des Gesetzes) ist nach der beigefügten Hilfstafel zu ermitteln. Anlage 1.

Wehrbeitrag vom Einkommen.

§ 40. Mit ihrem Einkommen beitragspflichtig sind diejenigen natürlichen Personen, welche die Voraussetzungen der subjektiven Beitragspflicht nach § 10 des Gesetzes erfüllen, sofern sie auf Grund der Landeseinkommensteuergesetze (§ 31 Abs. 1 Satz 1 des Gesetzes oder der Bestimmungen der Landesregierung (§ 31 Abs. 1 Satz 3 des Gesetzes) mit einem steuerpflichtigen Einkommen von zusammen mehr als fünftausend Mark veranlagt oder zu veranlagen sind.

§ 41. [1] Wird in einem Bundesstaate gleichzeitig mit der Veranlagung des Wehrbeitrags eine landesrechtliche Einkommensteuerveranlagung durchgeführt, so ist für die Berechnung des Wehrbeitrags vom Einkommen diese Veranlagung maßgebend. Trifft dies nicht zu, so ist die letzte vor der Veranlagung des Wehrbeitrags liegende landesrechtliche Einkommensteuerveranlagung zugrunde zu legen.

[2] War ein unter § 10 Nr. I des Gesetzes fallender Beitragspflichtiger zuletzt vor der Veranlagung des

Wehrbeitrags in keinem Bundesstaat auf Grund unbeschränkter Steuerpflicht zu veranlagen, so ist die für das Rechnungsjahr 1914 gültige Einkommensteuerveranlagung für seine Veranlagung zum Wehrbeitrag maßgebend. Eine für spätere Jahre gültige Einkommensteuerveranlagung ist nur für das Ermäßigungsverfahren (§ 31 Abs. 4 des Gesetzes) zu berücksichtigen.

§ 42. Ist ein Beitragspflichtiger in mehreren Bundesstaaten zur Einkommensteuer veranlagt, so ist das in den einzelnen Bundesstaaten festgestellte Einkommen (§ 31 Abs. 1 Satz 2 des Gesetzes) zusammenzurechnen. Dies gilt nicht für mehrere Einkommensteuerveranlagungen auf Grund der unbeschränkten Steuerpflicht (vgl. § 43).

§ 43. Ist ein Beitragspflichtiger in mehreren Bundesstaaten mit seinem gesamten steuerbaren, nach den Vorschriften des Doppelsteuergesetzes vom 22. März 1909 (RGBl. S. 331) der Landesbesteuerung nicht entzogenen Einkommen zur Einkommensteuer veranlagt, so ist die Einkommensteuerveranlagung in dem Bundesstaate maßgebend, der für die Veranlagung des Wehrbeitrags zuständig ist. Zu dem hiernach maßgebenden Einkommen ist das Einkommen hinzuzurechnen, das in Gemäßheit des Doppelsteuergesetzes der ausschließlichen Besteuerung in dem anderen Bundesstaate vorbehalten ist.

§ 44. [1] Sind in dem festgestellten Einkommen eines Beitragspflichtigen die Erträgnisse der Nutznießung des Vermögens von anderen Familienangehörigen als dem Ehegatten mitenthalten, so ist der in § 31 Abs. 2 des Gesetzes vorgesehene Abzug vom Einkommen außer nach dem eigenen abgabepflichtigen Vermögen auch nach dem der Nutznießung unterliegenden fremden Vermögen zu berechnen, sofern von diesem Vermögen ebenfalls ein Wehrbeitrag zu entrichten ist und soweit der Betrag einer fünfprozentigen Verzinsung des Vermögens nicht von dem eigenen Einkommen des Vermögensinhabers in Abzug gebracht werden kann.

[2] Wenn das Vermögen der Ehegatten zusammen-

zurechnen ist, so ist von dem Einkommen des Ehemanns der Betrag einer fünfprozentigen Verzinsung des zusammengerechneten abgabepflichtigen Vermögens der Ehegatten abzuziehen. Ist jedoch die Ehefrau neben dem Ehemann auf Grund der Landeseinkommensteuergesetze mit einem Einkommen von mehr als fünftausend Mark veranlagt, so ist von dem Einkommen der Ehefrau der Betrag einer fünfprozentigen Verzinsung ihres eigenen abgabepflichtigen Vermögens abzuziehen, sofern das Einkommen aus dem Ertrage dieses Vermögens herrührt. Das Vermögen der Ehefrau, auf Grund dessen von ihrem Einkommen der Betrag einer fünfprozentigen Verzinsung abgerechnet worden ist, scheidet für die Berechnung des Abzugs vom Einkommen des Ehemanns aus.

§ 45. [1] Erfolgt die landesrechtliche Einkommensteuerveranlagung durch eine andere Behörde als durch die für die Veranlagung des Wehrbeitrags zuständige Behörde, so hat die Einkommensteuerveranlagungsbehörde dieser die maßgebende Einkommensfeststellung mitzuteilen.

[2] Falls das steuerpflichtige Einkommen nicht gemäß § 31 Abs. 1 Satz 3 des Gesetzes von der für die Veranlagung des Wehrbeitrags zuständigen Behörde ermittelt ist, kann die Feststellung des steuerpflichtigen Einkommens nicht durch die in § 48 des Gesetzes vorgesehenen Rechtsmittel, sondern nur durch die gegen die landesrechtliche Einkommensveranlagung an sich zulässigen Rechtsbehelfe angefochten werden.

[3] Wird die landesrechtliche Einkommensveranlagung im Rechtsmittelverfahren geändert, so ist die Veranlagung des Wehrbeitrags von Amts wegen entsprechend zu berichtigen.

[4] Wird die landesrechtliche Einkommensveranlagung im Verwaltungswege berichtigt, so kann nach näherer Bestimmung der obersten Landesfinanzbehörde eine entsprechende Berichtigung der Veranlagung zum Wehrbeitrage verfügt werden.

§ 46. Würde die Verbindung der Abgabepflicht vom Vermögen und Einkommen nach der Ansicht der Veranlagungsbehörde zu einer vom Gesetze nicht gewollten Doppelbesteuerung führen, so kann die Veranlagungsbehörde zu deren Vermeidung die Erhebung eines entsprechenden, auf das Einkommen entfallenden Abgabebetrags vorläufig aussetzen und dem Beitragspflichtigen anheimstellen, binnen einem Monat den Erlaß dieses Betrags aus Billigkeitsgründen beim Bundesrate zu beantragen. Derartige Anträge sind bei der Veranlagungsbehörde anzubringen und von dieser unter Darstellung des Sachverhalts durch Vermittelung der obersten Landesfinanzbehörde dem Reichskanzler (Reichsschatzamt) vorzulegen.

§ 47. [1] Das zweite und letzte Drittel des Wehrbeitrags vom Einkommen ist je auf Antrag zu ermäßigen, wenn sich das Einkommen des Beitragspflichtigen gegenüber dem für die Veranlagung des Wehrbeitrags gemäß § 31 Abs. 1 des Gesetzes festgestellten Einkommen um mindestens vierzig vom Hundert dieses Betrags vermindert hat. Für die Ermittelung des verminderten Einkommens gelten die gleichen Grundsätze wie für die erste Einkommensfeststellung. Maßgebend ist die landesrechtliche Feststellung des steuerpflichtigen Einkommens für das folgende und nächstfolgende Steuerjahr. Die geschuldeten Wehrbeitragsteile sind in demselben Verhältnis zu ermäßigen, in dem das verminderte Einkommen zu dem früheren steht. Ist das Einkommen unter den Betrag von dreitausend Mark gesunken, so ist der Wehrbeitragsteil ganz in Abgang zu stellen. Eine Ermäßigung findet nicht statt, wenn die Minderung des Einkommens nur durch einen vorübergehenden Wegfall der Einkommensquelle veranlaßt ist.

[2] Im Falle des Todes eines Beitragspflichtigen findet eine Ermäßigung des Wehrbeitrags vom Einkommen auf Antrag der Erben statt, wenn nachweislich das Einkommen, das aus den mit dem Tode des Beitragspflichtigen nicht weggefallenen Einkommensquellen fließt, um mindestens vierzig vom Hundert geringer ist als das der Veranlagung zum Wehrbeitrage zugrunde gelegte Einkommen des Beitragspflichtigen. Abs. 1 Satz 4, 5 findet Anwendung.

³ Der Antrag ist nicht mehr zu berücksichtigen, wenn er erst nach Ablauf von drei Monaten nach dem gesetzlichen Zahlungstage gestellt wird. Steht die für den Ermäßigungsanspruch maßgebende Einkommensteuerveranlagung am gesetzlichen Zahlungstage noch nicht rechtskräftig fest, so beginnt die Frist erst mit dem Tage nach Eintritt der Rechtskraft dieser Veranlagung. In Bundesstaaten, in denen ein bestimmter Zeitpunkt für die Rechtskraft der Einkommensteuerveranlagung nicht festgestellt werden kann, beginnt die Frist mit dem Fälligkeitstage des ersten Teiles der ermäßigten Einkommensteuer. Im Falle des § 31 Abs. 1 Satz 3 des Gesetzes wird der Beginn der Frist durch die oberste Landesfinanzbehörde bestimmt.

⁴ Über den Ermäßigungsantrag hat die Veranlagungsbehörde zu entscheiden. Wird dem Antrag nicht oder nicht in vollem Umfang entsprochen, so steht dem Antragsteller nur die Anrufung der übergeordneten Verwaltungsbehörden offen. Die oberste Landesfinanzbehörde bestimmt das Nähere.

Veranlagung von inländischen Gesellschaften.

§ 48. ¹ Zu den wirklichen Reservekontenbeträgen, von denen die inländischen Aktiengesellschaften und Kommanditgesellschaften auf Aktien zuzüglich etwaiger Gewinnvorträge, jedoch ausgenommen die Fonds für Wohlfahrtszwecke, den Wehrbeitrag zu entrichten haben, gehören nur solche Bilanzposten, die ausweislich der Bilanz eine Kapitalsansammlung über den Betrag des Grundkapitals hinaus darzustellen bestimmt sind (z. B. der gesetzliche Reservefonds, freiwillige Reservefonds, Dividendenausgleichsfonds, Rückstellungen für künftige, möglicherweise eintretende Verluste oder Ausgaben), dagegen u. a. nicht Posten, die einen Ausgleich für die Wertminderung von Vermögensgegenständen der Gesellschaft darstellen sollen (z. B. Erneuerungsfonds) oder die zur Deckung bereits begründeter Verpflichtungen eingestellt sind (z. B. Talonsteuerreserven, Reserven für den Fall des ungünstigen Ausganges eines anhängigen oder bevorstehenden Rechtsstreits), bei Versicherungsgesellschaften die Rücklagen für die Versicherungssummen und für die den Versicherten selbst als sogenannte Dividende zurückzugewährenden Prämienüberschüsse.

[2] Für die Beitragspflicht ist nicht die Benennung des Postens in der Bilanz, sondern seine aus dem Gesetze, der Satzung oder den Generalversammlungsbeschlüssen zu entnehmende Bestimmung maßgebend.

[3] Der Vermögenserklärung ist die Bilanz nebst Gewinn- und Verlustrechnung für das letzte Betriebsjahr beizufügen.

Veranlagung von ausländischen Gesellschaften und von beschränkt beitragspflichtigen natürlichen Personen.

§ 49. [1] Aktiengesellschaften und Kommanditgesellschaften auf Aktien, die ihren Sitz im Ausland haben, im Inland aber Grund- oder Betriebsvermögen besitzen, sind ebenso wie die beschränkt beitragspflichtigen natürlichen Personen (§ 10 Nr. II des Gesetzes) mit ihrem inländischen Grund- und Betriebsvermögen beitragspflichtig, wobei nur die in einer wirtschaftlichen Beziehung zu diesen Vermögensteilen stehenden Schulden und Lasten, nicht dagegen die entsprechenden Anteilbeträge am Aktienkapital abzugsfähig sind. Sofern nicht besondere Umstände eine gegenteilige Annahme rechtfertigen, ist eine wirtschaftliche Beziehung zu dem in Grundstücken bestehenden Vermögen anzuerkennen, wenn die Schulden und Lasten auf den betreffenden Grundstücken ruhen.

[2] Zu dem nach § 10 Nr. II, § 11 Abs. 1 Nr. 2 des Gesetzes beitragspflichtigen inländischen Grund- und Betriebsvermögen gehört außer dem im Gebiete des Deutschen Reichs liegenden Grund- und Gebäudebesitz alles Vermögen, das gewidmet ist der Ausübung eines stehenden Gewerbes in einer innerhalb des Reichsgebiets befindlichen Betriebsstätte (§ 3 Abs. 2 des Doppelsteuergesetzes).

Rechtshilfe.

§ 50. Die Veranlagungsbehörden haben sich bei der Veranlagung des Wehrbeitrags gegenseitig Rechtshilfe zu leisten. Das gilt insbesondere für die Ermittelung des Wertes des in auswärtigen Veranlagungsbezirken befindlichen Grund- und Betriebsvermögens eines Beitragspflichtigen.

Freistellung vom Wehrbeitrage.

§ 51. [1] Vermögen, die den Betrag von zehntausend Mark nicht übersteigen, sind beitragsfrei.

[2] Beitragspflichtige, die ein Vermögen von mehr als zehntausend, aber nicht mehr als dreißigtausend Mark besitzen, sind freizustellen, wenn sich ergibt, daß ihr Jahreseinkommen nicht mehr als viertausend Mark beträgt. Beitragspflichtige, die ein Vermögen von mehr als dreißigtausend, aber nicht mehr als fünfzigtausend Mark besitzen, sind freizustellen, wenn sich ergibt, daß ihr Jahreseinkommen nicht mehr als zweitausend Mark beträgt. Dies gilt jedoch nicht für die nach § 11 des Gesetzes beitragspflichtigen Gesellschaften.

[3] Als Einkommen im Sinne des § 12 Abs. 2 des Gesetzes gilt das gesamte Einkommen einer Person, gleichviel, ob es in einem Bundesstaate steuerpflichtig ist oder nicht.

§ 52. [1] Aktiengesellschaften oder Kommanditgesellschaften auf Aktien, welche die Befreiung vom Wehrbeitrag in Anspruch nehmen wollen, haben einen hierauf gerichteten Antrag bei der zuständigen Veranlagungsbehörde zu stellen und hierbei diejenigen Tatsachen nachzuweisen, die eine Freistellung nach § 11 Abs. 2 Nr. 1 oder 2 des Gesetzes begründen.

[2] Soweit die Befreiung nach § 11 Abs. 2 Nr. 1 des Gesetzes beansprucht wird, ist der Antrag mit einer gutachtlichen Äußerung der Oberbehörde durch Vermittelung der obersten Landesfinanzbehörde dem Bundesrate vorzulegen. Die oberste Landesfinanzbehörde kann ohne Vorlegung des Antrags an den Bundesrat die Befreiung bewilligen, wenn bereits früher auf Grund der Befreiungsbestimmungen unter Nr. 1 der Tarifnummer 1 des Reichsstempelgesetzes eine Entscheidung des Bundesrats über Befreiung der Gesellschaft von den Stempelabgaben ergangen ist und sich seit der Entscheidung die für die Befreiung maßgebend gewesenen Verhältnisse nicht geändert haben.

³ Über den Anspruch auf Freistellung nach § 11 Abs. 2 Nr. 2 des Gesetzes entscheidet die Veranlagungsbehörde.

Ermäßigung des Wehrbeitrags.

§ 53. ¹ Der Anspruch auf eine Ermäßigung des Wehrbeitrags gemäß § 33 Abs. 1 des Gesetzes ist nach den Verhältnissen am 31. Dezember 1913 zu beurteilen.

² Für die Ermäßigung des Wehrbeitrags nach § 33 Abs. 2 des Gesetzes sind vorbehaltlich einer späteren weiteren Ermäßigung zunächst nur diejenigen Söhne zu berücksichtigen, die ihre gesetzliche Dienstpflicht beim Heere oder bei der Flotte zur Zeit der Veranlagung bereits abgeleistet haben. Der Antrag auf eine weitere Ermäßigung oder auf Erstattung des entsprechenden Betrags nach erfolgter Zahlung des ganzen Wehrbeitrags ist innerhalb eines Jahres nach Ableistung der Dienstpflicht bei der Veranlagungsbehörde anzubringen.

³ Als Einkommen im Sinne des § 33 des Gesetzes gilt das gesamte Einkommen einer Person, gleichviel, ob es in einem Bundesstaate steuerpflichtig ist oder nicht.

Berechnung des Wehrbeitrags.

§ 54. ¹ Nach Abschluß der Ermittelungen über das Vermögen und Einkommen des Beitragspflichtigen ist der Wehrbeitrag zu berechnen und das Ergebnis der Veranlagung in die Wehrbeitragsliste einzutragen.

² Zum Grundvermögen (Spalte 3 [4] der Wehrbeitragsliste A [B]) sind zu rechnen alle im Inland belegenen Grundstücke eines Beitragspflichtigen einschließlich der unter § 3 des Gesetzes fallenden Berechtigungen, soweit sie nicht dem Betriebe eines Bergbaues oder eines Gewerbes dienen, mit allem Zubehör.

³ Zum Betriebsvermögen (Spalte 4 [5] der Wehrbeitragsliste A [B]) gehört das gesamte dem inländischen Betriebe der Land- oder Forstwirtschaft, des Bergbaues oder eines Gewerbes dienende Vermögen eines Beitragspflichtigen. Das dem Betriebe der Land- oder Forstwirtschaft auf eigenen selbstbewirtschafteten Grundstücken und zugepachteten Grundstücken dienende Vermögen ist jedoch in Spalte 3 (4), die dem Betriebe des Bergbaues oder eines Gewerbes dienenden Grundstücke und unter

§ 3 des Gesetzes fallende Berechtigungen sind in Spalte 4 (5) der Wehrbeitragsliste A (B) nachzuweisen. Der Betrieb der Gärtnerei gilt, je nachdem die Bodenbewirtschaftung überwiegt oder nicht, als landwirtschaftlicher oder als gewerblicher Betrieb.

[4] Alles sonstige Vermögen eines Beitragspflichtigen ist als Kapitalvermögen in Spalte 5 der Wehrbeitragsliste A aufzuführen.

[5] Zur Berechnung der Abgabe vom Vermögen dient die beigefügte Hilfstafel. Anlage 2.

Veranlagungsbescheid.

§ 55. [1] Dem Beitragspflichtigen ist ein Veranlagungsbescheid nach Anleitung des Musters 5 zu erteilen. Er hat zu enthalten Muster 5.

den Gesamtbetrag des zu zahlenden Wehrbeitrags,

die Höhe des Vermögens, von dem der Wehrbeitrag berechnet und dessen Feststellung für eine spätere Veranlagung zur Besitzsteuer maßgebend ist,

die Höhe des Einkommens, von dem der Wehrbeitrag berechnet ist,

eine Belehrung über die zulässigen Rechtsmittel unter Angabe der Rechtsmittelfristen und Bezeichnung der Behörden, bei denen die Rechtsmittel einzulegen sind,

die Anweisung zur Entrichtung des Wehrbeitrags in den gesetzlichen Teilbeträgen innerhalb der vorgeschriebenen Zahlungsfristen,

einen Hinweis auf die Zulässigkeit der Vorauszahlung der späteren Teilbeträge gegen Gewährung von Zinsenvergütung,

die Bezeichnung der zur Empfangnahme der Zahlung zuständigen Kassenstelle.

[2] In dem Veranlagungsbescheid ist anzugeben, in welchen Punkten bei der Feststellung des beitragspflichtigen Vermögens von der Vermögenserklärung abgewichen worden ist. Eine Begründung der Abweichungen ist nicht erforderlich.

[3] Dem Inhaber eines Lehens, Fideikommisses oder Stammguts (§ 8 des Gesetzes) hat die Veranlagungs-

behörde auf Verlangen den Unterschied zwischen dem geschuldeten Wehrbeitrag und dem Betrage mitzuteilen, der sich ergäbe, wenn nur der nach § 22 des Gesetzes berechnete Kapitalwert der Nutzung des Inhabers der Vermögensfeststellung zugrunde gelegt würde.

Feststellungsbescheid.

§ 56. [1] Den zur Abgabe einer Vermögenserklärung Verpflichteten (§ 10, § 36 Abs. 1 des Gesetzes), die gemäß § 12 Abs. 2 des Gesetzes freizustellen sind, ist ein Bescheid über die Feststellung ihres Vermögens, die für eine künftige Veranlagung zur Besitzsteuer maßgebend ist, zu erteilen.

Muster 6. [2] Der Feststellungsbescheid, für den das Muster 6 als Anhalt dient, hat wie der Veranlagungsbescheid eine Belehrung über die zulässigen Rechtsmittel und eine Bezeichnung der Punkte zu enthalten, in welchen bei der Feststellung des Vermögens von der Vermögenserklärung abgewichen worden ist.

§ 57. [1] Der Veranlagungsbescheid oder der Feststellungsbescheid ist dem Pflichtigen oder seinem gesetzlichen oder bevollmächtigten Vertreter zuzustellen. Ist der Beitragspflichtige vor Zustellung des Veranlagungsbescheids gestorben, so ist dieser Bescheid, der dann eine Feststellung des für eine künftige Veranlagung zur Besitzsteuer maßgebenden Vermögensstandes nicht mehr zu enthalten hat, den im § 18 Abs. 2 bezeichneten Personen zuzustellen.

[2] Die Zustellung hat nach den in dem betreffenden Bundesstaate für amtliche Zustellungen in Landessteuersachen maßgebenden Vorschriften zu erfolgen.

§ 58. Ist den in die Wehrbeitragsliste aufgenommenen, nach § 11 des Besitzsteuergesetzes steuerpflichtigen Personen gemäß § 47 Abs. 1 des Wehrbeitragsgesetzes weder ein Veranlagungs- noch ein Feststellungsbescheid zu erteilen, so ist das für sie ermittelte Vermögen in der Wehrbeitragsliste zu vermerken.

Erhebung des Wehrbeitrags.

§ 59. Über die Erhebung des Wehrbeitrags werden zwei Bücher geführt, ein Wehrbeitrags-Sollbuch und ein Wehrbeitrags-Einnahmebuch. **Das Sollbuch umfaßt die Erhebung aller drei Teilbeträge des Wehrbeitrags, das Einnahmebuch den Zeitraum des Rechnungsjahrs.**

§ 60. [1] Das Sollbuch ist nach dem Muster 7 zu führen. Durch das Sollbuch ist zugleich der rechtzeitige Eingang der fälligen Teilbeträge des geschuldeten Wehrbeitrags sowie der gestundeten und der in Teilzahlungen zu entrichtenden Beträge zu überwachen. Muster 7.

[2] Die Veranlagungsbehörde hat nach der Veranlagung zum Wehrbeitrag alsbald auf Grund der festgestellten Wehrbeitragslisten A und B für jeden Erhebungsbezirk ein Sollbuch unter Ausfüllung der Spalten 1 bis 4 aufzustellen. Das Sollbuch ist in Spalte 4 aufzurechnen und auf dem Titelblatte mit Feststellungsbescheinigung zu versehen.

[3] Die Erhöhung oder Herabsetzung des zum Soll gestellten Wehrbeitrags im Rechtsmittel-, Ermäßigungs-, Berichtigungs- oder Neuveranlagungsverfahren (§ 48 Abs. 1, § 31 Abs. 4, § 33 Abs. 2, § 54 Satz 2 des Gesetzes) kommt in den Spalten 5 und 6 zur Darstellung. Die Inabgangstellung des Sollbetrags infolge Überweisung des Wehrbetrags bei Verlegung des Wohnsitzes des Beitragspflichtigen (§ 67) erfolgt in Spalte 7. Die Ausfüllung dieser Spalten geschieht durch die Hebestelle. Die Spalte 8 (Berichtigtes Soll) ist erst beim Abschluß des Sollbuchs auszufüllen.

[4] Erfolgt bei Vorauszahlung veranlagter noch nicht fälliger Teilbeträge die Zahlung mindestens drei Monate vor dem gesetzlichen Zahlungstage (15. Februar 1915 und 15. Februar 1916), so sind auf Antrag 4 vom Hundert Jahreszinsen vom Tage der Einzahlung bis zum gesetzlichen Zahlungstage von dem geschuldeten Betrag in Abzug zu bringen. Der nach Abzug der Zinsen zu zahlende Betrag ist in die Spalte 10, die Zinsenvergütung in die Spalte 12 des Sollbuchs einzutragen. In dem Einnahmebuch (§ 62) ist nur der wirklich gezahlte Betrag in Spalte 5 zu buchen.

[5] Das Sollbuch wird am 31. März 1917 durch die Hebestelle in den Spalten 5 ff. aufgerechnet und abgeschlossen. Die nach Spalte 14 verbliebenen Rückstände

werden in die Restnachweisung (§ 75) übernommen. Unter dem Abschluß des Sollbuchs ist von einem an der Kassenführung nicht beteiligten Beamten zu bescheinigen, daß die nach Spalte 14 verbliebenen Rückstände sämtlich in die Restnachweisung übertragen worden sind.

§ 61. Die oberste Landesfinanzbehörde kann im Einverständnisse mit dem Reichskanzler (Reichsschatzamt) anordnen, daß von der Führung eines besonderen Sollbuchs abzusehen ist. In diesem Falle ist die Wehrbeitragsliste mit dem Sollbuch durch Aufnahme der Spalten 5 ff. des Sollbuchs zu verbinden.

Muster 8. **§ 62.** 1 Das Einnahmebuch ist nach dem Muster 8 für je ein Rechnungsjahr zu führen und am 31. März jedes Jahres abzuschließen. Abweichungen von dem Muster 8 sind mit Zustimmung des Reichskanzlers (Reichsschatzamt) zulässig.

2 In dem Einnahmebuche für das Rechnungsjahr 1913 und — soweit das Sollbuch noch nicht vorliegt — auch in dem Einnahmebuche für das Rechnungsjahr 1914 sind zunächst nur die Spalten 1, 2, 4 bis 7 auszufüllen. Die Ausfüllung der Spalten 3, 8 und 9 geschieht nach Veranlagung des Wehrbeitrags und Aufstellung des Sollbuchs.

Freiwillige Beiträge.

§ 63. 1 Freiwillige Beiträge sind anzunehmen. Über solche Beträge ist eine von zwei Beamten auszustellende Quittung zu erteilen. Ist die Hebestelle nur mit einem Kassenbeamten besetzt und die sofortige Zuziehung eines anderen Beamten nicht angängig, so hat der Kassenbeamte zunächst eine als solche zu bezeichnende vorläufige Bescheinigung zu erteilen. Demnächst ist eine vorschriftsmäßige Quittung zu übersenden. Die oberste Landesfinanzbehörde bestimmt das Nähere.

2 Eine Aufnahme der freiwilligen Beiträge in die Wehrbeitragsliste oder in das Sollbuch findet nicht statt.

3 Freiwillige Beiträge sind auf Antrag auf den Wehrbeitrag anzurechnen.

Vorauszahlung von Wehrbeiträgen.

§ 64. [1] Will ein Beitragspflichtiger vor Veranlagung den Wehrbeitrag oder einen Teil hiervon im voraus zahlen, so ist der angebotene Betrag anzunehmen. § 63 Abs. 1 findet Anwendung.

[2] Nach Veranlagung des Wehrbeitrags und dessen Insollstellung ist der vorausgezahlte Betrag auf den festgestellten Wehrbeitrag unter Ausfüllung der Spalte 10 des Sollbuchs und der Spalte 8 des Einnahmebuchs anzurechnen. Übersteigt der festgestellte Wehrbeitrag den vorausgezahlten Betrag, so ist die gezahlte Summe auf die zuerst fälligen Teilbeträge zu verrechnen. Bleibt der geschuldete Wehrbeitrag hinter dem zum voraus gezahlten Betrage zurück, so ist der Mehrbetrag als freiwilliger Beitrag anzusehen, falls er nicht zurückgefordert wird. Die Bestimmung in § 60 Abs. 4 Satz 1 und 2 findet mit der Maßgabe Anwendung, daß für das erste Drittel keine Zinsen zu vergüten sind.

§ 65. Freiwillige Beiträge und Vorauszahlungen auf den gesetzlichen Wehrbeitrag sind in dem bei Bedarf alsbald anzulegenden Einnahmebuch in Spalte 6 zu vereinnahmen.

Stundung, Teilzahlung und Sicherstellung.

§ 66. [1] Stundungen oder andere als die gesetzlichen Teilzahlungen kann die Veranlagungsbehörde auf Antrag bewilligen, wenn die sofortige Einziehung des Wehrbeitrags zu den gesetzlichen Zahlungsfristen mit erheblichen Härten für den Beitragspflichtigen verbunden sein würde, oder soweit im Falle der Anfechtung eines Veranlagungsbescheids das Rechtsmittelverfahren voraussichtlich zu einer Aufhebung oder Herabsetzung des Wehrbeitrags führen wird.

[2] Die oberste Landesfinanzbehörde kann im Einverständnisse mit dem Reichskanzler (Reichsschatzamt) die Bewilligung von Stundung oder Teilzahlung der Erhebungsbehörde übertragen.

[3] Die Stundung des Wehrbeitrags erfolgt für Rechnung und Gefahr der Reichskasse.

[4] Die Stundung des Wehrbeitrags oder dessen Ent-

richtung in anderen als den gesetzlichen Teilzahlungen darf nur bis zu drei Jahren, von der Fälligkeit des einzelnen gesetzlichen Teilbetrags an gerechnet, bewilligt werden.

5 Stundung oder Bewilligung von Teilzahlungen ist in allen für eine Sicherheitsleistung geeigneten Fällen nur gegen eine solche zulässig. In welcher Art für gestundeten Wehrbeitrag Sicherheit zu leisten ist, richtet sich nach den landesrechtlichen Bestimmungen. Zur Stundung eines fünfhundert Mark übersteigenden Betrags oder für länger als sechs Monate nach Fälligkeit der einzelnen Teilbeträge ist die Genehmigung der Oberbehörde oder einer anderen von der obersten Landesfinanzbehörde bestimmten Behörde erforderlich.

6 Die Gewährung von Teilzahlungen ist an die Bedingung zu knüpfen, daß bei dem Ausbleiben auch nur einer Teilzahlung die sofortige Beitreibung des ganezn noch rückständigen Teilbetrags des Wehrbeitrags erfolgen würde.

7 Eine Verzinsung des gestundeten Wehrbeitrags findet nicht statt.

8 Stundung und Entrichtung von Teilzahlungen sind durch das Sollbuch und nach dessen Abschluß durch die Restnachweisung (§ 75) zu überwachen.

9 Die kassen- und rechnungsmäßige Behandlung der hinterlegten Sicherheiten erfolgt nach den landesrechtlichen Bestimmungen.

Überweisung des Wehrbeitrags bei Verlegung des Wohnsitzes des Beitragspflichtigen.

§ 67. 1 Verlegt der Beitragspflichtige seinen Wohnsitz in den Bezirk einer anderen Veranlagungsbehörde, so hat die Erhebung des Wehrbeitrags durch die für den neuen Wohnort zuständige Hebestelle zu erfolgen.

2 Die bisherige Hebestelle stellt den noch rückständigen Teil des Wehrbeitrags in Spalte 7 des Sollbuchs in Abgang und übersendet ihrer Veranlagungsbehörde unter Angabe der Wohnsitzänderung einen Auszug aus dem Sollbuch (Spalte 1 bis 13, 16, 17) in zweifacher Ausfertigung.

§ 68. [1] Die bisherige Veranlagungsbehörde hat den noch nicht gezahlten Wehrbeitrag der für den neuen Wohnort zuständigen Veranlagungsbehörde unter Übersendung je eines Auszugs aus der Wehrbeitragsliste A und aus dem Sollbuch zur Einziehung zu überweisen. Beizufügen sind die den Beitragspflichtigen betreffenden Verhandlungen. Die Überweisung ist in der Bemerkungsspalte der Wehrbeitragsliste zu vermerken und der überwiesene Betrag ist am Schlusse der Wehrbeitragsliste in Spalte 17 von dem aufgerechneten Gesamtwehrbeitrag abzusetzen.

[2] Die Veranlagungsbehörde des neuen Wohnorts hat den überwiesenen Wehrbeitrag in eine Zugangsliste zur Wehrbeitragsliste (§ 12) aufzunehmen.

[3] Die neue Veranlagungsbehörde übersendet der nunmehr zuständigen Hebestelle den Auszug aus dem Sollbuch unter Angabe der Nummer der Zugangsliste. Die Hebestelle trägt den Wehrbeitrag in das Wehrbeitrags-Sollbuch unter einer neuen Abteilung mit der Überschrift „Dritte Abteilung: Zugänge an Wehrbeiträgen" ein. Daß dies geschehen, ist der Veranlagungsbehörde unter Angabe der Nummer des Sollbuchs alsbald anzuzeigen. Die Mitteilung der Veranlagungsbehörde wird Beleg zum Sollbuch.

[4] Demnächst bestätigt die Veranlagungsbehörde (unter Angabe der Nummer ihrer Zugangsliste) der bisherigen Veranlagungsbehörde die Übernahme des Wehrbeitrags. Letztere teilt der bisherigen Hebestelle die erfolgte Überweisung mit; die Mitteilung wird Beleg zum Sollbuch.

[5] Gleichzeitig setzt die neue Veranlagungsbehörde den Beitragspflichtigen von der Überweisung mit der Aufforderung in Kenntnis, weitere Zahlungen an die neue Hebestelle zu leisten.

[6] Für die Überweisung innerhalb eines Bundesstaats kann die oberste Landesfinanzbehörde Abweichendes bestimmen.

§ 69. Die Bestimmungen in den §§ 67, 68 finden auf Aktiengesellschaften und Kommanditgesellschaften auf Aktien keine Anwendung.

Ableben des Beitragspflichtigen.

§ 70. [1] Ist der Beitragspflichtige nach Veranlagung und Insollstellung des Wehrbeitrags gestorben, so ist der noch nicht gezahlte Wehrbeitrag von den Erben einzuziehen. Die Hebestelle hat das Ableben des Beitragspflichtigen der Veranlagungsbehörde anzuzeigen.

[2] War dem Verstorbenen eine Stundung des Wehrbeitrags oder dessen Entrichtung in Teilbeträgen bewilligt worden, so erlischt die Bewilligung mit seinem Ableben.

[3] Im Falle des Todes eines Beitragspflichtigen findet eine Überweisung des Wehrbeitrags zur Einziehung nicht statt.

Niederschlagung.

§ 71. Zur Niederschlagung von Wehrbeiträgen wegen Uneinbringlichkeit sind nur die Oberbehörden zuständig. Die Niederschlagung darf nur dann erfolgen, wenn keine Aussicht zur Einziehung des geschuldeten Beitrags mehr besteht. Die Niederschlagung ist in der Wehrbeitragsliste zu vermerken und der Hebestelle mitzuteilen. Die Mitteilung wird Beleg zum Sollbuch.

Erstattung.

§ 72. [1] Über Anträge auf Erstattung zu Unrecht gezahlten Wehrbeitrags entscheidet die Oberbehörde der Veranlagungsbehörde, welche den Wehrbeitrag festgesetzt hat.

[2] Dem Antrag auf Erstattung des Wehrbeitrags ist nur zu entsprechen, wenn er innerhalb eines Jahres vom Zeitpunkt der Zahlung oder Beitreitung des Beitrags ab gestellt worden ist. Wird der Antrag auf Tatsachen gestützt, die erst nach der Zahlung oder Beitreibung eingetreten sind, so beginnt die einjährige Frist mit dem Tage, an dem der Antragsteller von diesen Tatsachen Kenntnis erhalten hat.

[3] Eine Erstattung des Wehrbeitrags hat auch von Amts wegen zu erfolgen, wenn die Berechnung oder Erhebung des Wehrbeitrags auf einem offenbaren Versehen beruht und die Überhebung mindestens fünf Mark beträgt.

⁴ Die Erstattung ist in der Wehrbeitragsliste zu vermerken.

⁵ Die näheren Bestimmungen über das Verfahren trifft die oberste Landesfinanzbehörde.

§ 73. Die nach § 50 Satz 2 des Gesetzes zu vergütenden Zinsen für die auf Grund rechtskräftiger Entscheidung zu erstattenden Beträge sind wie Erstattungen an Wehrbeitrag zu Lasten der Reichskasse zu verrechnen.

Anderweite Veranlagung des Wehrbeitrags.

§ 74. ¹ Wird im Rechtsmittel-, Ermäßigungs-, Berichtigungs- oder Neuveranlagungsverfahren (§ 48 Abs. 1, § 31 Abs. 4, § 33 Abs. 2, § 54 Satz 2 des Gesetzes) der Wehrbeitrag anderweit veranlagt, so hat die Veranlagungsbehörde die Eintragungen in den Spalten 3 ff. der Wehrbeitragsliste (Zugangsliste) mit roter Tinte zu berichtigen.

² Die Erhöhung oder Herabsetzung des Wehrbeitrags (Zugang oder Abgang) ist der Hebestelle behufs Eintragung in die Spalten 5 und 6 des Sollbuchs mitzuteilen. Die Mitteilung wird Beleg zum Sollbuch.

Rückstände von Wehrbeiträgen und Restnachweisung.

§ 75. ¹ Sind am 31. März 1917 beim Abschluß des Sollbuchs die zum Soll gestellten Wehrbeiträge noch nicht oder nicht vollständig zur Hebung gelangt, so sind die Rückstände in die Restnachweisung einzutragen und dort weiter abzuwickeln.

² Die Restnachweisung wird nach dem Muster 9 geführt. Von einem an der Kassenführung nicht beteiligten Beamten ist auf dem Titelblatte der Restnachweisung zu bescheinigen, daß die beim Abschluß des Sollbuchs rückständig gebliebenen Wehrbeiträge in die Restnachweisung übertragen worden sind. Muster 9

³ Einzahlungen auf diese Reste sind im Einnahmebuche zu buchen.

⁴ Eine Überweisung der in die Restnachweisung übernommenen Beträge findet im Falle des Wegzugs des Beitragspflichtigen in einen anderen Bezirk nicht statt.

Unterbliebene Veranlagung des Wehrbeitrags.

§ 76. [1] Wehrbeiträge, welche wegen zu Unrecht unterbliebener Veranlagung erst später veranlagt werden, sind in der Zugangsliste zur Wehrbeitragsliste und in dem Wehrbeitrags-Sollbuch (Abteilung III) oder nach dessen Abschluß in der Restnachweisung nachzuweisen. Die Bestimmungen in § 68 Abs. 2, 3 finden sinngemäße Anwendung.

[2] Sind die in § 51 Abs. 1 des Gesetzes vorgesehenen gesetzlichen Zahlungsfristen bereits verstrichen, so ist der Wehrbeitrag binnen vier Wochen nach Zustellung des Veranlagungsbescheids zu entrichten.

Kosten.

§ 77. [1] Das Verfahren in Wehrbeitragsangelegenheiten ist, soweit nicht hinsichtlich der Kosten in den §§ 66, 44 des Gesetzes in ein anderes bestimmt ist, kosten-, gebühren- und stempelfrei.

[2] Zu den Kosten des Verfahrens ist auch die Postgebühr zu rechnen, welcher die Sendungen der Veranlagungsbehörden und Hebestellen an die Beitragspflichtigen unterliegen; sie fällt daher den letzteren nicht zur Last. Dagegen haben die Beitragspflichtigen die Postgebühr für die von ihnen an die bezeichneten Behörden zu richtenden Sendungen zu tragen.

Aktenführung.

§ 78. Über jeden einzelnen in die Wehrbeitragslisten aufgenommenen Beitragspflichtigen sind Akten anzulegen, in welche alle auf die Veranlagung zum Wehrbeitrage bezüglichen Mitteilungen, Vermögenserklärungen, Anträge und sonstigen Schriftstücke nach der Zeitfolge geordnet aufzunehmen sind. Die Akten sind derart zu führen, daß sich eine Nachprüfung nach ihrem Inhalt ermöglichen läßt.

Aufbewahrungsfristen.

§ 79. [1] Die Wehrbeitragslisten B, die Wehrbeitragsakten der Gesellschaften und die Kassenbücher sind nach Abschluß des Veranlagungsverfahrens noch 15 Jahre aufzubewahren.

[2] Die Bestimmung der Frist für die Aufbewahrung der Wehrbeitragslisten A und der Akten der natürlichen

Personen bleibt den Ausführungsbestimmungen zum Besitzsteuergesetze vorbehalten.

Prüfungsverfahren.

§ 80. [1] Die über die Veranlagung und Erhebung des Wehrbeitrags geführten Bücher sind durch die Oberbehörden nachzuprüfen. Zu diesem Zwecke sind die Bücher nebst den dazu gehörigen Belegen nach Ablauf des Rechnungsjahres 1916 der Oberbehörde einzureichen. Die Einreichung der Restnachweisung und der hierzu gehörigen Einnahmebücher hat alsbald nach vollständiger Abwickelung der Reste zu geschehen. Die oberste Landesfinanzbehörde kann abweichend von der Bestimmung in Satz 2 anordnen, daß die Nachprüfung der Bücher und Belege an den Amtssitzen der Veranlagungsbehörden und Hebestellen durch abgeordnete Beamte der Oberbehörde stattzufinden hat.

[2] Inwieweit sich die Prüfung der Oberbehörde auch auf die einzelnen Veranlagungen zum Wehrbeitrage zu erstrecken hat, bestimmt die oberste Landesfinanzbehörde.

[3] Die Landesregierung kann die Prüfung anderen Behörden als den nach § 1 Abs. 1 bestimmten Oberbehörden übertragen. Die Behörden sind unter Angabe ihrer Amtsbezirke dem Reichskanzler (Reichsschatzamt) mitzuteilen.

Abrechnung über den Wehrbeitrag und Aufstellung der Einnahmeübersichten.

§ 81. Über den aufgekommenen Wehrbeitrag einschließlich der Nacherhebungen und abzüglich der Erstattungen haben die Landeskassen mit der Reichshauptkasse monatlich nach Maßgabe der §§ 1 bis 3 der Bestimmungen vom 23. Juni 1910 (Zentralblatt für das Deutsche Reich S. 352) abzurechnen.

§ 82. Die an die Reichskasse abzuführenden Beträge an Wehrbeitrag sind auf Grund von Anweisungen der den Erhebungsbehörden (Hebestellen) übergeordneten Oberbehörden (§ 1) in die Monatsabrechnungen der Landeskassen (Muster I der Bestimmungen vom 23. Juni 1910) unter den etatsmäßigen Einnahmen der Reichshauptkasse auf besonderer Linie einzusetzen.

§ 83. [1] Zum Zwecke der Anweisung (§ 82) ist von den Hebestellen das Ergebnis der Einnahme an Wehrbeitrag nach den am Schlusse jedes Kalendermonats abzuschließenden Einnahme- und Kassenbüchern den übergeordneten Oberbehörden mittels Übersichten anzuzeigen, deren Form von den obersten Landesfinanzbehörden vorzuschreiben ist.

[2] Die Oberbehörden haben auf Grund der Übersichten der nachgeordneten Hebestellen

für die Monate April, Mai, Juli, August, Oktober, November, Januar und Februar Monats-Einnahmeübersichten nach Muster 10, (Muster 10.)

nach Ablauf der Monate Juni, September, Dezember und März Vierteljahrs-Einnahmeübersichten nach Muster 11 (Muster 11.)

aufzustellen. Die Monatsübersichten haben lediglich die Einnahmen im abgelaufenen Monat, die Vierteljahrsübersichten dagegen die Einnahmen im abgelaufenen Teile des Rechnungsjahrs, die letzte die im ganzen Rechnungsjahre nachzuweisen. Das Schlußergebnis ist der nach § 82 zu erteilenden Anweisung zugrunde zu legen. Die Monatsübersichten sind spätestens bis zum 10., die Vierteljahrsübersichten spätestens bis zum 12. des folgenden Monats dem Kaiserlichen Zoll- und Steuer-Rechnungsbureau einzusenden.

[3] Außerdem haben die Oberbehörden für jedes Rechnungsjahr bis zum 1. November des folgenden Rechnungsjahrs schließliche Einnahmeübersichten nach dem für die Vierteljahrsübersichten vorgeschriebenen Muster an das Kaiserliche Zoll- und Steuer-Rechnungsbureau einzusenden. Die schließliche Einnahmeübersicht kann zutreffendenfalls durch die Mitteilung ersetzt werden, daß die vorläufige Übersicht für das 1. bis 4. Viertel des Rechnungsjahrs einer Änderung nicht bedarf. Die schließlichen Einnahmeübersichten und die sie vertretenden Mitteilungen sind vor der Absendung dem für die Oberbehörde zuständigen Reichsbevollmächtigten zur Bescheinigung der Richtigkeit vorzulegen.

[4] Bestehen in einem Bundesstaate mehrere Oberbehörden für den Wehrbeitrag, so sind die Übersichten

der Oberbehörden mit einer das Gesamtergebnis nachweisenden Hauptübersicht seitens einer von der obersten Landesfinanzbehörde zu bestimmenden Behörde einzusenden.

[5] Vordrucke zu den Übersichten nach Muster 10 und 11 sind den Oberbehörden und den in Abs. 4 bezeichneten Behörden nach Bedarf vom Kaiserlichen Zoll- und Steuer-Rechnungsbureau zu liefern.

§ 84. [1] Auf Grund der von den Oberbehörden aufgestellten Vierteljahrsübersichten und schließlichen Einnahmeübersichten werden vom Reichskanzler (Reichsschatzamt) die von den Landeskassen an die Reichshauptkasse abzuführenden Beträge an Wehrbeitrag vorläufig und schließlich festgestellt.

[2] Abdrucke dieser Feststellungen werden den Landesregierungen alsbald, am Jahresschlusse spätestens bis zum 5. Juni, zugefertigt. Soweit die Feststellungen Abweichungen von den auf Grund der Anweisungen der Oberbehörden an die Reichshauptkasse abgelieferten Beträgen ergeben, sind die erforderlichen Abgleichungen in den nächsten Abrechnungen der Landes h a u p t kassen, am Jahresschluß in den Abrechnungen für den Monat Mai, zu bewirken.

§ 85. Als Anlage zu der Einnahmeübersicht für den Monat August 1914 ist von den Hebestellen den ihnen übergeordneten Oberbehörden und von diesen dem Kaiserlichen Zoll- und Steuer-Rechnungsbureau eine Nachweisung nach Muster 12 über das gesamte Rohsoll an Wehrbeiträgen, die Zu- und Abgänge und die auf das Soll angerechneten Zinsen und Vorauszahlungen auf noch nicht veranlagte Wehrbeiträge nach dem Stande am Schlusse des Monats August 1914 einzusenden. Muster 12.

§ 86. Die Landesregierung kann die nach §§ 82 bis 85 den Oberbehörden übertragenen Geschäfte anderen Behörden als den nach § 1 Abs. 1 bestimmten Oberbehörden übertragen. Die Behörden sind unter Angabe ihrer Amtsbezirke dem Reichskanzler (Reichsschatzamt) mitzuteilen.

Anlage 1.

(Ausführungsbestimmungen § 39.)

Hilfstafel

über den gegenwärtigen Gesamtwert einer Rente oder Nutzung im Werte von 1 Mark auf eine bestimmte Anzahl von Jahren zur Berechnung des davon zu entrichtenden Wehrbeitrags.

(Zu § 21 Abs. 1 des Gesetzes.)

Anzahl der Jahre	Gesamtwert		Anzahl der Jahre	Gesamtwert		Anzahl der Jahre	Gesamtwert	
	Mark	Pf.		Mark	Pf.		Mark	Pf.
1	1	0,0	29	17	66,3	57	23	22,0
2	1	96,2	30	17	98,4	58	23	32,7
3	2	88,6	31	18	29,0	59	23	43,0
4	3	77,5	32	18	58,9	60	23	52,8
5	4	63,0	33	18	87,4	61	23	62,4
6	5	45,1	34	19	14,8	62	23	71,5
7	6	24,2	35	19	41,1	63	23	80,3
8	7	00,2	36	19	66,5	64	23	88,7
9	7	73,3	37	19	90,8	65	23	96,9
10	8	43,5	38	20	14,3	66	24	04,7
11	9	11,1	39	20	36,8	67	24	12,2
12	9	76,0	40	20	58,5	68	24	19,4
13	10	38,5	41	20	79,3	69	24	26,4
14	10	98,6	42	20	99,3	70	24	33,0
15	11	56,3	43	21	18,6	71	24	39,5
16	12	11,8	44	21	37,1	72	24	45,6
17	12	65,2	45	21	54,9	73	24	51,6
18	13	16,6	46	21	72,0	74	24	57,3
19	13	65,9	47	21	88,5	75	24	62,8
20	14	13,4	48	22	04,3	76	24	68,0
21	14	59,0	49	22	19,5	77	24	73,1
22	15	02,9	50	22	34,2	78	24	78,0
23	15	45,1	51	22	48,2	79	24	82,7
24	15	85,7	52	22	61,8	80	24	87,2
25	16	24,7	53	22	74,8	81	24	91,5
26	16	62,2	54	22	87,3	82	24	95,7
27	16	98,3	55	22	99,3	83	24	99,7
28	17	33,0	56	23	10,9	84 und mehr	25	00,0

Anlage 2.

(Ausführungsbestimmungen
§ 54 Abs. 5.)

Hilfstafel

zur Berechnung des Wehrbeitrags vom Vermögen.

(Zu § 32 Abs. 1, § 15 Abs. 3 des Gesetzes.)

Es beträgt bei einem Vermögen von Mark	der Wehrbeitrag Mark	Es beträgt bei einem Vermögen von Mark	der Wehrbeitrag Mark	Es beträgt bei einem Vermögen von Mark	der Wehrbeitrag Mark
(mehr als) 10 000	15,—	37 000	55,5	63 000	120,5
11 000	16,5	38 000	57,—	64 000	124,—
12 000	18,—	39 000	58,5	65 000	127,5
13 000	19,5	40 000	60,—	66 000	131,—
14 000	21,—	41 000	61,5	67 000	134,5
15 000	22,5	42 000	63,—	68 000	138,—
16 000	24,—	43 000	64,5	69 000	141,5
17 000	25,5	44 000	66,—	70 000	145,—
18 000	27,—	45 000	67,5	71 000	148,5
19 000	28,5	46 000	69,—	72 000	152,—
20 000	30,—	47 000	70,5	73 000	155,5
21 000	31,5	48 000	72,—	74 000	159,—
22 000	33,—	49 000	73,5	75 000	162,5
23 000	34,5	50 000	75,—	76 000	166,—
24 000	36,—			77 000	169,5
25 000	37,5	51 000	78,5	78 000	173,—
26 000	39,—	52 000	82,—	79 000	176,5
27 000	40,5	53 000	85,5	80 000	180,—
28 000	42,—	54 000	89,—	81 000	183,5
29 000	43,5	55 000	92,5	82 000	187,—
30 000	45,—	56 000	96,—	83 000	190,5
31 000	46,5	57 000	99,5	84 000	194,—
32 000	48,—	58 000	103,—	85 000	197,5
33 000	49,5	59 000	106,5	86 000	201,—
34 000	51,—	60 000	110,—	87 000	204,5
35 000	52,5	61 000	113,5	88 000	208,—
36 000	54,—	62 000	117,—	89 000	211,5

Es beträgt bei einem Vermögen von Mark	der Wehrbeitrag Mark
90 000	215,—
91 000	218,5
92 000	222,—
93 000	225,5
94 000	229,—
95 000	232,5
96 000	236,—
97 000	239,5
98 000	243,—
99 000	246,5
100 000	250,—
101 000	255,—
102 000	260,—
103 000	265,—
104 000	270,—
105 000	275,—
106 000	280,—
107 000	285,—
108 000	290,—
109 000	295,—
110 000	300,—
usw. für je 1000 Mark je 5 Mark mehr	
z.B. 120 000	350,—
130 000	400,—
140 000	450,—
150 000	500,—
160 000	550,—
170 000	600,—
180 000	650,—
190 000	700,—
200 000	750,—
201 000	757,—
usw. für je 1000 Mark je 7 Mark mehr	

Es beträgt bei einem Vermögen von Mark	der Wehrbeitrag Mark
z.B. 210 000	820,—
220 000	890,—
230 000	960,—
240 000	1 030,—
250 000	1 100,—
260 000	1 170,—
270 000	1 240,—
280 000	1 310,—
290 000	1 380,—
300 000	1 450,—
310 000	1 520,—
320 000	1 590,—
330 000	1 660,—
340 000	1 730,—
350 000	1 800,—
360 000	1 870,—
370 000	1 940,—
380 000	2 010,—
390 000	2 080,—
400 000	2 150,—
410 000	2 220,—
420 000	2 290,—
430 000	2 360,—
440 000	2 430,—
450 000	2 500,—
460 000	2 570,—
470 000	2 640,—
480 000	2 710,—
490 000	2 780,—
500 000	2 850,—
501 000	2 858,5
usw. für je 1000 Mark je 8,5 Mark mehr	
z.B. 600 000	3 700,—
700 000	4 550,—

Es beträgt bei einem Vermögen von Mark	der Wehrbeitrag Mark
800 000	5 400,—
900 000	6 250,—
1 000 000	7 100,—
1 001 000	7 111,—
usw. für je 1000 Mark je 11 Mark mehr	
z.B. 1 100 000	8 200,—
1 200 000	9 300,—
1 300 000	10 400,—
1 400 000	11 500,—
1 500 000	12 600,—
1 600 000	13 700,—
1 700 000	14 800,—
1 800 000	15 900,—
1 900 000	17 000,—
2 000 000	18 100,—
2 001 000	18 113,—
usw. für je 1000 Mark je 13 Mark mehr	
z.B. 2 100 000	19 400,—
3 000 000	31 100,—
4 000 000	44 100,—
5 000 000	57 100,—
5 001 000	57 114,—
usw. für je 1000 Mark je 14 Mark mehr	
z.B. 6 000 000	71 100,—
7 000 000	85 100,—
8 000 000	99 100,—
9 000 000	113 100,—
10 000 000	127 100,—
10 001 000	127 115,—
usw. für je 1000 Mark je 15 Mark mehr	

Veranlagungsbezirk ....

Muster 1.
(Ausführungsbestimmungen § 4 Abs. 2.)

Wehrbeitragsliste A
(natürliche Personen)

de.......

....

in..........................

[Seite 2]

Laufende Nummer	Name, Vorname, Stand und Wohnort (auch Wohnung) des Beitragspflichtigen (im Falle des Todes des Beitragspflichtigen auch des zahlungspflichtigen Erben)	Rohvermögen			Gesamtrohvermögen (Spalte 3+4+5)	Abzugsfähige Schulden	Beitragspflichtiges Vermögen, dessen Feststellung für die künftige Veranlagung zur Besitzsteuer maßgebend ist (Spalte 6—7)	Beitragsfreies Vermögen von dem für eine künftige Veranlagung zur Besitzsteuer auszugehen ist,	
		Grundvermögen	Betriebsvermögen	Kapitalvermögen				durch Feststellungsbescheid veranlagt (Spalte 6—7)	ohne Feststellungsbescheid ermittelt (Spalte 6—7)
		Mark	Mark	Mark	Mark	Mark	Mark	Mark	Mark
1	2	3	4	5	6	7	8	9	10
	Seite . .								

Beitragspflichtiges Einkommen	Wehrbeitrag vom Vermögen (Spalte 8)		Wehrbeitrag vom Einkommen (Spalte 11)		Gesamt-Wehrbeitrag (Spalte 12+13)		Ermäßigung gemäß § 38 a — Abs. 1 b — Abs. 2 des Gesetzes		Zuschlag nach § 38 Abs. 2 des Gesetzes		Unter Berücksichtigung der Spalten 15, 16 und des § 47 Abs. 3 des Gesetzes zu zahlender Gesamtbetrag	Des Sollbuchs Bezeichnung	Des Sollbuchs Nummer	Bemerkungen (Stundung und Bewilligung von Teilzahlungen, Sicherheitsleistung — § 66 —, Überweisung des Wehrbeitrags — §§ 67, 68 —, Rechtsmittel, Ermäßigungs-, Berichtigungs- und Neuveranlagungsverfahren — § 74 —, Niederschlagung — § 71 —, Erstattung — §§ 72, 73 —, sonstige Bemerkungen)
Mark	Mark	Pf.	Mark	Pf.	Mark	Pf.	Mark	Pf.	Mark	Pf.	Mark			
11	12		13		14		15		16		17	18		19

Veranlagungsbezirk: ....

Muster 2
(Ausführungsbestimmungen
§ 4 Abs. 2)

Wehrbeitragsliste B
(Aktiengesellschaften und Kommanditgesellschaften
auf Aktien

de......

....

in..................................

[Seite 2].

Laufende Nummer	Bezeichnung und Sitz der beitragspflichtigen Gesellschaft (bei ausländischen Gesellschaften gegebenenfalls auch Ort der im Veranlagungsbezirke befindlichen Niederlassung, Betriebsstätte u. dgl.	Inländische Gesellschaften	Ausländische		
		In der Bilanz des letzten Betriebsjahrs aufgeführte wirkliche Reservekontenbeträge zuzüglich Gewinnvorträge	Rohvermögen		Gesamtrohvermögen (Spalte 4 u. 5)
			Grundvermögen	Betriebsvermögen	
		Mark	Mark	Mark	Mark
1	2	3	4	5	6
	Seite . .				

[Seite 3.]

Gesellschaften		Wehrbeitrag		Zuschlag gemäß § 38 Abs. 2 des Gesetzes		Unter Berücksichtigung der Spalte 10 und § 47 Abs. 3 des Gesetzes zu zahlender Gesamtbetrag	Des Sollbuchs		Bemerkungen (Stundung und Bewilligung von Teilzahlungen, Sicherheitsleistung — § 66 —, Rechtsmittel-, Berichtigungs- und Neuveranlagungsverfahren — § 74 —, Niederschlagung — § 71 —, Erstattung — §§ 72, 73 —, sonstige Bemerkungen)
Abzugsfähige Schulden	Beitragspflichtiges Vermögen (Spalte 6—7)						Bezeichnung	Nummer	
Mark	Mark	Mark	Pf.	Mark	Pf.	Mark			
7	8	9		10		11	12		13

Veranlagungsbezirk: ....

Wehrbeitragsliste $\frac{A}{B}$ Nr. ....

Muster 3
(Ausführungsbestimmungen § 19 Abs. 1.)

Vermögenserklärung
für die Veranlagung

d.. (Name und Stand) [Gesellschaftsfirma]

in.............................. (Wohnort) [Sitz] .... $\frac{\text{Straße}}{\text{Platz}}$ Nr.....[1])

zu einem einmaligen außerordentlichen Wehrbeitrage.

I. Ich und meine Ehefrau..... geborene..........

D... von mir — uns — vertretene............

$\frac{\text{besitze...}}{\text{besitzt}}$ an eigenem Vermögen[2]) und an fideikommissarischem Vermögen[3]):

1. Grundvermögen:

A. Grundstücke (Gebäude und Liegenschaften), ausgenommen Grundstücke, die dem Betriebe des Bergbaues oder eines Gewerbes — unten 2 B — gewidmet sind. Bei land- oder forstwirtschaftlichen oder Gärtnereigrundstücken sind die Betriebsmittel (lebendes und totes Inventar) im Werte mitzuberücksichtigen.

> Zu 1. Nur Grundstücke (einschließlich der Berechtigung 1 B), die im Gebiete des Deutschen Reichs liegen, sind beitragspflichtig.
> Wirtschaftlich zusammenhängende Grundstücke sind als eine Besitzung aufzuführen.
> Hypotheken und Grundschulden sind nicht hier, sondern unter II in Abzug zu bringen.

Bezeichnung des Grundstücks oder der Besitzung, Benutzungsart	Gemarkung (Gemeinde, Gutsbezirk)	Straßen-Nr. oder Flur, Parz.-Nr. oder Flächeninhalt	Mark[3])
a)			....
b)			....
c)			....
d)			....
e)			....
f)			....
		Seite ..	....

---

[1]) Das Muster ist auch zu verwenden für die Vermögenserklärungen ausländischer Aktiengesellschaften und Kommanditgesellschaften auf Aktien. Diese Gesellschaften haben ebenso wie die beschränkt beitragspflichtigen natürlichen Personen (§ 10 Nr. II des Gesetzes) nur das unter I 1 A, B; I 2 A, B fallende Vermögen anzugeben; sie dürfen aber auch nur solche Schulden und Lasten in Abzug bringen, die in einer wirtschaftlichen Beziehung zu diesen Vermögensteilen stehen.

[2]) Maßgebend für die Beitragspflicht und die Ermittelung des Vermögenswerts ist der Stand am 31. Dezember 1913. Finden in einem Betriebe regel-

	Mark
Übertrag . .	......
B. Berechtigungen, für welche die sich auf Grundstücke beziehenden Vorschriften des bürgerlichen Rechts gelten, z. B. Erbbaurecht, Erbpachtrecht, Bergwerkseigentum, soweit nicht in 2 B enthalten:	
....	......

Zu 2 A und B. Zum beitragspflichtigen Vermögen gehören nicht Betriebsmittel, die dem Betriebe der Land- oder Forstwirtschaft oder der Gärtnerei oder des Bergbaues auf ausländischen Grundstücken oder dem Betrieb eines stehenden Gewerbes außerhalb des Deutschen Reichs gewidmet sind.

2. Betriebsvermögen (soweit nicht schon unter 1 enthalten):

A. Betriebskapital, das dem Betriebe der Land- oder Forstwirtschaft oder der Gärtnerei auf fremden Grundstücken gewidmet ist:

Bezeichnung der Pachtung	Gemarkung (Gemeinde, Gutsbezirk)	Größe der Pachtung	Mark
a)			......
b)			......

B. Vermögen, das dem Betriebe des Bergbaues oder eines Gewerbes gewidmet ist, einschließlich der dem Betriebe dienenden eigenen Gebäude, Grundstücke oder Berechtigungen:

Zu 2 B. Hier ist auch der Anteil zu berücksichtigen, der dem Beitragspflichtigen als Teilhaber einer offenen Handelsgesellschaft oder einer Kommanditgesellschaft an deren Betriebsvermögen zusteht.

Bezeichnung des Betriebs	Firma	Betriebsstätten	Geschäftsanteil des Beitragspflichtigen	Mark
a)				......
b)				......
c)				......
d)				......
e)				......

Wird beantragt, daß bei den vorstehend unter 1 A..... aufgeführten Grundstücken, die dauernd land- oder forstwirtschaftlichen oder gärtnerischen Zwecken zu dienen bestimmt sind, oder daß bei den vorstehend unter 1 A....., 2 B aufgeführten bebauten Grundstücken, die Wohnzwecken – gewerblichen Zwecken — zu dienen bestimmt sind, anstatt des Ertragswerts der gemeine Wert (Verkaufswert) der Veranlagung zugrunde gelegt wird?

....

Seite . . ..

mäßige jährliche Abschlüsse statt, so kann der Beitragspflichtige das in diesem Betrieb angelegte Vermögen nach dem Stande am Schlusse des letzten Wirtschafts- oder Rechnungsjahrs angeben.

[3]) Soweit sich die Vermögenswerte nicht aus dem Nenn- oder Kurswert oder dem Betrage der geleisteten Zahlungen ergeben, kann der Beitragspflichtige sich in der Vermögenserklärung auf die tatsächlichen Mitteilungen beschränken, die er behufs Schätzung des Wertes beizubringen vermag.

Zu 3. Ob ein Kapital in ausländischen oder inländischen Werten angelegt ist, macht keinen Unterschied; auch Aktien einer ausländischen Aktiengesellschaft gehören zum beitragspflichtigen Vermögen. Ebenso ist es belanglos, ob das Kapitalvermögen selbst sich im Inland oder im Ausland befindet.

Wertpapiere, die in Deutschland einen Börsenkurs haben, sind mit ihrem Kurswert, Aktien ohne Börsenkurs, Kuxe, Anteile an einer Bergwerksgesellschaft oder Anteile einer Gesellschaft mit beschränkter Haftung mit ihrem Verkaufswert, andere Kapitalforderungen mit ihrem Nennwert anzusetzen, sofern nicht besondere Umstände die Veranschlagung nach einem vom Nennwert abweichenden höheren oder geringeren Werte begründen.

Will der Beitragspflichtige von dem Werte seiner mit Dividendenschein gehandelten Wertpapiere einen Gewinnbetrag in Abzug bringen (§ 18 Abs. 2 des Gesetzes), so hat er die Wertpapiere, für welche der Abzug begehrt wird, nach Stückzahl oder Nennbetrag und Gattung besonders zu bezeichnen.

		Mark
Übertrag . . .		....
3. Kapitalvermögen (gesamtes sonstiges Vermögen außer den unter III aufzuführenden Renten und anderen wiederkehrenden Nutzungen und Leistungen), nämlich:	Mark	
a) Selbständige Rechte und Gerechtigkeiten, soweit sie nicht unter 1 B fallen oder als Zubehör eines Grundstücks- oder Betriebskapitals unter 1 A, 2 schon berücksichtigt sind, z. B. Verlags- oder Patentrechte	....	
b) Kapitalforderungen aus Anleihen oder Schuldverschreibungen deutscher oder nicht deutscher Staaten, Gemeinden, anderer öffentlicher Verbände, Eisenbahn- und Industrieobligationen; Pfandbriefe, Hypotheken, Grundschuldforderungen, sonstige Kapitalforderungen jeder Art, insbesondere Forderungen aus Schuldverschreibungen, Wechseln, Darlehen, Kautionen; Hinterlegungsgelder, Einlagen bei Sparkassen und Banken, Abrechnungs- und Kontokurrentguthaben, ausgenommen Bank- und sonstige Guthaben, die zur Bestreitung der laufenden Ausgaben für drei Monate dienen . .	....	
c) Aktien oder Anteilscheine, Kuxe, Geschäftsguthaben bei Genossenschaften, Geschäftsanteile und andere Gesellschaftseinlagen	....	
d) Bares Geld, Banknoten und Kassenscheine (ausgenommen die aus den laufenden Jahreseinkünften vorhandenen Bestände, soweit sie zur Bestreitung der laufenden Ausgaben für drei Monate dienen), Gold und Silber in Barren	....	
e) Noch nicht fällige Ansprüche aus Lebens-, Kapital- oder Rentenversicherungen, zu berechnen mit $^{2}/_{3}$ der Summe der bisher gezahlten Prämien oder Kapitalbeträge oder mit dem Rückkaufswerte	....	
Zusammen a—e		....
Zusammen I		....

Zu II. Nicht abzugsfähig sind Schulden, die zur Bestreitung der laufenden Haushaltungskosten eingegangen sind (Haushaltungsschulden), sowie Schulden und Lasten, welche in wirtschaftlicher Beziehung zu nicht beitragspflichtigen Vermögensteilen stehen (Bemerkung zu I, 1; I, 2 A und B); vgl. auch Seite 1 Anmerkung 1.

II. Hiervon sind abzuziehen die **Kapitalschulden, soweit sie nicht schon bei Berechnung des Betriebsvermögens zu I, 2 A, B berücksichtigt sind:** | Mark

Name des Gläubigers	Wohnort des Gläubigers	Betrag ℳ
a)		....
b)		....
c)		....
d)		....
e)		....
f)		....
g)		....

Zusammen . . . | ......

Verbleibt (ohne III) ein Reinvermögen von . . . | . . .

Zu III. Genaue Auskunft über die nebenbezeichneten Punkte ist erforderlich, damit die Beitragspflicht oder Abzugsfähigkeit der Bezüge oder Lasten beurteilt und ihr Kapitalwert vorschriftsmäßig berechnet werden kann.

Ansprüche auf Gehalt, Besoldung, Remuneration u. dgl., die dem Beitragspflichtigen als Entgelt für seine Arbeitstätigkeit zustehen, gehören in keinem Falle hierher. Wegen der Abzugsfähigkeit der unter III fallenden Lasten vgl. die Bemerkung zu II.

III. An Renten und anderen wiederkehrenden Nutzungen und Leistungen habe ich für mich und meine Ehefrau — hat d... von mir/uns vertretene Beitragspflichtige —

Gegenstand und Rechtsgrund des Anspruchs oder der Verpflichtung:	zu beziehen:	zu entrichten (zu tragen):
	....	....
Geldwert der einjährigen Hebung oder Leistung (Last):	....Mark	........Mark
Name und Wohnort des { Verpflichteten:	....	....
Name und Wohnort des { Berechtigten:	....	....
Tag, Monat, Jahr, seit welchem der Anspruch oder die Last besteht:	....	....
Zeitpunkt oder Ereignis, mit dessen Eintritt der Anspruch oder die Last wegfällt:	....	....
Falls die Dauer des Anspruchs oder der Last vom Leben einer Person abhängt, Angabe des Namens, der Wohnung sowie Tag, Monat und Jahr der Geburt dieser Person:	....	....

Anmerkung:	
a. Von Beitragspflichtigen, deren Vermögen den Betrag von 100000 Mark, oder deren Einkommen den Betrag von 10000 Mark nicht übersteigt, welche Kindern auf Grund gesetzlicher Verpflichtung (§§ 1601 bis 1615 BGB.) Unterhalt gewähren und daher gemäß § 33 Abs. 1 des Gesetzes Anspruch auf Ermäßigung des Beitrags haben, sind hier Zahl und Alter der in Betracht kommenden minderjährigen Kinder anzugeben.	a.
b. Von Beitragspflichtigen, deren Vermögen den Betrag von 200000 Mark, oder deren Einkommen den Betrag von 20000 Mark nicht übersteigt, welche gemäß § 33 Abs. 2 des Gesetzes — weil mehr als zwei Söhne ihre gesetzliche Dienstpflicht beim Heere oder bei der Flotte abgeleistet haben — Anspruch auf Ermäßigung des Beitrags haben, sind hier diejenigen Söhne anzugeben, welche die gesetzliche Dienstpflicht beim Heere oder bei der Flotte abgeleistet haben.	b.

Ich versichere / Wir versichern hiermit, daß die vorstehenden Angaben nach bestem Wissen und Gewissen gemacht sind.

.................., den ......ten .... 1914.

Vermögenserklärungen ohne Unterschrift gelten als nicht abgegeben.

....

(Unterschrift)

Veranlagungsbezirk: .... **Muster 4.**

Wehrbeitragsliste B Nr. .... (Ausführungsbestimmungen § 19 Abs. 1.)

Nur für inländische Aktiengesellschaften und Kommanditgesellschaften auf Aktien.

Vermögenserklärung
für die Veranlagung

der .... (Gesellschaftsfirma)
in .... (Sitz der Gesellschaft)
zu einem einmaligen außerordentlichen Wehrbeitrage.

	Mark
In der Bilanz unserer Gesellschaft für das letzte Betriebsjahr (vom .... bis ....) sind aufgeführt:	
a) wirkliche Reservekontenbeträge . .	....
b) Gewinnvortrag	....
zusammen . . .	....

Als beitragspflichtige wirkliche Reservekontenbeträge erachten wir folgende Bilanzposten:

....
....
....
....
....
....

Bilanz nebst Gewinn- und Verlustrechnung für das genannte Betriebsjahr beigefügt.

Wir versichern hiermit, daß die vorstehenden Angaben nach bestem Wissen und Gewissen gemacht sind.

...................., den ......ten .... 1914.

....
....
(Firma und Unterschrift der zur Vertretung der Gesellschaft Berechtigten.)

Vermögenserklärungen ohne Unterschrift gelten als nicht abgegeben.

(Bezeichnung der Veranlagungsbehörde.)

Muster 5.
Ausführungsbestimmungen § 55 Abs. 1.)

.................., den ......ten..................191.....

Nr. ...... **der Wehrbeitragsliste**.....
Nr. ...... **des Sollbuchs.**

Veranlagungsbescheid.

Auf Grund des Gesetzes über einen einmaligen außerordentlichen Wehrbeitrag vom 3. Juli 1913 wird der von Ihnen zu zahlende Wehrbeitrag auf
.... Mark
hiermit festgesetzt.

Dieser Betrag ist berechnet worden von einem beitragspflichtigen Vermögen von — abgerundet — .... Mark und Einkommen von .... Mark. Der hiernach zu berechnende Wehrbeitrag ist gemäß § 33 Abs. 1 — § 33 Abs. 2 — des Gesetzes um .... vom Hundert ermäßigt worden. Wegen der verspäteten Abgabe der Vermögenserklärung ist gemäß § 38 Abs. 2 des Gesetzes gegen Sie ein Zuschlag von .... vom Hundert festgesetzt worden*).

**) Die Feststellung Ihres beitragspflichtigen Vermögens — einschließlich des Vermögens Ihrer Ehefrau — auf dem oben angegebenen Betrag ist für eine künftige Veranlagung zur Besitzsteuer maßgebend.

Der Wehrbeitrag ist in drei gleichen Teilbeträgen von je .... Mark an d.................... zu zahlen, und zwar entweder unter Vorlegung dieses Bescheids oder durch porto- und abtragfreie Einsendung mit der Post unter Angabe der obigen Nummern.

Das erste Drittel des Wehrbeitrags ist spätestens binnen 3 Monaten nach Zustellung dieses Bescheids zu entrichten. Das zweite Drittel ist bis zum 15. Februar 1915, das letzte Drittel bis zum 15. Februar 1916 zu entrichten.

Es steht Ihnen frei, die späteren Teilbeträge zum voraus zu zahlen. Erfolgt die Zahlung mindestens drei Monate vor dem gesetzlichen Zahlungstage, so sind Sie berechtigt, 4 vom Hundert Jahreszinsen vom Tage der Einzahlung bis zum gesetzlichen Zahlungstag in Abzug zu bringen.

Gegen diesen Bescheid ist d.................... binnen ...., beginnend mit dem Tage der Zustellung zulässig. D.................... ist .... anzubringen.

Durch die Einlegung d.................... wird die Zahlung des fälligen Teilbetrags des Wehrbeitrags nicht aufgehalten.

(Unterschrift)

....

Die Feststellung des Vermögens weicht von den Angaben der Vermögenserklärung ab:

---

*) Nicht zutreffendes ist zu streichen.

**) Zu streichen bei Aktiengesellschaften und Kommanditgesellschaften auf Aktien oder wenn der Beitragspflichtige kein abgabepflichtiges Vermögen besitzt.

Muster 6.

(Ausführungsbestimmungen § 56 Abs. 2.

(Bezeichnung der Veranlagungsbehörde.)

.................., den ......ten................... 191.....

Nr. ...... der Wehrbeitragsliste A.

Feststellungsbescheid.

Auf Grund des Gesetzes über einen einmaligen außerordentlichen Wehrbeitrag vom 3. Juli 1913 sind Sie — und Ihre Ehefrau — mit einem Vermögen von .... Mark gemäß § 12 Abs. 2 a. a. O. freigestellt worden. Die Feststellung des Vermögens auf den angegebenen Betrag ist für eine künftige Veranlagung zur Besitzsteuer maßgebend.

Gegen diesen Bescheid ist de.. .... binnen .... , ..., beginnend mit dem Tage der Zustellung zulässig. D.. ist .... anzubringen.

(Unterschrift)

Die Feststellung des Vermögens weicht von den Angaben der Vermögenserklärung ab:

Veranlagungsbezirk: .... **Muster 7.**

Erhebungsbezirk: .... (Ausführungsbestimmungen § 60 Abs. 1.)

Wehrbeitrags-Sollbuch

d.....

.... in ....

Dieses Buch enthält ..... Blätter, *die mit einer angesiegelten Schnur durchzogen sind.*

....................., den ....191...

(Name) ....

(Dienststellung) ....

Der veranlagte Wehrbeitrag wird zum Betrage von .... Mark hiermit festgesetzt.

....................., den ....191...

(Veranlagungsbehörde) ....

(Unterschrift) ....

Anleitung.

1. Die Eintragungen erfolgen unter fortlaufender Nummer. Zwischen den einzelnen Nummern ist ein entsprechender Raum wegen der mehrfachen Eintragungen in den Spalten 9 bis 12 (Zahlung der gesetzlichen Teilbeiträge und gestundeten Teilzahlungen usw.) zu lassen.
2. Im Bedarfsfall können die obersten Landesfinanzbehörden die Anlegung weiterer Spalten anordnen.
3. Die Verwendung von Schnur und Siegel ist nicht erforderlich, wenn es sich um festgebundene Bücher mit fortlaufenden Blatt- oder Seitenzahlen handelt.

Laufende Nummer	Nummer der Wehrbeitragsliste oder der Zugangsliste	Name, Vorname Stand und Wohnort des Beitragspflichtigen (im Falle des Todes des Beitragspflichtigen auch des zahlungspflichtigen Erben)	Wehrbeitrag (außerdem Betrag des Drittels unter der Linie in Klammer)	Infolge anderweiter Festsetzung		In Abgang gestellt wegen Umzugs in einen anderen Bezirk	Berichtigtes Soll (Spalte 4+5 vermindert um Spalte 6+7)
				Zugang	Abgang		
			Mark	Mark	Mark	Mark	Mark
1	2	3	4	5	6	7	8

Erste Abteilung:

Zweite Abteilung: Aktiengesellschaften

		Seite . .					

Davon sind											
am	eingezahlt, auch durch Anrechnung von Vorauszahlungen				durch Anrechnung von Zinsen für Vorauszahlungen bezüglichen	niedergeschlagen wegen Uneinbringlichkeit	am 31. März 1917 rückständig geblieben			Bemerkungen (Stundung und Bewilligung von Teilzahlungen, Mahnung, Beitreibung usw.)	Nummer der Belege zu Spalte 5, 6, 7, 18 und über Stundung und Teilzahlungen
	Betrag		nachgewiesen im Einnahmebuche				Betrag		in die Restnachweisung übertragen unter Nummer		
	Mark	Pf.	für das Jahr	Nummer	Mark Pf.	Mark Pf.	Mark	Pf.			
9	10		11		12	13	14		15	16	17

Natürliche Personen.

und Kommanditgesellschaften auf Aktien.

Veranlagungsbezirk: .... **Muster 8.**
Erhebungsbezirk: .... (Ausführungsbestimmungen § 62 Abs. 1.)

Wehrbeitrags-Einnahmebuch

de.....

.... in ....

für

das Rechnungsjahr 191...

Dieses Buch enthält ....Blätter, *die mit einer angesiegelten Schnur durchzogen sind.*

....................., den .... 191...

(Name) ....

(Dienststellung) ....

Anleitung.

1. Die Eintragungen erfolgen bis zum Jahresschluß unter fortlaufender Nummer.

2. Das Buch wird monatlich und am Jahresschluß — dem 31. März jedes Jahres — abgeschlossen, aber fortlaufend bis zum Jahresschluß aufgerechnet.

3. Die Verwendung von Schnur und Siegel ist nicht erforderlich, wenn es sich um fest gebundene Bücher mit fortlaufenden Blatt- oder Seitenzahlen handelt.

Laufende Nummer	Tag der Einzahlung	Nummer des Sollbuchs oder der Restnachweisung	Name, Stand und Wohnort des Einzahlers	Es sind gezahlt: an veranlagten Wehrbeiträgen		Es sind gezahlt: an freiwilligen Beiträgen oder Vorauszahlungen auf noch nicht veranlagte Wehrbeiträge		Tagessumme (Spalte 5+6)		Von dem Betrag in Spalte 6 sind als Bareinzahlung auf den veranlagten Wehrbeitrag angerechnet (Spalte 10 des Sollbuchs)		Von dem Betrag: Nr. des Sollbuchs	Bemerkungen
				Mark	Pf.	Mark	Pf.	Mark	Pf.	Mark	Pf.		
1	2	3	4	5		6		7		8		9	10
			Seite . .										

Veranlagungsbezirk: ....
Erhebungsbezirk: ....

Muster 9
(Ausführungsbestimmungen § 75 Abs. 2.)

Restnachweisung

de.....

.... in ....

über

die zum Abschluß des Sollbuchs am 31. März 1917 rückständig gebliebenen Wehrbeiträge.

Dieses Buch enthält ..... Blätter, ***die mit einer angesiegelten Schnur durchzogen sind.***

...................., den .... 191...

(Name) ....

(Dienststellung)........... ....

Gemäß § 75 Abs. 2 der Ausführungsbestimmungen wird hiermit bescheinigt, daß die beim Abschluß des Sollbuchs nach Spalte 14 rückständig gebliebenen Wehrbeiträge in die vorliegende Restnachweisung übertragen worden sind.

..............................., den ....191...

(Name) ....

(Dienststellung) ....

Die Verwendung von Schnur und Siegel ist nicht erforderlich, wenn es sich um fest gebundene Bücher mit fortlaufenden Blatt- oder Seitenzahlen handelt.

Laufende Nummer	Nummer des Soll-buchs	Nummer der Wehr-beitrags-liste oder der Zu-gangs-liste	Name, Stand und Wohnort des Beitragspflichtigen (im Falle des Todes des Beitragspflichtigen auch des zahlungspflichtigen Erben)	Am 31. März 1917 rückständiger oder nach dem 31. März 1917 in Zugang gekommener Wehrbeitrag Mark	Pf.
1	2	3	4	5	

Erste Abteilung:

Zweite Abteilung: Aktiengesellschaften

Seite . .

Davon sind								
eingezahlt					niedergeschlagen			Bemerkungen (Stundung und Bewilligung von Teilzahlungen, Mahnung, Beitreibung usw.)
am	Betrag		nachgewiesen im Einnahmebuche		Betrag		Nummer des Belegs	
			für das Jahr	Nummer				
	Mark	Pf.			Mark	Pf.		
6	7		8		9		10	11

Natürliche Personen.

und Kommanditgesellschaften auf Aktien.

Bundesstaat: ....

Bezirk der Oberbehörde für den Wehrbeitrag: ....

Muster 10.
(Ausführungsbestimmungen § 83 Abs. 3.)

Einsendungsfrist bis spätestens am
10. Mai,
10. Juni,
10. August,
10. September,
10. November,
10. Dezember,
10. Februar,
10. März.

Rechnungsjahr 191....

Übersicht

der

Einnahme an Wehrbeitrag

für den

Monat...................

Aufgestellt
(Datum)........, den.........191....
(Amtsstelle) ....
(Unterschrift) ....

An

das Kaiserliche Zoll- und Steuer-Rechnungsbureau

Berlin W 66,
Wilhelmplatz 1.

Anleitung.

In den Spalten 5 und 6 sind nur die Beträge aufzunehmen, die nicht bereits in den Einnahmebüchern, sondern nur in den Kassenbüchern usw. nachgewiesen sind.

Laufende Nummer	Im Monat .... 19... sind nach den Einnahmebüchern aufgekommen: an veranlagten Wehrbeiträgen		Im Monat .... 19... sind nach den Einnahmebüchern aufgekommen: an freiwilligen Beiträgen oder Vorauszahlungen auf noch nichtveranlagte Wehrbeiträge		Zusammen		Dazu die Nacherhebungen		Hiervon ab die Erstattungen (Zurückzahlungen)		Mithin sind an die Reichskasse abzuführen		Bemerkungen
	Mark	Pf.	Mark	Pf.	Mark	Pf.	Mark	Pf.	Mark	Pf.	Mark	Pf.	
1	2		3		4		5		6		7		8

Bundesstaat: .... **Muster 11.**

Bezirk der Oberbehörde für den Wehrbeitrag: ....

(Ausführungsbestimmungen § 88 Abs. 2.)

Einsendungsfrist bis spätestens am
12. Juli,
12. Oktober,
12. Januar,
12. April.

Rechnungsjahr 191 ..... .

Übersicht

der

Einnahme an Wehrbeitrag

für das

1. bis ..... Viertel des Rechnungsjahrs.

Aufgestellt

(Datum) ...., den .... 19...
(Amtsstelle) ....
(Unterschrift) ....

An

das Kaiserliche Zoll- und Steuer-Rechnungsbureau

Berlin W 66,
Wilhelmplatz 1.

Anleitung.

1. Die in Spalte 2 bis 6 anzusetzenden Beträge haben den jedesmal abgelaufenen Teil des Rechnungsjahrs zu umfassen, mithin z. B. in der Übersicht für das 1. bis 3. Viertel die Einnahme für April bis einschließlich Dezember.

2. In den Spalten 5 und 6 sind nur die Beträge aufzunehmen, die nicht bereits in den Einnahmebüchern sondern nur in den Kassebüchern usw. nachgewiesen sind.

Laufende Nummer	Im 1. bis ... Viertel des Rechnungsjahrs 191... sind nach den Einnahmebüchern aufgekommen				Zusammen		Dazu die Nacherhebungen		Hiervon ab die Erstattungen (Zurückzahlungen)		Mithin sind an die Reichskasse abzuführen		Bemerkungen
	an veranlagten Wehrbeiträgen		an freiwilligen Beiträgen oder Vorauszahlungen auf noch nicht veranlagte Wehrbeiträge										
	Mark	Pf.	Mark	Pf.	Mark	Pf.	Mark	Pf.	Mark	Pf.	Mark	Pf.	
1	2		3		4		5		6		7		8

Bundesstaat: ....

Bezirk der Oberbehörde für den Wehrbeitrag: ....

Muster 12.
(Ausführungsbestimmungen § 85.)

Einsendungsfrist
10. September 1914.

Nachweisung

der

Solleinnahme an Wehrbeitrag

nach dem

Stande vom 31. August 1914.

Aufgestellt
(Ort, Datum) ....
(Amtsstelle) ....
(Unterschrift) ....

An
das Kaiserliche Zoll- und Steuer-
Rechnungsbureau
Berlin W 66,
Wilhelmplatz 1.

Laufende Nummer	Gesamtes Rohsoll an Wehrbeiträgen (Spalte 4 der Wehrbeitrags-Sollbücher)	Infolge anderweiter Festsetzung		In Abgang gestellt wegen Umzugs in einen anderen Bezirk (Spalte 7 der Sollbücher)	Berichtigtes Soll nach dem Stande vom 31. August 1914 (Spalte 2+3 vermindert um Spalte 4+5)	Davon sind beglichen durch Anrechnung		Bemerkungen
		Zugang (Spalte 5 der Sollbücher)	Abgang (Spalte 6 der Sollbücher)			von Zinsen für Vorauszahlungen (Spalte 12 der Sollbücher)	von Vorauszahlungen auf noch nicht veranlagte Wehrbeiträge (Spalte 8 der Einnahmebücher für 1913 und 1914)	
	Mark	Mark	Mark	Mark	Mark	Mark	Mark	
1	2	3	4	5	6	7	8	9

II. Königliche Verordnung zum Vollzug des Gesetzes über einen einmaligen außerordentlichen Wehrbeitrag vom 3. Juli 1913.

Vom 9. Dezember 1913.

(GVBl. S. 881.)

Ludwig III.

von Gottes Gnaden König von Bayern, Pfalzgraf bei Rhein, Herzog von Bayern, Franken und in Schwaben usw. usw.

Wir finden Uns bewogen mit Bezug auf § 35 Abs. 1, § 45 Abs. 2, § 48 Abs. 1, 2, § 63 Abs. 1 des Reichsgesetzes über einen einmaligen außerordentlichen Wehrbeitrag vom 3. Juli 1913 (RGBl. S. 505) sowie auf die zu diesem Gesetze ergangenen Ausführungsbestimmungen des Bundesrats zu verordnen, was folgt:

§ 1. I Die Vorbereitung der Veranlagung und die Berechnung des Wehrbeitrags, die Erteilung der Veranlagungs- und der Feststellungsbescheide, die Erhebung des Wehrbeitrags, die Entgegennahme freiwilliger Wehrbeiträge, das Berichtigungsverfahren und die Abgangstellung, die Nachveranlagung, die Beschlußfassung über die Kostentragung und die Verrechnung des Wehrbeitrags erfolgt durch die Rentämter als Veranlagungsbehörden und Hebestellen.

II In der Pfalz haben bei der Erhebung des Wehrbeitrags die mit der Einhebung der Staatssteuern und Kreisumlagen betrauten Einnehmereien nach näherer Bestimmung des Staatsministeriums der Finanzen mitzuwirken.

III Als Oberbehörden werden die Regierungen, Kammern der Finanzen, bestimmt.

IV Die Feststellung der Grundlagen für die Veranlagung und Berechnung des Wehrbeitrags erfolgt durch die nach Maßgabe der Art. 37 bis 41 des Einkommensteuergesetzes vom 14. August 1910 gebildeten Steuerausschüsse unter entsprechender Anwendung der Art. 42 bis 47 des Einkommensteuergesetzes.

§ 2. I Die Gemeindebehörden haben bei der Veranlagung des Wehrbeitrags in demselben Umfange wie bei der Veranlagung zur Einkommensteuer mitzuwirken. Sie haben insbesondere auf Verlangen der Beitragspflichtigen mündlich abgegebene Vermögenserklärungen zu Protokoll zu nehmen, sowie schriftlich bei ihnen eingereichte Vermögenserklärungen entgegenzunehmen und unverzüglich dem Rentamte zu übermitteln. Verschlossen abgegebene Vermögenserklärungen sind dem Rentamt uneröffnet vorzulegen.

II Die Notare sind verpflichtet Aufschlüsse zu erteilen und Einsicht der ihnen zur Verfügung stehenden amtlichen Behelfe zu gestatten im gleichen Umfange wie nach Art. 35 Abs. II des Einkommensteuergesetzes.

§ 3. I Gegen den rentamtlichen Veranlagungs- und den Feststellungsbescheid sind die Rechtsmittel zulässig, die den Steuerpflichtigen gemäß den Art. 49, 59, 70 Abs. III, 72 Abs. VII des Einkommensteuergesetzes gegen die Heranziehung zur Einkommensteuer zustehen.

II Diese Rechtsmittel sind — vorbehaltlich der im § 48 Abs. 3 des Wehrbeitragsgesetzes getroffenen Sonderbestimmung — nach Maßgabe der in den Art. 49 bis 64 des Einkommensteuergesetzes enthaltenen Vorschriften einzulegen und weiter zu behandeln.

§ 4. I Die Antragstellung nach § 62 Abs. 2 des Wehrbeitragsgesetzes wird den Regierungen, Kammern der Finanzen, hinsichtlich der Verfehlungen der Mitglieder und Sachverständigen der Steuerausschüsse und der Berufungskommissionen übertragen. Hinsichtlich der Mitglieder der Oberberufungskommission ist sie dem Staatsministerium der Finanzen vorbehalten.

II Als Behörden und Stellen, die nach § 63 Abs. 1 des Wehrbeitragsgesetzes an die Stelle der Hauptzollämter und Zolldirektivbehörden zu treten haben, werden die Rentämter und Regierungen, Kammern der Finanzen, bestimmt.

§ 5. Die zum Vollzuge des Wehrbeitragsgesetzes weiter erforderlichen Vorschriften werden vom Staatsministerium der Finanzen erlassen.

München, den 9. Dezember 1913.

Ludwig.

Dr. Frhr. v. Soden-Fraunhofen. v. Thelemann. v. Breunig.

Auf Allerhöchsten Befehl:
Der Generalsekretär:
Ministerialrat v. Moser.

III. Hilfstafel zur Berechnung des Wehrbeitrags vom Vermögen.

(Zu § 32 Abs. 1, § 15 Abs. 3 des Gesetzes.)

Es beträgt		Es beträgt		Es beträgt	
bei einem Vermögen von Mark	der Wehrbeitrag Mark	bei einem Vermögen von Mark	der Wehrbeitrag Mark	bei einem Vermögen von Mark	der Wehrbeitrag Mark
(mehr als) 10 000	15,—	37 000	55,5	63 000	120,5
11 000	16,5	38 000	57,—	64 000	124,—
12 000	18,—	39 000	58,5	65 000	127,5
13 000	19,5	40 000	60,—	66 000	131,—
14 000	21,—	41 000	61,5	67 000	134,5
15 000	22,5	42 000	63,—	68 000	138,—
16 000	24,—	43 000	64,5	69 000	141,5
17 000	25,5	44 000	66,—	70 000	145,—
18 000	27,—	45 000	67,5	71 000	148,5
19 000	28,5	46 000	69,—	72 000	152,—
20 000	30,—	47 000	70,5	73 000	155,5
21 000	31,5	48 000	72,—	74 000	159,—
22 000	33,—	49 000	73,5	75 000	162,5
23 000	34,5	50 000	75,—	76 000	166,—
24 000	36,—			77 000	169,5
25 000	37,5	51 000	78,5	78 000	173,—
26 000	39,—	52 000	82,—	79 000	176,5
27 000	40,5	53 000	85,5	80 000	180,—
28 000	42,—	54 000	89,—	81 000	183,5
29 000	43,5	55 000	92,5	82 000	187,—
30 000	45,—	56 000	96,—	83 000	190,5
31 000	46,5	57 000	99,5	84 000	194,—
32 000	48,—	58 000	103,—	85 000	197,5
33 000	49,5	59 000	106,5	86 000	201,—
34 000	51,—	60 000	110,—	87 000	204,5
35 000	52,5	61 000	113,5	88 000	208,—
36 000	54,—	62 000	117,—	89 000	211,5

Es beträgt bei einem Vermögen von Mark	der Wehrbeitrag Mark
90 000	215,—
91 000	218,5
92 000	222,—
93 000	225,5
94 000	229,—
95 000	232,5
96 000	236,—
97 000	239,5
98 000	243,—
99 000	246,5
100 000	250,—
101 000	255,—
102 000	260,—
103 000	265,—
104 000	270,—
105 000	275,—
106 000	280,—
107 000	285,—
108 000	290,—
109 000	295,—
110 000	300,—
usw. für je 1000 Mark je 5 Mark mehr	
z.B. 120 000	350,—
130 000	400,—
140 000	450,—
150 000	500,—
160 000	550,—
170 000	600,—
180 000	650,—
190 000	700,—
200 000	750,—
201 000	757,—
usw. für je 1000 Mark je 7 Mark mehr	

Es beträgt bei einem Vermögen von Mark	der Wehrbeitrag Mark
z.B. 210 000	820,—
220 000	890,—
230 000	960,—
240 000	1 030,—
250 000	1 100,—
260 000	1 170,—
270 000	1 240,—
280 000	1 310,—
290 000	1 380,—
300 000	1 450,—
310 000	1 520,—
320 000	1 590,—
330 000	1 660,—
340 000	1 730,—
350 000	1 800,—
360 000	1 870,—
370 000	1 940,—
380 000	2 010,—
390 000	2 080,—
400 000	2 150,—
410 000	2 220,—
420 000	2 290,—
430 000	2 360,—
440 000	2 430,—
450 000	2 500,—
460 000	2 570,—
470 000	2 640,—
480 000	2 710,—
490 000	2 780,—
500 000	2 850,—
501 000	2 858,5
usw. für je 1000 Mark je 8,5 Mark mehr	
z.B. 600 000	3 700,—
700 000	4 550,—

Es beträgt bei einem Vermögen von Mark	der Wehrbeitrag Mark
800 000	5 400,—
900 000	6 250,—
1 000 000	7 100,—
1 001 000	7 111,—
usw. für je 1000 Mark je 11 Mark mehr	
z.B. 1 100 000	8 200,—
1 200 000	9 300,—
1 300 000	10 400,—
1 400 000	11 500,—
1 500 000	12 600,—
1 600 000	13 700,—
1 700 000	14 800,—
1 800 000	15 900,—
1 900 000	17 000,—
2 000 000	18 100,—
2 001 000	18 113,—
usw. für je 1000 Mark je 13 Mark mehr	
z.B. 2 100 000	19 400,—
3 000 000	31 100,—
4 000 000	44 100,—
5 000 000	57 100,—
5 001 000	57 114,—
usw. für je 1000 Mark je 14 Mark mehr	
z.B. 6 000 000	71 100,—
7 000 000	85 100,—
8 000 000	99 100,—
9 000 000	113 100,—
10 000 000	127 100,—
10 001 000	127 115,—
usw. für je 1000 Mark je 15 Mark mehr	

IV. Hilfstafel zur Berechnung des Wehrbeitrags vom Einkommen.

(Zu § 32 des Gesetzes; Anlage I der preuß. AB.)

Einkommen Mark	Beitrag Mark	Einkommen Mark	Beitrag Mark	Einkommen Mark	Beitrag Mark	Einkommen Mark	Beitrag Mark
1 000	10,—	30 200	604,—	60 050	2 125,—	80 450	3 825,—
1 050	10,50	30 250	605,—	60 100	2 150,—	80 500	3 850,—
1 100	11,—	usw. für je 50M. mehr	usw. je 1 M. mehr	60 150	2 175,—	80 550	3 875,—
1 150	11,50	35 000	700,—	60 200	2 200,—	80 600	3 900,—
1 200	12,—	35 050	725,—	60 250	2 225,—	80 650	3 925,—
1 250	12,50	35 100	750,—	60 300	2 250,—	80 700	3 950,—
usw. für je 50M. mehr	usw. je 50Pf. mehr	35 150	775,—	60 350	2 275,—	80 750	3 975,—
z.B. 2 000	20,—	35 200	800,—	60 400	2 300,—	80 800	4 000,—
3 000	30,—	35 250	825,—	60 450	2 325,—	80 850	4 025,—
4 000	40,—	35 300	850,—	60 500	2 350,—	80 900	4 045,—
5 000	50,—	35 350	875,—	60 550	2 375,—	80 950	4 047,50
6 000	60,—	35 400	885,—	60 600	2 400,—	81 000	4 050,—
7 000	70,—	35 450	886,25	60 650	2 425,—	usw. für je 50M. mehr	usw. je 2,50M. mehr
8 000	80,—	35 500	887,50	60 700	2 428,—	100 000	5 000,—
9 000	90,—	usw. für je 50M. mehr	usw. je 1,25M. mehr	60 750	2 430,—	100 050	5 025,—
10 000	100,—	40 000	1 000,—	60 800	2 432,—	usw. für je 50M. mehr	usw. je 25 M. mehr
10 050	120,60	40 050	1 025,—	usw. für je 50M. mehr	usw. je 2 M mehr	102 250	6 125,—
10 100	121,20	40 100	1 050,—	70 000	2 800,—	102 300	6 138,—
10 150	121,80	40 150	1 075,—	70 050	2 825,—	102 350	6 141,—
usw. für je 50M. mehr	usw. je 60Pf. mehr	40 200	1 100,—	70 100	2 850,—	102 400	6 144,—
15 000	180,—			70 150	2 875,—		

15 050	*205,—*
15 100	211,40
15 150	212,10
15 200	212,80
usw. für je 50M. mehr	usw. je 70Pf. mehr
20 000	280,—
20 050	*305,—*
20 100	321,60
20 150	322,40
20 200	323,80
usw. für je 50M. mehr	usw. je 80Pf. mehr
25 000	400,—
25 050	*425,—*
25 100	*450,—*
25 150	452,70
25 200	453,60
25 250	454,50
usw. für je 50M. mehr	usw. je 90Pf. mehr
30 000	540,—
30 050	*565,—*
30 100	*590,—*
30 150	603,—
40 250	*1 125,—*
40 300	*1 150,—*
40 350	*1 175,—*
40 400	*1 200,—*
40 450	1 213,50
40 500	1 215,—
40 550	1 216,50
usw. für je 50M. mehr	usw. je 1,50M. mehr
50 000	1 500,—
50 050	*1 525,—*
50 100	*1 550,—*
50 150	*1 575,—*
50 200	*1 600,—*
50 250	*1 625,—*
50 300	*1 650,—*
50 350	*1 675,—*
50 400	*1 700,—*
50 450	*1 725,—*
50 500	*1 750,—*
50 550	1 769,25
50 600	1 771,—
50 650	1 772,75
usw. für je 50M. mehr	usw. je 1,75M. mehr
60 000	2 100,—
70 200	*2 900,—*
70 250	*2 925,—*
70 300	*2 950,—*
70 350	*2 975,—*
70 400	*3 000,—*
70 450	*3 025,—*
70 500	*3 050,—*
70 550	*3 075,—*
70 600	*3 100,—*
70 650	*3 125,—*
70 700	*3 150,—*
70 750	*3 175,—*
70 800	3 186,—
70 850	3 188,25
70 900	3 190,50
usw. für je 50M. mehr	usw. je 2,25M. mehr
80 000	3 600,—
80 050	*3 625,—*
80 100	*3 650,—*
80 150	*3 675,—*
80 200	*3 700,—*
80 250	*3 725,—*
80 300	*3 750,—*
80 350	*3 775,—*
80 400	*3 800,—*
usw. für je 50M. mehr	usw. je 3 M. mehr
200 000	12 000,—
200 050	*12 025,—*
usw. für je 50M. mehr	usw. je *25 M.* mehr
204 650	*14 325,—*
204 700	14 329,—
204 750	14 332,50
204 800	14 336,—
usw. für je 50M. mehr	usw. je 3,50M. mehr
500 000	35 000,—
500 050	*35 025,—*
usw. für je 50M. mehr	usw. je *25 M.* mehr
511 900	*40 950,—*
511 950	40 956,—
512 000	40 960,—
usw. für je 50M. mehr	usw. je 4 M. mehr

Die schräg gedruckten Zahlen sind gemäß § 32 Abs. 3 ermäßigte Beitragssätze.

V. Hilfstafel

über den gegenwärtigen Gesamtwert einer Rente oder Nutzung im Werte von 1 Mark auf eine bestimmte Anzahl von Jahren zur Berechnung des davon zu entrichtenden Wehrbeitrags.

(Zu § 21 Abs. 1 des Gesetzes.)

Anzahl der Jahre	Gesamtwert		Anzahl der Jahre	Gesamtwert		Anzahl der Jahre	Gesamtwert	
	Mark	Pf.		Mark	Pf.		Mark	Pf.
1	1	0,0	29	17	66,3	57	23	22,0
2	1	96,2	30	17	98,4	58	23	32,7
3	2	88,6	31	18	29,0	59	23	43,0
4	3	77,5	32	18	58,9	60	23	52,8
5	4	63,0	33	18	87,4	61	23	62,4
6	5	45,1	34	19	14,8	62	23	71,5
7	6	24,2	35	19	41,1	63	23	80,3
8	7	00,2	36	19	66,5	64	23	88,7
9	7	73,3	37	19	90,8	65	23	96,9
10	8	43,5	38	20	14,3	66	24	04,7
11	9	11,1	39	20	36,8	67	24	12,2
12	9	76,0	40	20	58,5	68	24	19,4
13	10	38,5	41	20	79,3	69	24	26,4
14	10	98,6	42	20	99,3	70	24	33,0
15	11	56,3	43	21	18,6	71	24	39,5
16	12	11,8	44	21	37,1	72	24	45,6
17	12	65,2	45	21	54,9	73	24	51,6
18	13	16,6	46	21	72,0	74	24	57,3
19	13	65,9	47	21	88,5	75	24	62,8
20	14	13,4	48	22	04,3	76	24	68,0
21	14	59,0	49	22	19,5	77	24	73,1
22	15	02,9	50	22	34,2	78	24	78,0
23	15	45,1	51	22	48,2	79	24	82,7
24	15	85,7	52	22	61,8	80	24	87,2
25	16	24,7	53	22	74,8	81	24	91,5
26	16	62,2	54	22	87,3	82	24	95,7
27	16	98,3	55	22	99,3	83	24	99,7
28	17	33,0	56	23	10,9	84 und mehr	25	00,0

VI. Bekanntmachung vom 11. Dezember 1913 zum Vollzuge des Gesetzes über einen einmaligen außerordentlichen Wehrbeitrag vom 3. Juli 1913.

(GVBl. S. 885.)

K. Staatsministerium der Finanzen.

Zum Vollzuge des Wehrbeitragsgesetzes und der Ausführungsbestimmungen des Bundesrats (GVBl. 1913 S. 816) werden nachstehende Vorschriften erlassen:

I. Veranlagungsbehörden und Oberbehörden; Zuständigkeit.

§ 1. [I] Die Vorbereitung der Veranlagung und die Berechnung des Wehrbeitrags, die Erteilung der Veranlagungs- und der Feststellungsbescheide, die Erhebung des Wehrbeitrags, die Entgegennahme freiwilliger Wehrbeiträge, das Berichtigungsverfahren und die Abgangstellung, die Nachveranlagung, die Beschlußfassung über die Kostentragung und die Verrechnung des Wehrbeitrags obliegt den Rentämtern unter Leitung der Regierungsfinanzkammern und unter Oberaufsicht des Staatsministeriums der Finanzen.

[II] In München sind die Stadtrentämter München II und München III, in Nürnberg die Rentämter Nürnberg II und Nürnberg III zuständig. Die für die Veranlagungsbehörden in München und Nürnberg bestimmten Ersuchsschreiben anderer Bundesstaaten sind an das Stadtrentamt München II und an das Rentamt Nürnberg II zu richten. Diese Rentämter haben die Ersuchsschreiben erforderlichen Falles an die zuständige Veranlagungsbehörde zu übermitteln.

III Den Rentämtern obliegt in den Landesteilen rechts des Rheins auch die Erhebung des Wehrbeitrags. Bezüglich der Erhebung des Wehrbeitrags in der Pfalz bleibt gesonderte Entschließung des Staatsministeriums der Finanzen vorbehalten.

§ 2. Zuständig ist — vorbehaltlich der Bestimmungen über die Zuständigkeit der Bundesstaaten (§ 34 des Gesetzes und § 2 der AusfBest.) — das Rentamt, in dessen Bezirk der Beitragspflichtige nach den Vorschriften im Art. 22 des EinkStGes. und § 42 der VollzVorschr. zum EinkStGes. zu veranlagen ist oder zu veranlagen wäre.

§ 3. Ergeben sich bei einem Rentamt Zweifel, ob der Wehrbeitrag von ihm oder von der Veranlagungsbehörde eines anderen Bundesstaats zu veranlagen ist, so hat das Rentamt unter Vorlage der Akten die Entscheidung der vorgesetzten Regierungsfinanzkammer zu erholen. Erkennt die Veranlagungsbehörde eines anderen Bundesstaats eine ihr angesonnene Zuständigkeit zur Veranlagung des Wehrbeitrags nicht an, so sind die Akten dem Staatsministerium der Finanzen vorzulegen, damit erforderlichen Falles die Entscheidung des Bundesrats (§ 34 Abs. 4 Satz 2 des Wehrbeitragsgesetzes) eingeholt wird.

II. Verfahren bis zur Erlassung des Veranlagungs- und Feststellungsbescheids.

1. Vorbereitung der Veranlagung.

§ 4. I Die Tätigkeit der Rentämter hat mit der Aufstellung der Wehrbeitragslisten zu beginnen. Zu diesem Zwecke sind für jeden Veranlagungsbezirk die Personen zu ermitteln und in die Wehrbeitragslisten einzutragen, die nach der Steuerveranlagung für das Jahr 1913 für die Veranlagung zum Wehrbeitrag in Frage kommen. Die Aufstellung der Wehrbeitragslisten ist sofort in Angriff zu nehmen und soll bis Anfang Januar k. Js. durchgeführt sein.

II Die Wehrbeitragsliste ist nach den dem § 4 Abs. 2 der Ausführungsbestimmungen beigegebenen Mustern 1 und 2 für natürliche Personen (Wehrbeitragsliste A) und für juristische Personen, d. h. Aktiengesellschaften und Kommanditgesellschaften auf Aktien (Wehrbeitragsliste B) je gesondert anzulegen.

III Für die Eintragung in die Wehrbeitragslisten gelten die Vorschriften in den §§ 5 mit 9 der Ausführungsbestimmungen.

IV In die Wehrbeitragsliste sind natürliche Personen, deren Vermögen 10000 ℳ nicht übersteigt oder die ein Einkommen von nicht mehr als 4000 ℳ haben, nicht einzutragen.

V Die im § 11 des Gesetzes genannten juristischen Personen sind, soferne sie nicht in einem anderen Bundesstaate zu veranlagen sind, sämtlich in die Wehrbeitragsliste B aufzunehmen, da die im Abs. 2 Ziff. 1 und 2 vorgesehenen Befreiungen in allen Fällen von der im § 52 der Ausführungsbestimmungen erwähnten besonderen Genehmigung, sei es des Bundesrats oder des Staatsministeriums der Finanzen, sei es des Steuerausschusses abhängig sind.

VI Die Benachrichtigungen nach § 7 der AusfBest. haben, wenn sie an eine nichtbayerische Veranlagungsbehörde zu richten sind, alle aus den rentamtlichen Steuerakten usw. ersichtlichen Besteuerungsmerkmale zu enthalten (Höhe des Einkommens und der Erträge, der Betriebskapitalien, Flächenumfang, Bonitäten, Verhältniszahlen usw.). Besondere Benachrichtigungen nach § 7 der AusfBest. können, wenn sie an eine bayerische Veranlagungsbehörde zu richten wären, unter der Voraussetzung unterbleiben, daß durch den Mitteilungsverkehr nach § 43 der VollzVorschr. zum EinkStGes. der Veranlagungsbehörde bereits alles für die Veranlagung des Wehrbeitrags Sachdienliche bekannt geworden ist. Die Benachrichtigungen sind unverzüglich vorzunehmen und, wenn sich nach der Einkommensteuerveranlagung für 1914 wesentliche Änderungen gegenüber den Benachrichtigungen ergeben, entsprechend zu berichtigen.

VII Die Ergänzung und Berichtigung der Wehrbeitragslisten, sowie die Führung der Zugangslisten bemißt sich nach den Vorschriften der §§ 11, 12 der Ausführungsbestimmungen.

2. Vermögenserklärungen.

§ 5. I Als Frist für die Abgabe der Vermögenserklärung (§ 36 Abs. 1 des Gesetzes) wird mit Rücksicht auf die im § 13 Abs. 1 Satz 2 der Ausführungsbestimmungen erteilte Ermächtigung die Zeit vom 5. Januar bis 31. Januar 1914 bestimmt.

II Diese Vorschrift gilt im allgemeinen auch für Beitragspflichtige, die Inhaber eines unter § 15 Abs. 2 des Gesetzes fallenden Betriebs sind und ihrer Vermögenserklärung den Abschluß für den 31. Dezember 1913 zugrunde legen. Erweist sich jedoch die Abgabe der Vermögenserklärung innerhalb der im Abs. I bestimmten Frist als nicht möglich, so können die Rentämter die Frist für die Abgabe der Vermögenserklärung entsprechend, jedoch keinesfalls über den 15. April 1914 hinaus, verlängern. Eine entsprechende Verlängerung ist auf Verlangen ohne weiteres und stillschweigend in allen jenen Fällen zu gewähren, in denen der alljährliche Zeitpunkt der Festsetzung der Bilanz und ihrer Veröffentlichung nachweislich erst nach dem 1. Januar erfolgt.

III Anderen Personen, die nicht Inhaber eines unter § 15 Abs. 2 des Gesetzes fallenden Betriebs sind, kann die Frist zur Abgabe der Vermögenserklärung vom Rentamt auf Ansuchen angemessen verlängert werden, wenn glaubhaft dargetan wird, daß die Vermögenserklärungen während der im Abs. I bestimmten Frist nicht möglich ist.

§ 6. I Am 29. Dezember 1913 haben die Rentämter die öffentliche Aufforderung zur Vermögenserklärung nach Maßgabe des § 15 Abs. 1 der AusfBest. zu erlassen. Hierbei ist das als Anlage I beigereihte Muster zu benützen. Die öffentliche Aufforderung ist außerdem durch die Gemeindebehörden sowie in der sonst ortsüblichen Weise bekannt zu machen. Nachweis über die Art und

Dauer der Veröffentlichung der Bekanntmachung ist in der Form einer gemeindeamtlichen Bestätigung nach Ablauf der Frist für die Abgabe der Vermögenserklärung an das Rentamt zu übersenden.

II Um der öffentlichen Aufforderung bei ihrer Bedeutung für die rechtzeitige Abgabe der Vermögenserklärung eine besondere Verbreitung in allen beteiligten Kreisen zu sichern, ist sie ferner in allen Tageszeitungen, die im Rentamtsbezirk erscheinen und dort einen größeren Leserkreis besitzen, bekannt zu machen. Ferner ist darauf hinzuwirken, daß auf die Verpflichtung zur Abgabe der Vermögenserklärung und auf die strenge Einhaltung der Frist unter ausdrücklichem Hinweis auf die mit der Fristversäumnis verbundenen nachteiligen Folgen für den Erklärungspflichtigen in dem meist gelesenen textlichen Teile dieser Zeitungen mit hervorgehobenem Drucke hingewiesen wird.

§ 7. I Die Vermögenserklärung ist für die natürlichen Personen nach dem den Ausführungsbestimmungen beigegebenen Muster 3, für die juristischen Personen nach Muster 4 zu gestalten.

II Vordrucke sind in der erforderlichen Anzahl, die die Rentämter auf Grund der Einträge in die Wehrbeitragslisten A und B entsprechend zu bemessen haben, bei den Rentämtern bereit zu halten und den Gemeindebehörden zur Abgabe an die Erklärungspflichtigen zu übersenden. Die Verabfolgung an die Erklärungspflichtigen hat kostenlos zu erfolgen.

§ 8. I Die Vermögenserklärung ist auf dem vorgeschriebenen Vordrucke bei dem Rentamt oder bei der Gemeindebehörde schriftlich oder zu Protokoll unter der Versicherung abzugeben, daß die Angaben nach bestem Wissen und Gewissen gemacht sind. Bei der Abgabe der Vermögenserklärung zu Protokoll ist der ausgefüllte Vordruck vom Beitragspflichtigen und von dem Beamten, der die Erklärung entgegengenommen hat, zu unterzeichnen. Die bei der Gemeindebehörde eingelangenden oder zu Protokoll gegebenen Vermögenserklärungen sind unverzüglich an das Rentamt einzusenden.

II Die schriftliche Vermögenserklärung darf auch verschlossen bei der Gemeindebehörde abgegeben werden. Die Gemeindebehörde hat eine verschlossen abgegebene Vermögenserklärung uneröffnet dem Rentamt vorzulegen, wenn der Name des Erklärenden auf dem Umschlag ersichtlich gemacht ist.

III Wenn es die Personalverhältnisse eines Rentamts gestatten, darf auf Wunsch einer Gemeindebehörde durch den Rentamtsvorstand rentamtliches Personal zur Unterstützung der Gemeindebehörde bei Entgegennahme der protokollarischen Vermögenserklärungen abgeordnet werden. Die von der Gemeindebehörde zu leistende Vergütung wird vom Staatsministerium der Finanzen festgesetzt.

§ 9. I Den Beitragspflichtigen ist es gestattet, in den Vermögenserklärungen von der Aufführung der einzelnen in Bayern gelegenen Grundstücke abzusehen und ihren Wert im ganzen anzugeben, wenn sie ihren Vermögenserklärungen evident gestellte Katasterauszüge beigeben. Liegen die Katasterauszüge bei Amt, so genügt eine Bezugnahme auf diese.

II Die Vollzähligkeit und Richtigkeit der Katasterauszüge nach dem Stande vom 31. Dezember 1913 ist vom Rentamt auf Grund der ihm zum Zwecke der Einkommensteuerveranlagung nach § 43 Abs. I der Vollz.-Vorschr. zum EinkStGes. zugehenden Mitteilungen über die in anderen Rentamtsbezirken zu zahlenden Grund- und Haussteuern, weiter an der Hand der amtlichen Behelfe zu prüfen, welche die jüngst aufgemachte Steuerstatistik über die in der Hand jedes einzelnen Steuerpflichtigen vereinigten Grund- und Haussteuerverhältniszahlen bietet.

III Da solche Behelfe für das in anderen Bundesstaaten gelegene Grundvermögen fehlen, muß das dort befindliche Grundvermögen in allen Fällen besonders in der Vermögenserklärung aufgeführt werden (§ 19 Abs. 5 Satz 2 der AusfBest.).

§ 10. I Jene Personen, die in den Wehrbeitragslisten aufgeführt sind und nicht von selbst schon eine Vermögenserklärung abgegeben oder um Fristverlängerung nachgesucht haben, sind mit Bezugnahme auf § 36 Abs. 2 des Gesetzes unter Androhung einer Geldstrafe im Versäumnisfalle (§ 38 Abs. 1 des Gesetzes) aufzufordern, binnen 14 Tagen eine Vermögenserklärung abzugeben. Gleichzeitig ist der Erklärungspflichtige auf § 20 Abs. 3 der AusfBest. und § 38 Abs. 2 des Gesetzes aufmerksam zu machen und aufzufordern, die Gründe anzugeben, die seine Versäumnis entschuldbar erscheinen lassen. Auf § 16 Abs. 2 der AusfBest. ist hinzuweisen.

II Diese Aufforderung an den Erklärungspflichtigen, die der Anlage I entsprechend nachzubilden ist, hat gegen Zustellungsnachweis zu erfolgen.

III Die im § 8 Abs. 1, 2 des Gesetzes vorgesehenen Zwangsmittel (Geldstrafen und prozentuale Zuschläge) können nebeneinander zur Anwendung gebracht werden.

§ 11. I Die Zuständigkeit und das Verfahren bei Verhängung der im § 38 Abs. 1 des Gesetzes (§ 20 Abs. 1 bis 3 der AusfBest.) erwähnten Geldstrafen bemißt sich im Hinblick auf § 63 des Gesetzes nach den Vorschriften des Reichs-Gerichtsverfassungsgesetzes und der Reichsstrafprozeßordnung. Art 81 des Einkommensteuergesetzes und § 90 der Vollzugsvorschriften hierzu finden entsprechende Anwendung.

II Die im § 38 Abs. 2 des Gesetzes (§ 20 Abs. 5 der AusfBest.) erwähnten Zuschläge von 5 bis 10 vom Hundert des geschuldeten Wehrbeitrags werden durch das Rentamt festgesetzt. Art. 31 Abs. IV des Einkommensteuergesetzes und § 48 Abs. II bis V der Vollzugsvorschriften hierzu finden entsprechende Anwendung.

III Die festgesetzten Geldstrafen fließen in die Staatskasse (§ 64 des Gesetzes). Die festgesetzten Zuschläge dagegen sind zugleich mit den Wehrbeiträgen, aus denen sie berechnet wurden, an die Reichskasse abzuführen und in der gleichen Weise wie diese zu verrechnen

3. Prüfung und Vervollständigung der Veranlagungsunterlagen durch das Rentamt.

§ 12. I Das Rentamt hat nach § 39 des Gesetzes und § 21 der Ausführungsbestimmungen zunächst die Angaben in der Vermögenserklärung auf ihre Richtigkeit und Vollständigkeit und unter Benützung aller ihm zugebote stehenden amtlichen Behelfe, der Steuererklärungen für das Jahr 1914, endlich der Überweisungen und Mitteilungen anderer Rentämter und Veranlagungsbehörden zu prüfen.

II Für jene Beitragspflichtigen, bei denen die vorliegenden Prüfungsbehelfe keinen verlässigen Schluß auf die Höhe des Vermögens gestatten, sind die erforderlichen Erkundigungen gewissenhaft und mit Umsicht unter entsprechender Anwendung der den Veranlagungsbehörden nach § 19 Satz 4, §§ 40 bis 43, 45 des Gesetzes eingeräumten Befugnissen einzuziehen. In allen zweifelhaften Fällen ist von der Befugnis der Einvernahme von Sachverständigen ausgiebigster Gebrauch zu machen und, soweit irgend tunlich, auf persönliche Erörterung etwaiger Bedenken über die Richtigkeit der Vermögenserklärung Bedacht zu nehmen. Kleinliche Beanstandungen sind zu unterlassen.

III Die Gemeindebehörden haben in dem Umfange bei der Vermögensermittelung mitzuwirken, wie dies ihnen im § 45 des Gesetzes und im Art. 35 Abs. I des Einkommensteuergesetzes zur Pflicht gemacht ist. Die Notare sind verpflichtet Aufschlüsse zu erteilen und Einsicht der ihnen zur Verfügung stehenden amtlichen Behelfe zu gestatten im gleichen Umfange wie nach Art. 35 Abs. II des Einkommensteuergesetzes. Das Gleiche gilt für die sämtlichen öffentlichen Behörden, soweit nicht der Vorbehalt im § 45 Abs. 3 des Gesetzes und im Art. 35 Abs. III des Einkommensteuergesetzes platzzugreifen hat. § 51 der Vollzugsvorschriften zum Einkommensteuergesetz findet entsprechende Anwendung.

§ 13. I Vermögen, dessen Nutznießung einem anderen (z. B. einem Elternteile) zusteht, ist in der Hand des Eigentümers beitragspflichtig. Besteht zwischen mehreren an einer Gesamtheit von Vermögenswerten eine Rechtsgemeinschaft, so ist jeder von ihnen mit seinem Anteile beitragspflichtig. Dies gilt insbesondere auch dann, wenn nach dem Tode eines Ehegatten zwischen dem überlebenden Ehegatten und den übrigen Erben des Verstorbenen zufolge ehegüterrechtlicher oder erbrechtlicher Bestimmung an einem Vermögen (Gesamtgut bei fortgesetzter Gütergemeinschaft, Nachlaß des Verstorbenen) eine Rechtsgemeinschaft stattfindet.

II Jeder an einer Rechtsgemeinschaft Beteiligte hat in seiner Vermögenserklärung den ihm zustehenden Anteil hieran anzugeben. Nötigenfalls werden in dieser Richtung die gerichtlichen Akten den erforderlichen Aufschluß geben.

III Im Falle eines Nießbrauchrechts ist der Wert des Rechtes in der Hand des Nießbrauchers wehrbeitragspflichtig; der Eigentümer darf diesen Wert an dem Werte der dem Nießbrauch unterliegenden Sache abziehen.

§ 14. I Als Hilfsmittel für die Feststellung der Vermögenswerte kommen vor allem die Steuerlisten, die Einkommensteuerakten und die Kataster in Betracht.

II Zur Feststellung des Ertragswerts von Grundstücken sind neben den Vermögenserklärungen als Hilfsmittel insbesondere zu benützen:

a) Die Steuerkataster im Rahmen des § 35 der Ausführungsbestimmungen,
b) etwa ermittelte Pachtverträge bei Pachtgütern,
c) die Einkommensteuerveranlagung,
d) die Veranlagung des gebundenen Grundbesitzes zur Ersatzabgabe nach § 95 des Reichsgesetzes vom 3. Juli 1913 (RGBl. S. 639),
e) die Gutachten der Sachverständigen.

§ 15. I Für die Einschätzung von Grundstücken wird unter Hinweisung auf die §§ 16, 17 des Gesetzes und auf die §§ 22 bis 36 der Ausführungsbestimmungen auf folgende Gesichtspunkte besonders aufmerksam gemacht.

II Entgegen der allgemeinen Regel, daß bei der Feststellung des Vermögens der gemeine Wert (Verkaufs- oder Verkehrswert) zugrunde zu legen ist, gilt für Grundstücke, die dauernd land- und forstwirtschaftlichen oder gärtnerischen Zwecken, sowie für Grundstücke, die Wohnzwecken oder gewerblichen Zwecken zu dienen bestimmt sind und bei denen die Bebauung und Benutzung der ortsüblichen Bebauung und Benutzung entspricht, die Ausnahme, daß bei ihnen der Ertragswert zugrunde zu legen ist.

III Als Ertrag, dessen Fünfundzwanzigfaches als Ertragswert für die Besteuerung maßgebend ist, gilt aber nicht der steuerbare Reinertrag, wie er der Berechnung der Landessteuern zugrunde gelegt wird. Er unterscheidet sich von diesem in folgenden wesentlichen Punkten:

1. Die Betriebsgebäude und die Betriebsmittel sind bei der Vermögensfeststellung mitzuberücksichtigen, während sie bei der Ertragsermittelung nach den Landessteuergesetzen außer Betracht zu bleiben haben.

2. Es ist der Reinertrag zugrunde zu legen, den ein ordentlicher Unternehmer bei gemeinüblicher Bewirtschaftung und unter gewöhnlichen Verhältnissen im Durchschnitt einer Reihe von Jahren erzielen kann. Eine Berechnung des Ertragswerts nach dem wirklichen Reinertrage findet also nicht statt. Das Verfahren wird sich daher auch — vorbehaltlich der Ausscheidung des Anschlags für die eigene Arbeit — den Schätzungen anschließen können, die beim Vollzuge des Einkommensteuergesetzes durchgeführt worden sind, soferne sich diese Schätzungen bei der Veranlagung zur Einkommensteuer als brauchbare und verlässige Behelfe erwiesen haben. Hierbei haben alle objektiven Schätzungselemente, wie Umfang und Ertragsfähigkeit der Grundstücke, ihre Lage zum Hauptanwesen, die allgemeine Verkehrslage, die Absatzmöglichkeit u. dergl. Berücksichtigung zu finden. Dagegen haben alle persönlichen Momente auszuscheiden, z. B. insbesondere hervorragende Tüchtigkeit oder Untüchtigkeit des Wirtschafters, reichliches Vorhandensein oder Mangel an flüssigen Betriebsmitteln; ferner haben unberücksichtigt zu bleiben alle mehr zufälligen oder vorübergehenden Einflüsse, wie außerordentlich günstige oder ungünstige Witterungsverhältnisse, anormale Preissteigerungen oder Preisstürze.

3. Als Bewirtschaftungskosten sind alle Kosten anzurechnen, die aufzuwenden sind oder aufzuwenden wären, um mit entlohnten fremden Arbeitskräften den Rohertrag zu erzielen. Es darf also nicht bloß der wirkliche regelmäßige Aufwand an Bar- oder Naturallöhnen für das Betriebspersonal vom landwirtschaftlichen Rohertrag abgezogen werden, sondern es dürfen alle Aufwendungen in Ansatz kommen, die notwendig wären, wenn die Bewirtschaftung ausschließlich mit fremden Arbeitskräften erfolgen würde. Daraus ergibt sich, daß nicht nur für die an Stelle von Dienstboten im Betrieb arbeitenden Kinder — ohne Rücksicht auf ihre wirklichen Bezüge — dieselben Geld- und Naturalanschläge in Anrechnung kommen wie für gleichartige gedungene Dienstboten, sondern daß auch der Eigentümer selbst und seine Ehefrau ihre im Betriebe geleistete Arbeit angemessen in Anschlag bringen können.

IV Der unter Berücksichtigung dieser Gesichtspunkte berechnete Reinertrag bildet die Grundlage für die nach § 29 der Ausführungsbestimmungen vorgeschriebene Schätzung des Ertragswerts. Es wird im allgemeinen angenommen werden können, daß der Ertragswert des landwirtschaftlich benützten Grundbesitzes in vielen Fällen geringer ist als der gemeine Wert (Verkaufs- oder Verkehrswert). Wenn dies aber nicht der Fall sein sollte, steht es dem Beitragspflichtigen nach § 17 Abs. 5 des Gesetzes frei zu verlangen, daß statt des Ertragswerts der gemeine Wert (Verkaufs- oder Verkehrswert) der Veranlagung zugrunde gelegt werde.

V Der gemeine Wert wird gemäß § 22 der Ausführungsbestimmungen nach den Preisen bestimmt, die im gewöhnlichen Geschäftsverkehre nach der Beschaffenheit des Gegenstandes ohne Rücksicht auf ungewöhnliche oder lediglich persönliche Verhältnisse zu bezahlen sind. Diese Feststellung wird wesentlich erleichtert werden durch die aus den Katastern usw. ersichtlichen Verkaufspreise gleichartiger Objekte in der gleichen Gegend und aus den letzten Jahren.

VI Bei bebauten Grundstücken, die Wohnzwecken oder gewerblichen Zwecken zu dienen bestimmt sind (§ 24 Abs. 2, §§ 30 bis 34 der AusfBest.), ist darauf zu achten, daß in dem nach § 17 Abs. 4 des Gesetzes zugelassenen Abzuge von einem Fünftel für Nebenleistungen und Instandhaltungskosten jene Bauschbeträge inbegriffen sind, die bei der Ertragsermittelung nach den Landessteuergesetzen als Betriebsausgaben zum Abzuge zugelassen wurden.

§ 16. Das zum Wehrbeitrage zu veranlagende gewerbliche Betriebsvermögen unterscheidet sich von dem im Art. 8 des Gewerbsteuergesetzes umschriebenen gewerblichen Betriebskapital dadurch, daß beim gewerblichen Betriebsvermögen einerseits auch die Immobilien einbezogen, andererseits aber fremde Gegenstände und Rechte ausgeschlossen werden, ferner dadurch, daß der Schuldenabzug bei der Veranlagung zum Wehrbeitrag uneingeschränkt zulässig ist, während er bei der Berechnung der Betriebskapitalsanlage nur in beschränktem Umfange gestattet wird.

§ 17. Bei der Feststellung des Kapitalvermögens ist zu beachten, daß § 5 des Gesetzes den Begriff des Kapitalvermögens in verschiedener Richtung weiter gefaßt hat, als dies im Kapitalrentensteuergesetze geschehen ist. In dieser Beziehung wird insbesondere auf die nach § 5 Nr. 1, 4, 5, 6 des Gesetzes beitragspflichtigen Vermögenswerte hingewiesen.

§ 18. Es wird darauf aufmerksam gemacht, daß für die Ermäßigung des Wehrbeitrags nach § 33 Abs. 1 des Gesetzes die Zahl der minderjährigen Kinder maßgebend ist, nicht etwa wie für die Ermäßigung der Einkommensteuer nach dem Einkommensteuergesetz die Zahl der Kinder, die das 15. Lebensjahr nicht überschritten haben oder die noch in der Vorbildung für einen Beruf begriffen sind.

§ 19. [1] Die Kosten der Ermittelungen hat in den Fällen des § 44 des Gesetzes der Beitragspflichtige zu tragen. In allen übrigen Fällen sind — vorbehaltlich der landesgesetzlichen Bestimmungen über die Kostentragung im Rechtsmittel- und Strafverfahren — die Kosten des

Verfahrens in Wehrbeitragsangelegenheiten von der Staatskasse zu tragen (§ 66 des Gesetzes, § 77 der AusfBest.).

II Die Beschlußfassung über die Kostentragung nach § 44 des Gesetzes obliegt den Rentämtern. Gegen den Beschluß ist Beschwerde an die Regierung, Kammer der Finanzen, zulässig.

4. Veranlagung durch die Steuerausschüsse.

§ 20. Die Grundlagen für die Berechnung des Wehrbeitrags werden durch die nach Maßgabe der Art. 37 bis 41, 88 des Einkommensteuergesetzes und der §§ 53 bis 56 der Vollzugsvorschriften hierzu gebildeten Steuerausschüsse festgesetzt.

§ 21. I Im Verfahren der Steuerausschüsse haben die Vorschriften der Art. 42, 44 bis 47 des Einkommensteuergesetzes sowie die Bestimmungen der §§ 57 bis 62 der Vollzugsvorschriften hierzu entsprechende Anwendung zu finden.

II Die Steuerausschüsse sind zur Veranlagung des Wehrbeitrags alsbald nach Fertigstellung der vorbereitenden Arbeiten einzuberufen. Wenn es die Verhältnisse des Rentamts gestatten und keine erhebliche Verzögerung der Veranlagung zu den staatlichen Personalsteuern zu befürchten ist, sind die Veranlagung zu diesen Steuern und die Veranlagung zum Wehrbeitrage ganz oder wenigstens teilweise zu verbinden.

III Die weiteren Ausschußmitglieder nach Art. 41 des Einkommensteuergesetzes sind in allen Fällen beizuziehen.

IV Die Steuerausschüsse sind auf die Möglichkeit der Beiziehung von Sachverständigen nach Art. 47 Abs. I des Einkommensteuergesetzes aufmerksam zu machen.

§ 22. I Die Verhandlungen über die Veranlagung des Wehrbeitrags und über die hierbei zur Erörterung gelangenden Verhältnisse des Wehrbeitragspflichtigen sind streng vertraulicher Natur (§§ 46, 62 des Gesetzes).

II Die Mitglieder der Steuerausschüsse, der Berufungskommissionen und der Oberberufungskommission sind hierüber zu belehren.

§ 23. Wird die Veranlagung zur Einkommensteuer durch das Rentamt im Verwaltungswege, d. h. von Amts wegen, berichtigt (§ 63 Abs. II der VollzVorschr. z. EinkStGes.), so ist auch die Veranlagung zum Wehrbeitrag entsprechend zu berichtigen (§ 45 Abs. 4 der AusfBest.).

§ 24. I Ist das im § 46 der Ausführungsbestimmungen vorgesehene Verfahren einzuleiten, so sind die Verhandlungen — für jeden Steuerfall gesondert — durch die vorgesetzte Regierungsfinanzkammer dem Staatsministerium der Finanzen vorzulegen, das die Entscheidung des Reichskanzlers (Reichsschatzamts) einholen wird.

II In gleicher Weise haben die Rentämter und Regierungsfinanzkammern in jenen Fällen des § 11 Abs. 2 Ziff. 1 des Gesetzes und des § 52 Abs. 2 der Ausführungsbestimmungen zu verfahren, in denen die Entscheidung des Bundesrats herbeizuführen ist. Mit dem gutachtlichen Antrage der Regierungsfinanzkammern sind auch die Verhandlungen vorzulegen, die aus Anlaß des Vollzugs des Reichsstempelgesetzes (Nr. 1 der Tarif-Nr. 1) zu einer Befreiung der dort bezeichneten Wertpapiere der inländischen Gesellschaften von der Stempelabgabe geführt haben.

III. Veranlagungs- und Feststellungsbescheid, Erhebung und Beitreibung des Wehrbeitrags.

1. Veranlagungs- und Feststellungsbescheid.

§ 25. I Der festgestellte Betrag des Vermögens und des Einkommens der Beitragspflichtigen ist nach näherer Vorschrift des § 54 Abs. 2 bis 5 der Ausführungsbestimmungen in die Wehrbeitragsliste einzutragen.

II Auf Grund dieses Eintrags wird der Wehrbeitrag vom Rentamt berechnet.

III Dem Beitragspflichtigen ist sodann ein Veranlagungsbescheid nach Anleitung des Musters 5 zu § 55 Abs. 1 der Ausführungsbestimmungen zu er-erteilen.

IV Den zur Abgabe einer Vermögenserklärung Verpflichteten (§§ 10, 36 Abs. 1 des Gesetzes), die gemäß § 12 Abs. 2 des Gesetzes freizustellen sind, ist ein Feststellungsbescheid nach Anleitung des Musters 6 zu § 56 Abs. 2 der Ausführungsbestimmungen zu erteilen.

V Beide Bescheide haben eine Belehrung über das zulässige Rechtsmittel der Berufung, über die vom Zustellungstag an laufende Ausschlußfrist von einem Monate, sowie darüber zu enthalten, daß die Berufung innerhalb dieser Ausschlußfrist schriftlich oder zu Protokoll beim Rentamt oder bei der Gemeindebehörde einzulegen ist, endlich darüber, daß in der Berufung die Gründe anzugeben sind, aus denen der Beschluß des Steuerausschusses angefochten wird.

VI Außerdem sind in den Bescheiden die Punkte in Kürze zu bezeichnen, in denen bei der Feststellung des Vermögens von der Vermögenserklärung abgewichen worden ist.

VII Die Veranlagungs- und Feststellungsbescheide sind kosten- und gebührenfrei (§ 66 des Gesetzes und § 77 der AusfBest.). Besteht Anlaß zur Auferlegung von Kosten des Ermittelungsverfahrens, so ist nach § 19 dieser Vorschriften zu verfahren.

§ 26. I Die Urschriften des Veranlagungs- und des Feststellungsbescheids sind zu den rentamtlichen Akten zu nehmen.

II Den Beteiligten sind Abschriften der Bescheide unter Beobachtung der Vorschriften des § 49 des Gesetzes und des § 57 der Ausführungsbestimmungen in einem verschlossenen Umschlage durch die Post unter Erholung eines Zustellungsnachweises zustellen zu lassen. Der Eingang der Postzustellungsurkunden ist sorgfältig zu überwachen; sie sind zu den rentamtlichen Wehrbeitragsakten zu nehmen.

§ 27. Für Personen, denen weder ein Veranlagungs- noch ein Feststellungsbescheid zuzustellen ist (§ 47 Abs. 1

des Gesetzes), ist nach Maßgabe des § 58 der Ausführungsbestimmungen Vormerkung zu machen.

2. Sollstellung und Erhebung des Wehrbeitrags.

§ 28. I Gleichzeitig mit der Erteilung des Veranlagungsbescheids hat das Rentamt den festgesetzten Wehrbeitrag im Sollbuche zu Soll zu stellen (§ 59 der Ausführungsbestimmungen).

II Die Führung des für die Erhebung aller drei Teilbeträge des Wehrbeitrags bestimmten Sollbuchs bemißt sich nach den Vorschriften im § 60 der Ausführungsbestimmungen und nach dem diesem Paragraphen beigegebenen Muster 7. Die Führung des für je ein Rechnungsjahr bestimmten Einnahmebuchs richtet sich nach § 62 der Ausführungsbestimmungen und nach dem diesem Paragraph beigegebenen Muster 8.

§ 29. I Die Quittungen über freiwillige Beiträge und Vorauszahlungen auf noch nicht veranlagte Wehrbeiträge werden von zwei Beamten des Rentamts unterzeichnet, die vom Amtsvorstand oder vom Kassaabteilungsvorstande zu bestimmen sind.

II Die freiwilligen und vorausbezahlten Wehrbeiträge sind nach Vorschrift der §§ 63, 64, 65 der Ausführungsbestimmungen zu vereinnahmen.

3. Einziehung und Stundung des Wehrbeitrags.

§ 30. I Für die Einziehung des Wehrbeitrags sind die Vorschriften über die Einhebung und Beitreibung der Staatsgefälle maßgebend, vorbehaltlich jedoch der Vorschrift im § 53 des Gesetzes, wonach die Zwangsversteigerung eines Grundstücks ohne Zustimmung des Beitragspflichtigen nicht zulässig ist.

II Durch die Einlegung eines Rechtsmittels wird die Einhebung des veranlagten Wehrbeitrags nicht aufgehalten (§ 50 des Gesetzes); soweit jedoch das Rechtsmittelverfahren voraussichtlich zu einer Aufhebung oder Herabsetzung des Wehrbeitrags führen wird, kann Stunbung oder eine andere als die gesetzliche Teilzahlung auf Antrag bewilligt werden (§ 66 der AusfBest.).

III Zur Bewilligung von Stundungen und Teilzahlungen in den eben genannten Fällen, sowie in den Fällen, in denen die sofortige Einziehung des Wehrbeitrags zu den gesetzlichen Zahlungsfristen mit erheblichen Härten für den Beitragspflichtigen verbunden sein würde, sind, falls die Bewilligung sich auf nicht mehr als 6 Monate und auf Beträge von nicht mehr als 500 ℳ erstreckt, die Rentämter, außerdem die Regierungsfinanzkammern zuständig. Im übrigen gelten die Vorschriften des § 66 der Ausführungsbestimmungen.

IV Die Zurücknahme einer erteilten Stundungsbewilligung (§ 52 Abs. 3 des Gesetzes) erfolgt durch die Stelle oder Behörde, die die Bewilligung erteilt hat. Werden dem Rentamt Gründe bekannt, die die Zurücknahme einer von der Regierungsfinanzkammer bewilligten Stundung rechtfertigen, so hat das Rentamt der Regierungsfinanzkammer hiervon alsbald Anzeige zu erstatten.

4. Niederschlagung von Wehrbeiträgen.

§ 31. Zur Niederschlagung von Wehrbeiträgen wegen Uneinbringlichkeit sind nur die Regierungsfinanzkammern zuständig. Die Voraussetzungen und die formelle Behandlung richten sich nach § 71 der Ausführungsbestimmungen.

§ 32. I Beim Vollzuge der §§ 67, 68 der Ausführungsbestimmungen ist zu beachten, daß in Bayern die Rentämter zugleich Veranlagungsbehörden und Hebestellen sind.

II Verlegt ein Beitragspflichtiger seinen Wohnsitz innerhalb Bayerns, so ist eine Überweisung des Wehrbeitrags an das Rentamt des neuen Wohnorts zu unterlassen und das Rentamt des bisherigen Wohnorts hat den Wehrbeitrag einzuziehen.

III Zahlungen, die der Beitragspflichtige an das Rentamt des neuen Wohnorts zu machen wünscht, sind von ihm entgegenzunehmen und an das Rentamt der Veranlagung einzusenden.

IV. Rechtsmittelverfahren, Erstattungen.

1. Rechtsmittelverfahren.

§ 33. I Gegen den Veranlagungs- und den Feststellungsbescheid ist die Berufung an die Berufungskommission, gegen den Bescheid der Berufungskommission die Beschwerde an die Oberberufungskommission zulässig.

II Gegen die Festsetzung oder Abweisung einer beantragten Ermäßigung des Wehrbeitrags (§ 31 Abs. 4, § 33 Abs. 2 des Gesetzes, § 47 der Ausführungsbestimmungen) ist der Einspruch nach Art. 70 Abs. II bis V des Einkommensteuergesetzes, gegen die Nachveranlagung des Wehrbeitrags (§ 54 Satz 2 des Gesetzes) der Einspruch nach Art. 72 Abs. V, 70 Abs. II bis V des Einkommensteuergesetzes zulässig.

III Die Rechtsmittel werden nach den Art. 49 bis 64, 85 bis 87, 91, 92 des Einkommensteuergesetzes mit dem Abmaße weiter behandelt, daß zufolge der Sondervorschrift im § 48 Abs. 3 des Gesetzes die Rechtsmittelfrist nicht in Lauf gesetzt wird, wenn keine oder eine falsche Rechtsmittelbelehrung erteilt ist.

IV Wegen der Durchführung der durch das Rechtsmittelverfahren veranlaßten Änderungen des Wehrbeitrags in den Wehrbeitragslisten und in den Sollbüchern wird auf § 74 der Ausführungsbestimmungen verwiesen.

2. Erstattung.

§ 34. I Zu viel bezahlte Beträge sind im Falle des § 33 Abs. V dieser Vorschriften von Amts wegen zu erstatten. Das Gleiche hat nach § 72 Abs. 3 der Ausführungsbestimmungen zu geschehen, wenn die Berechnung oder Erhebung des Wehrbeitrags auf einem offenbaren Versehen beruht und die Überzahlung mindestens fünf Mark beträgt, ferner wenn die Erstattung durch ein Ermäßigungs-, Berichtigungs- oder Nachveranlagungsverfahren veranlaßt ist (§ 74 der AusfBest.). Im übrigen bedürfen Erstattungen der Genehmigung der Regierungsfinanzkammer.

II Eine Verzinsung nach § 50 Satz 2 des Gesetzes

und § 73 der Ausführungsbestimmungen tritt nur ein, wenn auf Grund einer Entscheidung im Rechtsmittelverfahren erstattet wird.

III Erstattete Wehrbeiträge sind durch die Spalte 6 des Sollbuchs in Abgang zu bringen (vgl. auch § 39 Abs. II dieser Vorschriften).

V. Kassenbücher.

§ 35. I Die im § 60 Abs. 2 der Ausführungsbestimmungen vorgeschriebene Feststellungsbescheinigung auf dem Titelblatte des Sollbuchs erfolgt durch den Rentamts- oder Kassenabteilungsvorstand.

II Gelegentlich der im § 38 dieser Vorschriften erwähnten örtlichen Wehrbeitragsprüfung hat der von der Regierungsfinanzkammer abgeordnete Kommissär die Feststellungsbescheinigung nach revisorischer Prüfung als richtig zu bestätigen und hiervon auf dem Titelblatte den Vermerk: „Geprüft und festgesetzt auf . . . . . M“ mit Namensunterschrift zu machen.

VI. Verrechnung und Ablieferung.

1. Führung des Einnahmebuchs.

§ 36. Die eingezahlten Wehrbeiträge werden nach Eingang im Einnahmebuch verbucht, das nach Muster 8 zu § 62 Abs. 1 der Ausführungsbestimmungen zu führen ist.

2. Abschluß des Einnahmebuchs; Erstellung von Übersichten; Abrechnung und Ablieferung.

§ 37. I Das Einnahmebuch ist am letzten Werktag eines jeden Monats abzuschließen.

II Auf Grund dieses Abschlusses haben die Rentämter eine Übersicht über die Isteinnahme an Wehrbeiträgen des Monats nach dem anliegenden Muster II an die vorgesetzte Regierung, Kammer der Finanzen, einzusenden. Die Regierungsfinanzkammern stellen auf Grund der rentamtlichen Übersichten eine Übersicht nach gleichem Muster für den Regierungsbezirk her (Muster 10 Anlage II.

der AusfBest.). In den Übersichten der Rentämter nach
Anlage III. Anlage III dieser Vorschriften und der Regierungsfinanzkammern (Muster 11 der AusfBest.) für die Monate Juni, September, Dezember und März ist auch der Gesamtbetrag der bis dahin seit Beginn des Rechnungsjahrs angefallenen Einnahmen an Wehrbeiträgen auszuweisen.

III Als Termin für die Vorlage der rentamtlichen Übersichten an die Regierungsfinanzkammern wird der 4. des jeweils folgenden Monats bestimmt.

IV Außerdem haben die Rentämter für jedes Reichs-Rechnungsjahr bis 15. Oktober des folgenden Rechnungsjahrs schließliche Einnahmeübersichten nach dem für die Vierteljahrsübersichten vorgeschriebenen Muster an die Regierungsfinanzkammern einzusenden. Diese haben die rentamtlichen Übersichten in einer Übersicht zusammenzustellen. Ein Exemplar dieser Übersicht ist der Kreiskasse mitzuteilen.

V Zum Vollzuge des § 83 Abs. 4 der Ausführungsbestimmungen wird angeordnet, daß die im Abs. II bezeichneten Übersichten der Regierungsfinanzkammern bis jeweils zum 8. der dort genannten Monate, und die im Abs. IV bezeichneten Übersichten bis zum 20. Oktober jeden Jahres dem Staatsministerium der Finanzen in doppelter Fertigung vorzulegen sind, das die Übersichten zu einer das Gesamtergebnis für das Königreich nachweisenden Hauptübersicht vereinigen und diese an das Kaiserliche Zoll- und Steuerrechnungsbureau einsenden wird.

VI Für den Monat August 1914 haben die Rent-
Anlage IV. ämter nach der Anlage IV bis zum 4. September 1914 Nachweisungen an die Regierungsfinanzkammern und diese nach Muster 12 der Ausführungsbestimmungen Nachweisungen bis zum 8. September 1914 dem Staatsministerium der Finanzen einzusenden.

VII Die Abrechnung der Rentämter mit den Kreiskassen, die Abrechnung der Kreiskassen mit der Zentralstaatskasse und die Abrechnung der letztgenannten Kasse mit der Reichshauptkasse hat nach § 81 der Ausführungsbestimmungen monatlich zu erfolgen.

VIII Die buchmäßige Behandlung der Ablieferungen erfolgt bei den Rentämtern und Kreiskassen in den allgemeinen Kassenbüchern.

IX Für die Restnachweisung ist das Muster 9 zu den AusfBest. zu benützen.

VII. Prüfungsverfahren.

§ 38. I Die Veranlagungsarbeiten und die Bücher über den Wehrbeitrag werden am Sitze des Rentamts, tunlichst gleichzeitig mit der örtlichen Revision der Veranlagungsarbeiten über die direkten Personalsteuern durch abgeordnete Prüfungsbeamte der Regierungsfinanzkammern geprüft (Örtliche Revision, § 80 der AusfBest.).

II Die Prüfung erstreckt sich auf die Wehrbeitragslisten und das gesamte der Veranlagung zum Wehrbeitrage zugrundegelegte Material (§ 78 der AusfBest.), ferner auf die Sollbücher und die Einnahmebücher usw. Sie hat auch festzustellen, ob die während des Rechnungsjahrs erstatteten monatlichen und vierteljährlichen Übersichten mit den Abschlüssen des Einnahmebuchs übereinstimmen.

III Die örtliche Revision hat auch die Feststellungsbescheinigung nach § 60 Abs. 2 der Ausführungsbestimmungen zu prüfen und den Befund auf dem Titelblatte des Sollbuchs zu bestätigen (vgl. § 35 Abs. II dieser Vorschriften).

§ 39. I Ergibt sich bei den Prüfungsverhandlungen Anlaß zu Nachveranlagungen (§ 54 Satz 2 des Gesetzes), so sind die nachzuholenden Wehrbeiträge in die Zugangsliste zu den Wehrbeitragslisten einzutragen, nachträglich im Wehrbeitrags-Sollbuch (Abteilung III) zu Soll zu stellen und nach Einzahlung im Einnahmebuch zu vereinnahmen. § 76 Abs. 1 der Ausführungsbestimmungen findet Anwendung.

II Ergibt sich bei den Prüfungsverhandlungen Anlaß zu Erstattungen, so sind diese in Spalte 6 des Sollbuchs in Abgang zu bringen.

VIII. Kosten.

§ 40. I Das Verfahren in Wehrbeitragsangelegenheiten ist, soweit nicht die §§ 44, 66 des Gesetzes ein anderes bestimmen, kosten- und gebührenfrei (§ 77 der Ausf.-Best.). Insbesondere ist das Rechtsmittelverfahren bis zum Abschlusse des Nachprüfungsverfahrens (Art. 53 des EinkStGes., § 68 der VollzVorschr. hierzu) mit der aus § 44 des Gesetzes sich ergebenden Einschränkung kosten- und gebührenfrei.

II Die Kosten in Wehrbeitragssachen sind nach Maßgabe des Art. 85 des Einkommensteuergesetzes und § 92 der Vollzugsvorschriften hierzu zu behandeln und zu verrechnen.

München, den 11. Dezember 1913.

v. Breunig.

Anlage I.
(zu § 6 Abs. 1.)

Öffentliche Aufforderung.

Die Veranlagung zu einem einmaligen außerordentlichen Wehrbeitrage nach dem Reichsgesetze vom 3. Juli 1913.

I. Zur Abgabe einer Vermögenserklärung ist verpflichtet, wer ein Vermögen von mehr als 20000 ℳ oder wer bei mehr als 4000 ℳ Einkommen mehr als 10000 ℳ Vermögen hat. Die Vermögenserklärungspflicht trifft veranlaßten Falles den Vertreter des Beitragspflichtigen. Die Vermögenserklärung ist unter der Versicherung abzugeben, daß die Angaben nach bestem Wissen und Gewissen gemacht sind.

II. Der Erklärungspflicht wird genügt durch Ausfüllung eines Vermögenserklärungsvordrucks und Einsendung der Vermögenserklärung an das Rentamt oder an die Gemeindebehörde oder dadurch, daß die Vermögenserklärung zu Protokoll des Rentamts oder der Gemeindebehörde abgegeben wird.

Vordrucke für die Vermögenserklärung stehen bei den K. Rentämtern und bei den Gemeindebehörden unentgeltlich zur Verfügung.

III. Der Vermögenserklärungspflicht muß bis zum 31. Januar 1914 einschließlich genügt sein.

Der Beitragspflichtige kann zur Abgabe einer Ver-Vermögenserklärung mit Geldstrafen bis zu 500 ℳ angehalten werden.

Beitragspflichtigen, die der Vermögenserklärungspflicht nicht rechtzeitig genügt haben, kann ein Zuschlag von 5 bis 10 vom Hundert des geschuldeten Wehrbeitrags auferlegt werden, es sei denn, daß Umstände dargetan werden, welche die Versäumnis entschuldbar machen.

Dem Beitragspflichtigen steht es frei, das zweite erst am 15. Februar und das dritte erst am 15. Februar 1916 geschuldete Drittel des Wehrbeitrags zum voraus zu zahlen. Erfolgt die Zahlung mindestens 3 Monate vor dem gesetzlichen Zahlungstage, so ist der Beitragspflichtige berechtigt, 4 vom Hundert Jahreszinsen vom Tage der Einzahlung bis zum gesetzlichen Zahlungstag in Abzug zu bringen. Auch wird darauf hingewiesen, daß von jedem Rentamt*) freiwillige Beiträge angenommen werden.

Gibt ein Beitragspflichtiger bei der Veranlagung zum Wehrbeitrage Vermögen oder Einkommen an, das bisher der Besteuerung durch einen Bundesstaat oder eine Gemeinde entzogen worden ist, so bleibt er von der landesgesetzlichen Strafe und der Verpflichtung zur Nachzahlung der Steuer für frühere Jahre frei. Diese Befreiung können auch die Erben eines Beitragspflichtigen sowie diejenigen Personen in Anspruch nehmen, die wegen geringen Vermögens oder Einkommens keinen Wehrbeitrag zu entrichten haben.

Strafbestimmungen.

Wer als Beitragspflichtiger oder als Vertreter eines Beitragspflichtigen wissentlich der Veranlagungsbehörde unrichtige oder unvollständige Angaben macht, die geeignet sind, eine Verkürzung des Wehrbeitrags herbeizuführen, wird mit einer Geldstrafe bis zum **zwanzigfachen** Betrage des gefährdeten Wehrbeitrags bestraft. In solchen Fällen kann neben der Geldstrafe auf **Gefängnis bis zu 6 Monaten** erkannt werden, wenn die unrichtigen und unvollständigen Angaben in der Absicht, den Wehrbeitrag zu hinterziehen, gemacht worden sind, und wenn der gefährdete Betrag nicht weniger als 10 vom Hundert des geschuldeten Wehrbeitrags, mindestens aber 300 ℳ ausmacht, oder wenn der Beitragspflichtige Vermögen vom Inland ins **Ausland** verbracht hat in der Absicht, dieses Vermögen der Veranlagungsbehörde zu verheimlichen. Bei einer Beitragsgefährdung dieser Art kann im Urteil angeordnet werden, daß die **Bestrafung** auf Kosten des Verurteilten **öffentlich bekannt** zu machen ist.

.........................., den .... 1913.

(Siegel.) **K. Rentamt.**

---

*) Zusatz für die Pfalz: und von den Steuereinnehmereien.

Bundesstaat: Bayern.

Bezirk der Veranlagungsbehörde (Rentamt) für den Wehrbeitrag: ....

Anlage II.

(Zu § 37 Abs. II).

Einsendungsfrist bis spätestens am
4. Mai,
4. Juni,
4. August,
4. September,
4. November,
4. Dezember,
4. Februar,
4. März.

Rechnungsjahr 191.....

Übersicht

der

Einnahme an Wehrbeitrag

für den Monat ....

Aufgestellt

(Datum)................, den ....191...

(Rentamt) ....

(Siegel.)

(Unterschrift) ....

An die

K. Regierung ....,

Kammer der Finanzen.

Anleitung:

In den Spalten 5 und 6 sind nur die Beträge aufzunehmen, die nicht bereits in den Einnahmebüchern, sondern nur in den Kassenbüchern usw. nachgewiesen sind.

Laufende Nummer	Im Monat ..... 191.. sind nach dem Einnahmebuch aufgekommen an veranlagten Wehrbeiträgen		an freiwilligen Beiträgen oder Vorauszahlungen auf noch nicht veranlagte Wehrbeiträge		Zusammen		Dazu die Nacherhebungen		Hiervon ab die Erstattungen (Zurückzahlungen)		Mithin sind an die Reichskasse abzuführen		Bemerkungen
	Mark	Pf.	Mark	Pf.	Mark	Pf.	Mark	Pf.	Mark	Pf.	Mark	Pf.	
1	2		3		4		5		6		7		8

Bundesstaat: Bayern.
Bezirk der Veranlagungsbehörde (Rentamts) für den für den Wehrbeitrag: ....

Anlage III.
(Zu § 87 Abs. II.
Einsendungsfrist bis spätestens am
4. Juli,
4. Oktober,
4. Januar,
4. April.

Rechnungsjahr 191

Übersicht

der

Einnahme an Wehrbeitrag

für das

1. bis ...... Viertel des Rechnungsjahrs.

Aufgestellt
(Datum) ...., den .... 191...
(Rentamt) ....
(Siegel.)
(Unterschrift) ....

An die

K. Regierung ....

Kammer der Finanzen.

Anleitung.

1. Die in Spalte 2 bis 6 anzusetzenden Beträge haben den jedesmal abgelaufenen Teil des Rechnungsjahrs zu umfassen, mithin z. B. in der Übersicht für das 1. bis 3. Viertel die Einnahme für April bis einschließlich Dezember.

2. In den Spalten 5 und 6 sind nur die Beträge aufzunehmen, die nicht bereits in den Einnahmebüchern, sondern nur in den Kassenbüchern usw. nachgewiesen sind.

Laufende Nummer	Im 1. bis ... Viertel des Rechnungsjahrs 191.. sind nach den Einnahmebüchern aufgekommen				Zusammen		Dazu die Nacherhebungen		Hiervon ab die Erstattungen (Zurückzahlungen)		Mithin sind an die Reichskasse abzuführen		Bemerkungen
	an veranlagten Wehrbeiträgen		an freiwilligen Beiträgen oder Vorauszahlungen auf noch nicht veranlagte Wehrbeiträge										
	Mark	Pf.	Mark	Pf.	Mark	Pf.	Mark	Pf.	Mark	Pf.	Mark	Pf.	
1	2		3		4		5		6		7		8

Bundesstaat: Bayern.
Bezirk der Veranlagungsbehörde (Rentamts) für den Wehrbeitrag: ....

Anlage IV.
(Zu § 87 Abs. VI.)

Einsendungsfrist
4. September 1914

Nachweisung
der
Solleinnahme an Wehrbeitrag
nach dem
Stande am 31. August 1914.

Aufgestellt
(Datum) ...., den .... 1914.
(Rentamt) ....
(Siegel)
(Unterschrift)....................

An die

K. Regierung ....,

Kammer der Finanzen.

Laufende Nummer	Gesamtes Rohsoll an Wehrbeiträgen (Spalte 4 der Wehrbeitrags-Sollbücher) Mark	Infolge anderweitiger Festsetzung		In Abgang gestellt wegen Umzugs in einen anderen Bezirk (Spalte 7 der Sollbücher) Mark	Berichtigtes Soll nach dem Stande vom 31. August 1914 (Spalte 2 + 3 vermindert um Spalte 4 + 5) Mark	Davon sind beglichen durch Anrechnung		Bemerkungen
		Zugang Spalte 5 der Sollbücher) Mark	Abgang (Spalte 6 der Sollbücher) Mark			von Zinsen für Vorauszahlungen (Spalte 12 der Sollbücher) Mark	von Vorauszahlungen auf noch nicht veranlagte Wehrbeiträge (Spalte 8 der Einnahmebücher für 1913 und 1914) Mark	
1	2	3	4	5	6	7	8	9

Sachregister.

(Die Ziffern bedeuten die Seiten; A = Anhang.)

A.

H.

O.

P.

R.

S.

W.

FSC
www.fsc.org
MIX
Papier | Fördert
gute Waldnutzung
FSC® C083411

Kolibri 360 GmbH
Ferdinand-Jühlke-Straße 7
99095 Erfurt, Deutschland
produktsicherheit@kolibri360.de